SEMPRONIUS

HISTOIRE

DE LA

COMMUNE DE PARIS

EN 1871

La Période impériale. — La Révolution du 4 Septembre. — Le Gouvernement de la Défense nationale. — Le Parti républicain et le Parti socialiste. — L'Association internationale des travailleurs. — Menées du parti socialiste. — La Commune en 1793. — Le 31 octobre et le 22 janvier. — La Capitulation de Paris. — Le 18 mars. — L'Assassinat des généraux Clément Thomas et Lecomte. — Le Comité central de la Garde nationale. — La Commune; — Ses Agissements; — Son Budget. — La Terreur.— Insolence des Fédérés.— Les Journaux.— Les Otages. — Les Opérations militaires.— Les Fusillades — Les Vols.— Les Barricades.—Les Incendies.—Documents officiels de la Commune.

DEUXIÈME ÉDITION

PARIS
DÉCEMBRE-ALONNIER, LIBRAIRE-ÉDITEUR
20, RUE SUGER, 20
PRÈS DE LA PLACE SAINT-ANDRÉ-DES-ARTS

LA
COMMUNE DE PARIS
EN 1871

135. — Paris. — Imprimerie de Cusset et Cie, Rue Racine, 26.

SEMPRONIUS

HISTOIRE

DE LA

COMMUNE DE PARIS EN 1871

La Période impériale. — La Révolution du 4 Septembre. — Le Gouvernement de la Défense nationale. — Le Parti républicain et le Parti socialiste. — L'Association internationale des travailleurs. — Menées du parti socialiste. — La Commune en 1793. — Le 31 octobre et le 22 janvier. — La Capitulation de Paris. — Le 18 mars. — L'Assassinat des généraux Clément Thomas et Lecomte. — Le Comité central de la Garde nationale. — La Commune; — Ses Agissements; — Son Budget. — La Terreur. — Insolence des Fédérés. — Les Journaux. — Les Otages. — Les Opérations militaires. — Les Fusillades. — Les Vols. — Les Barricades. — Les Incendies. — Documents officiels de la Commune.

PARIS
DÉCEMBRE-ALONNIER, LIBRAIRE-ÉDITEUR
20, RUE SUGER, 20
PRÈS DE LA PLACE SAINT-ANDRÉ-DES-ARTS

Tous droits réservés

TABLE DES MATIÈRES

Préface. Page.................................. 1

CHAPITRE PREMIER. — La Période impériale.

Le véritable parti français. — Un mot de M. Guizot. — La philosophie des événements. — Le coup d'État de décembre 1851. — Le régime des muets du sérail. — Cayenne. — César et ses créatures. — Mort de la France. — Les guerres stériles. — La machine va sauter. — Les partis se relèvent. — Le plébiscite. — La guerre contre la Prusse. — Sedan................... 3

CHAPITRE II. — La Révolution du 4 septembre.

Le duc de Palikao et ses plaisanteries de mauvais goût. — Jules Favre demande la déchéance de l'Empereur. — Événements du 4 septembre...................................... 10

CHAPITRE III. — Le Gouvernement de la Défense nationale.

Noms et biographie des membres du nouveau Gouvernement. — Leur incapacité notoire. — La non-convocation de l'Assemblée est la cause de la perte de la France. — La faute capitale de M. Trochu. — Les craintes de Jules Favre................ 17

CHAPITRE IV. — Le Parti républicain et le Parti socialiste.

Composition du parti socialiste. — Les insurgés de juin. — Les déportés et les exilés. — L'Association internationale des travailleurs. — Tendances du parti socialiste. — Vermorel, Vallès, Blanqui, Félix Pyat, etc. — L'Empereur socialiste. — Les grèves. — La loi Ollivier. — La loi sur le droit de réunion. — Attitude étrange des chefs républicains. — Accusations policières. — Entrée de Rochefort dans le Gouvernement du 4 septembre........ 33

CHAPITRE V. — L'Association internationale des travailleurs.

Les futurs gouvernants de la Commune. — L'exposition universelle de Londres en 1862. — Les *Trade's Unions*. — Fondation de l'*Internationale*. — Réunion de Saint-Martin's hall. — Complaisances de M. Rouher. — But du Gouvernement impérial. — Conférence de Londres, 1865. — Congrès de Genève, 1866. — Grève du bronze. — Congrès de Lauzanne, 1866. — Congrès de Bâle, 1869. — Les procès de l'*Internationale*. — Les accusés. — Déclamations de M. Combault. 39

CHAPITRE VI. — Menées du parti socialiste.

Les Comités de vigilance. — Usurpation de pouvoir par ces comités. — Rôle permanent de l'Association internationale des travailleurs. — Associations publiques et secrètes. — La boue de Paris. — Cent mille individus tarés. — Public ordinaire des réunions. — Mauvaise foi des orateurs. — Crédulité cynique des auditeurs. — Le plan de l'Internationale se déroule. — On parle pour la première fois de rétablir la Commune. — Pourquoi? — Qu'était la Commune sous la Révolution? 53

CHAPITRE VII. — Le 31 octobre et le 22 janvier.

Nouvelle de la capitulation de Metz. — Coïncidence étrange des mouvements des partisans de la Commune avec les négociations du Gouvernement de la Défense nationale. — Arrivée de M. Thiers — Mouvement insurrectionnel du 31 octobre. — Proclamation de la Commune. — Journée du 22 janvier. 62

CHAPITRE VIII. — Le 18 mars.

L'armistice du 28 janvier. — État moral de Paris. — La révolution est imminente. — Le Comité central. — Les canons de Montmartre. — Physionomie de Paris. — Imprévoyance du Gouvernement. — Premier conflit. — Assassinat des généraux Lecomte et Clément Thomas. — Progrès de l'insurrection. — Les proclamations. — Fuite du Gouvernement à Versailles. — Rôle du Comité central. — Le général Chanzy arrêté. — Fédération de la garde nationale. 73

CHAPITRE IX. — Du 21 au 24 mars.

Conséquences de l'agitation. — Arrestations. — Attitude fâcheuse de Versailles. — La manifestation des trente journaux. — Les Prussiens prennent l'éveil. — Le double jeu de l'*Internationale*. — La question des élections. — L'Assemblée nationale et sa haine contre Paris. — L'amiral Saisset et ses essais de conciliation. — Affaire de la place Vendôme. — Le parti de l'ordre se forme. — L'insurrection organise la terreur, ... 94

CHAPITRE X. — Du 25 au 28 mars.

La question des élections. — Pourparlers stériles. — Versailles continue son rôle de haine. — Les maires et les députés de Paris aux abois. — L'amiral Saisset se laisse tromper par le Comité central. — Les maires et les députés subissent le même sort. — La comédie des élections. — Tableau des élus. — Proclamation de la Commune en grand appareil. — Sa composition. — Fausse sortie du Comité central. — Tableau de quelques-uns de ses décrets. — Ce qu'il a coûté en dix jours. 117

CHAPITRE XI. — Du 30 mars au 20 mai.

Composition de la Commune. — Irrégularités et insuffisance des votes. — Éléments de désunion. — Les manifestes, les actes marquants, la politique de la Commune. — Le ministère et les commissions. — Trop de programmes, pas de programme. — La situation du Gouvernement communaliste jugée par des écrivains républicains. — Le Comité perpétuel. 133

CHAPITRE XII. — Les Agissements de la Commune.

Plan de destruction arrêté et prémédité au grand jour. — Dénonciations, arrestations, vols. — Pillage des églises. — La semaine sainte des fédérés. — Clubs dans les églises. — Les amazones de la Commune. — L'échafaud remplacé par le chassepot. — La tyrannie du képi. — Les cartes d'identité. — Enrôlements forcés. — Les Vandales de Paris, les monuments condamnés. — Chute de la colonne. — Rochefort, Georges Duchêne, Courbet, Pyat, collaborateurs de ruines et de pillages. — Traits de mœurs, les décorations égalitaires. 149

CHAPITRE XIII. — Le Budget de la Commune.

Ce que coûtait la garde nationale par jour. — Ressources avouées et ressources inavouables. — Relations diplomatiques du citoyen Paschal Grousset. — Un tyran tombé dans le grotesque.. .   167

CHAPITRE XIV. — Les Journaux sous la Commune.

Comment la Commune comprenait la liberté de la presse. — Les délégués journalistes. — L'*Officiel*. — Suppression des journaux. — Physionomie de la presse. — Liste des journaux créés sous la Commune.   174

CHAPITRE XV. — Les Tentatives de conciliation.

L'Union républicaine. — La Ligue pour la défense des droits de Paris. — La Commune ne veut pas de conciliation. — Attitude digne de M. Thiers. — Ses déclarations. — Faux-fuyants de la Commune. — L'armistice de Neuilly. — La Franc-Maçonnerie. — La conspiration des brassards.   191

CHAPITRE XVI. — Les Opérations militaires de la Commune.

Situation militaire de la Commune et de Versailles. — Tentative du 3 avril. — Première déroute. — Bergeret, Eudes, Cluseret, Dombrowski. — Echecs successifs. — Organisation pour détruire Paris. — La délivrance. — Combats dans Paris. — Otages fusillés. — Les incendies.   204

Tableau des principaux actes et documents officiels de la Commune de Paris.   232

Conclusion.   265

FIN DE LA TABLE.

PRÉFACE

La catastrophe qui vient de frapper Paris est tellement immense, que l'esprit se refuse à y croire : en effet, en prenant un de ces plans où les monuments sont figurés, on n'a qu'à supprimer ces édifices et les quartiers avoisinants, et l'on aura encore à peine une idée de l'aspect désolé et lamentable qu'offre cette ville qui s'intitulait fièrement la reine de l'intelligence.

Les événements qui ont produit ces désastres ne sont pas, comme on pourrait le croire, le résultat fortuit d'un hasard quelconque. Non, cette boue humaine qui gisait au fond de la grande cité parisienne, ne s'est pas agitée spontanément et machinalement. Les origines de la révolution du 18 mars remontent à juin 1848 : c'est l'Association internationale, — fondée avec l'autorisation et alimentée par les fonds du dernier empereur, — qui a recueilli l'héritage des vaincus de cette époque et a soulevé la fange de Paris.

Le livre que nous offrons au public est une étude sérieuse des causes de l'horrible guerre sociale qui a mis la France à deux doigts de sa perte, un récit complet et circonstancié des faits qui se sont accomplis depuis le 18 mars jusqu'à ce jour : nous en avons été le témoin oculaire au péril de notre vie, qui n'a *été sauvée que par l'entrée à temps des troupes de l'Assemblée nationale.*

Malgré l'émotion douloureuse qui nous étreint le cœur, nous nous sommes efforcé de donner à notre œuvre le caractère d'impartialité le plus absolu : loin de nous ces pensées hypocrites de conciliation qui déguisent mal une complicité inavouable ; nous demandons pour tous les coupables la juste application des lois ; quant à nous, comme écrivain, nous saurons faire retomber sur chacun la part de responsabilité qui lui incombe.

Mais en voyant les ruines amoncelées autour de nous, nous ne pouvons nous empêcher de songer que depuis dix mois les Prussiens ont eu tous les bonheurs : ruiner la France et détruire Paris était leur programme caressé depuis cinquante ans. Après avoir réussi dans la première partie, ils durent renoncer, devant une résistance héroïque, à réaliser la seconde ; les bandits de la Commune s'en sont chargés pour eux et sont devenus leurs complices.

Maintenant l'or extorqué à la France servira à embellir Berlin, et les Prussiens peuvent se bercer de l'espoir que cette ville supplantera un jour Paris dans son rôle de capitale du monde civilisé : mais ils se trompent, il y a dans notre sang gaulois une énergie qui défie tous les malheurs.

LA COMMUNE DE PARIS EN 1871

CHAPITRE PREMIER.

LA PÉRIODE IMPÉRIALE.

Le véritable parti français. — Un mot de M. Guizot. — La philosophie des événements. — Le coup d'État de décembre 1851. — Le régime des muets du sérail. — Cayenne. — César et ses créatures. — Mort de la France. — Les guerres stériles. — La machine va sauter. — Les partis se relèvent. — Le plébiscite. — La guerre contre la Prusse. — Sedan.

Ceci est un livre d'histoire, pas autre chose.

Il n'est pas trop tôt pour l'écrire, car nous traversons une époque où le temps nous dévore ; les événements se multiplient et s'entassent avec une violence et des invraisemblances telles, qu'il faut les saisir sur le fait, sous peine de ne plus retrouver leur physionomie, leurs détails et surtout leur caractère.

L'écrivain qui assume cette tâche doit donc être rapide sans être précipité, et ne pas perdre de vue que si l'histoire a le devoir d'être impartiale, elle a le droit d'être sévère.

A force de voir des révolutions, il suffit d'une certaine dose de philosophie, de sang-froid et de justice pour s'affranchir de l'attache des coteries, des entraînements des partis. Les hommes sages, aujourd'hui, sont ceux qui, à quelque système qu'ils appartiennent, n'ont sur leur drapeau qu'un seul mot : La France.

Ce groupe, dégagé de l'influence des préjugés politiques, des passions de parti pris, se manifeste et s'affirme tous les jours.

C'est à lui que se rattache l'auteur de ce récit, et c'est ce qui lui permet d'attribuer à chacun la part qui lui revient dans les désastres, les folies et les ruines où nous nous débattons.

Ce n'est pas nous, d'ailleurs, qui allons parler, ce sont les faits. Leur éloquence est suffisante, et s'il y a une moralité à en retirer, elle se dégagera d'elle-même pour tout homme animé comme nous d'indépendance et de patriotisme.

A la veille de la révolution de février 1848, M. Guizot s'écriait dans un discours fameux, adressé à ses électeurs : « Enrichissez-vous !... On parle de corruption ; est-ce que vous vous sentez corrompus ?... »

Les électeurs répondirent dans un vote qui nommait l'orateur par acclamation.

C'était le plébiscite du gouvernement de Juillet. Après, la bourgeoisie le renversait en se jouant, sans avoir conscience de ce qu'elle faisait, ou plutôt de ce qu'on lui faisait faire ; il avait duré dix-huit ans.

Au mois de mai 1870, l'Empire consultait les électeurs. Un plébiscite éclatant lui apportait les Oui par millions. Quelques mois après, l'Empire n'était plus. Il avait duré dix-neuf ans.

De si grands événements ne sont pas un pur effet du caprice et du hasard. Un peuple, si léger soit-il, ne se jette pas de gaîté de cœur dans les aventures et les bouleversements. Si les plus petites choses dans l'ordre logique ont leur raison, les plus grosses ne pourraient se produire par improvisation. Cherchez les causes, vous les découvrirez toujours.

Une révolution était inévitable ; elle est arrivée le 4 septembre 1870 ; un peu plus tôt, un peu plus tard, depuis quatre ans, elle était fatale. Les esprits les moins clairvoyants la pressentaient, et le seul conseiller qui eût gardé auprès du trône la franchise des anciens temps, M. de Persigny, ne craignait pas d'écrire : « l'Empire marche à sa ruine. »

Mais plus la lumière était vive en bas, plus l'aveuglement était obstiné en haut. Il n'est pire aveugle que celui qui ne veut pas voir.

Jamais cependant la partie ne fut rendue plus belle à un gouvernement.

A la suite de 1848 et des agitations sanglantes de 1849, le pays, essentiellement dévoué à l'ordre, dont l'immense majorité tenait en méfiance les pseudo-libéraux, les brouillons et les intrigants de la fausse démocratie, le pays, qui vit du travail et par le travail, fatigué de secousses stériles, d'intrigues énervantes, de conspirations dont sa fortune faisait les frais, après avoir essayé de tous les coryphées des partis, en quête d'un sauveur enfin, se jeta dans les bras du plus entreprenant et du plus habile. — On le proclama l'*homme providentiel*.

On échappait à l'anarchie; avec un entraînement tout français, on se précipita dans l'excès contraire, on acclama la compression.

Jamais de juste milieu.

Tout d'abord, on se persuada qu'on se trouvait à merveille du nouvel ordre de choses, parce que, en étouffant les spectres rouges, verts ou blancs, le système personnel étreignait tout dans sa main de fer. Journaux, réunions, discussions, tout fut châtré. Ce fut le lit Procuste appliqué aux assemblées délibérantes, aux administrations, à l'existence. On assigna aux comptes rendus des grands corps délibérants de l'État une limite, on catalogua les questions que les députés pouvaient aborder, le souverain se réserva l'initiative des lois; on imposa aux municipalités des maires en dehors des conseils élus; enfin, on inventa les lois de sûreté, après lesquelles il n'y a plus rien à énumérer : ce fut le régime des muets du sérail.

Il n'y eut plus d'esprit public, — il y eut Cayenne.

Prolongation des pouvoirs présidentiels, coup d'État, proclamation de l'Empire, tout cela ne constitue qu'un seul fait en trois actes ; le triomphe d'une seule idée : l'incarnation du pouvoir dans un homme, et cela chez la nation la plus avide d'immunités, la plus désireuse de liberté et d'indépendance, la plus infidèle à ses dominateurs qui fut jamais.

Cette fois, la soumission fut complète. Le pays adhéra à tout, approuva tout, admira tout. On ne lui reprochera pas de ne s'être pas exécuté de bonne grâce, d'avoir marchandé à son maître le droit d'autocratie.

— Mais aussi, il avait rencontré l'homme providentiel !

L'homme providentiel, sous sa forme énigmatique et froide, était très-fort, parce qu'il ne se livrait jamais, et que nul n'a su lire encore, à l'heure qu'il est, au fond de sa pensée. Sous son nonchaloir, sa parole traînante et son œil éteint se cachaient le despote, le sybarite, le jouisseur. La France s'était abandonnée à lui, il en disposa suivant l'axiome : La propriété est le droit d'user et d'abuser.

Il avait trouvé sa voie, et il s'y lança, jouant au César, sans se soucier, pour peu qu'il régnât, d'entasser sous son trône d'occasion les ruines du Bas Empire.

On n'est pas Empereur pour vivre comme un pleutre. Il lui fallait de la représentation, ayant toujours joué la comédie. César eut sa cour.

Il tenait tout. Tout fut à ses genoux. Autour, au dessous de lui s'agitait par la force et la triste nature des choses un monde de flatteurs, de courtisans, de favoris. Le souverain devint un fétiche; on ne lui parlait plus, on l'adorait, et quand il daignait adresser la parole, on lui répondait à la troisième personne, comme au Dieu caché dans le tabernacle.

Il était large d'ailleurs et prodigue de la fortune publique. On n'a pas d'exemple qu'il sût rien refuser aux avidités de son entourage. Avec des idées économiques spécieuses il jeta de la poudre aux yeux, — de la poudre dorée. — Le gouvernement de Juillet avait dit à ses électeurs : « Enrichissez-vous », il dit à ses créatures : « Gorgez-vous. » Ce fut pendant une douzaine d'années une orgie de prospérité de carton, de fortunes dorées au ruolz, une fièvre, une frénésie, une curée.

Il y avait de braves gens qui croyaient que cela pouvait toujours aller. Mais l'ordre général et essentiel a des exigences plus étroites; ce luxe à outrance, ce dévergondage bouleversaient les bases sociales. — Une prairie a besoin d'être arrosée; ménagez le courant, vous la fertilisez; déchaînez les torrents, vous la submergez.

La fortune de la France, son industrie, son énergie morale, son ressort économique y sombrèrent.

Voici l'heure de la décadence, les fautes se précipitent; en essayant de boucher un trou on en creuse dix. Ce sont les traités de commerce, désastreux pour les intérêts nationaux; les faillites, auxquelles les tribunaux de commerce ne suffisent plus; ces grandes institutions publiques et privées, serres chaudes où s'épanouissaient les spéculations s'écroulant dans des banqueroutes qui font la panique; ces grands travaux à outrance se ralentissent, s'interrompent par dilapidation; les comptes deviennent impossibles. Nul ne sait plus dire où les millions se sont engloutis.

L'horizon se gâte; voici les points noirs.

On a déjà fait des guerres coûteuses et stériles : celle de Crimée, pour l'Angleterre; celle d'Italie, pour le Piémont; celle du Mexique, pour ..... M. de Morny; on a joué en Amérique un double jeu; on a laissé achever la Pologne, qui tendait les mains vers nous; écraser le Danemark, musculer la Suède, énerver l'Espagne, décimer l'Autriche et remanier l'Allemagne.

Nous n'avons plus ni un ami, ni un allié. Nous avons perdu nos hommes, notre argent, notre prestige.

Un souffle, un ferment passe dans l'air. La détente est imminente, urgente; la machine va sauter.

Mais c'est là le cercle vicieux, l'aboutissement fatal. Cet édifice dont on promet le couronnement, il a été coulé d'un bloc; si vous en détachez une parcelle, tout croule.

La tête tourne quand on arrive à certaines hauteurs. César déifié est gris d'encens. Cependant, la corde est si tendue qu'il la sent craquer dans sa main énervée. Il croit se sauver en jetant du lest.

Les partis flairent l'heure venue ; ils prennent le vent ; ils soulèvent leur couvercle.

Quoi ! encore des partis ? — Mon Dieu oui, il paraît qu'ils n'avaient pas abdiqué et qu'on les avait mal enterrés.

Il faut jeter quelque pâture à ces affamés. Habitués à une longue diète, ils se contenteront de peu. — Eh bien ! non, l'appétit leur est venu en jeûnant.

Leurs hommes se révèlent et parlent en avocats qu'ils sont.

Ils ne sont que cinq d'abord, c'est Paris qui les a découverts, cinq espèces de doctrinaires, faux bonshommes, ambitieux recouverts de peau de puritains.

— C'est la tête d'une meute ; tenez, voici la légion !

Marche, pauvre César débordé ; capitule, capitule encore ! Tu as confisqué nos libertés, il faut nous les rendre toutes, et davantage.

Tout va donc être emporté, jusqu'à son rêve le plus complaisamment caressé : sa dynastie.

Consultons la nation ; c'est l'expédient, la panacée suprême.

La nation affolée, sentant l'abîme, veut se raccrocher à la seule branche qu'elle trouve sous sa main. On lui fait de si belles promesses, tout va être sauvé. La guerre avait lui à l'horizon ; les précédentes ont coûté si cher et rapporté si peu ; il faut éviter la guerre. On se souvient de la promesse : « L'Empire c'est la paix. » La nation vote.

L'Empire a retrouvé ses millions de voix.

Il a reçu un nouveau baptême ; il est plus jeune, plus populaire qu'il y a vingt ans. — Non ! tout est factice, on ne replâtre pas impunément la décrépitude. Il le sent lui-même.

Cependant le terrain brûle. Le pays a voté *oui ;* mais il y a des comptes à rendre. La guerre, la marine ont absorbé des sommes immenses ; le rapport Fould, beaucoup trop oublié aujourd'hui, révélait un engloutissement de fonds détournés de leur destination. Les malveillants prétendent que tant de caisses de dotation et autres n'ont été créées que pour être mangées. Décidément, il faut passer l'éponge, la dynastie va sombrer !

Eh bien, la France qui a si largement fait la guerre pour des étrangers, va la faire pour elle-même. — Mais elle n'en veut pas ; le plébiscite a eu un sens pacifique ; les préfets s'évertuent à dire que la province est antipathique à la guerre ! — On changera les préfets, ce sont eux qui faussent l'opinion.

Mais où sont vos généraux, votre armée, vos armements, vos munitions ? — J'ai la furie française et mes mitrailleuses.

Mais l'Allemagne a douze cent mille hommes : — J'ai deux cent cinquante mille braves.

Mais le pays appréhende une aventure. — Le pays ? on lui prouvera qu'il a été outragé ; il ne résistera pas à un appel à sa dignité.

Et sur l'affirmation sacrilége d'un ministre infâme, d'un maréchal d'antichambre, d'un Lebœuf, on soulève la masse populaire avec ce cri : A Berlin ! Et nous allons nous faire écraser à Wissembourg, pour capituler à Sedan.

Voilà le bilan ; voilà pourquoi une révolution était inévitable.

CHAPITRE II.

LA RÉVOLUTION DU 4 SEPTEMBRE.

Le duc de Palikao et ses plaisanteries de mauvais goût. — Jules Favre demande la déchéance de l'Empereur. — Événements du 4 septembre.

Malgré l'énormité des revers qui avaient signalé les débuts de la campagne contre la Prusse, la France, en général, et le peuple de Paris en particulier, ne pouvaient croire que la fortune nous serait constamment défavorable. On ne voyait pas l'effroyable désorganisation politique, militaire et administrative qui nous livrait pieds et poings liés à un ennemi qui, depuis un demi-siècle, méditait notre ruine.

Comme le mourant, on se rattachait à la moindre lueur. Cousin-Montauban, le héros du Palais-d'Eté, eut même un regain de popularité : on acceptait avec transport les déclarations mensongères qu'il faisait au Corps législatif. On commentait ses moindres actes; son regard, son geste étaient interprétés favorablement, et l'on se rappelle le succès qu'obtint *le Figaro* le jour où il prêta au maréchal les paroles suivantes :

« Si Paris connaissait la dépêche que je viens de re-
« cevoir, il illuminerait ! »

Cependant aucune communication officielle n'était faite : on arguait de la nécessité de garder le secret sur les opérations militaires; mais en revanche des demi-mots, des confidences inachevées ranimaient la confiance du public.

Vers le 2 septembre, chose singulière que l'on put remarquer du reste à chacune de nos défaites, des bruits de victoire commencèrent à circuler, mais en même temps un autre courant parlait d'un désastre comme jamais l'histoire d'aucun peuple n'avait enregistré le pareil. Ces derniers bruits s'affirmèrent davantage le samedi, et le duc de Palikao, qui voulait sans doute gagner du temps pour organiser un nouveau coup d'état, finit cependant par annoncer à la Chambre qu'il avait reçu des dépêches peu rassurantes, disait il avec la naïveté d'un Calino ou la perversité d'un Machiavel.

Sur les instances énergiques des députés, une séance de nuit fut fixée pour le soir même.

Rien ne transpira sur le moment de ce qui se passa dans cette séance; mais une agitation indescriptible régnait dans Paris; des groupes stationnaient aux environs de l'Assemblée, sur la place de la Concorde et près de la demeure du gouverneur de Paris, pendant que d'autres parcouraient les boulevards en poussant des cris de vengeance.

Une collision s'engagea entre l'un de ces groupes et les sergents de ville du poste Bonne-Nouvelle: un jeune homme fut blessé à mort.

Le lendemain, dimanche 4 septembre, la dépêche télégraphique suivante était placardée sur les murs de Paris.

Proclamation du Conseil des ministres au Peuple français

Français !

Un grand malheur a frapppé la patrie. Après trois jours de luttes héroïques soutenues par l'armée du maréchal Mac-Mahon contre 300,000 ennemis, 40,000 hommes ont été faits prisonniers. Le général Wimpffen, qui avait pris le commandement de l'armée, en remplacement du maréchal Mac-Mahon grièvement blessé, a signé une capitulation. Ce cruel revers n'ébranle pas notre courage. Paris est aujourd'hui en état de défense. Les forces militaires du pays s'organisent; avant peu de jours, une armée nouvelle sera sous les murs de Paris, une autre armée se forme sur les rives de la Loire. Votre patriotisme, votre union, votre énergie sauveront la France. L'Empereur a été fait prisonnier dans la lutte. Le Gouvernement, d'accord avec les pouvoirs publics, prend toutes les mesures que comporte la gravité des événements.

Le Conseil des ministres : Comte de Palikao, H. Chevreau, amiral Rigault de Genouilly, Jules Brame, La Tour d'Auvergne, Grandperret, Clément Duvernois, Magne, Busson-Billault, Jérôme David.

Une stupeur profonde s'empara de la foule à la lecture de cette incroyable nouvelle ; l'indignation se répandait sur tous les visages, et dans tous les cœurs était consommée la chute de cette dynastie qui s'était imposée à la France par un attentat, finissant sa carrière par la plus insigne lâcheté.

Le Corps législatif était convoqué pour midi ; les journaux du matin annonçaient, en outre, que dans la séance de la nuit M. Jules Favre, au nom de l'opposition, avait demandé la déchéance de Napoléon III.

Voici les termes de cette proposition :

« Nous demandons à la Chambre d'adopter les résolutions suivantes :

« Louis-Napoléon Bonaparte et sa dynastie sont déclarés déchus des pouvoirs que leur a conférés la nation.

« Il sera institué une commission exécutive composée de   membres (le chiffre sera fixé par la Chambre), qui sera investie de tous les pouvoirs nécessaires pour repousser l'invasion et chasser l'étranger.

« M. le général Trochu, gouverneur de Paris, est chargé exclusivement de la défense de la capitale. »

Une même idée s'empara de tous les gardes nationaux, dont le nombre ne dépassait pas alors 60,000 hommes, ils revêtirent leur uniforme et se rendirent sans armes sur la place de la Concorde.

Des dispositions militaires avaient été prises : les

Tuileries étaient gardées par un escadron de cuirassiers et les voltigeurs de la garde déployés en tirailleurs et masqués derrière les arbres du jardin.

Des troupes de ligne étaient massées dans le jardin de la présidence, au ministère des affaires étrangères, aux Champs-Elysées.

Les gendarmes et les sergents de ville occupaient le pont de la Concorde.

Le Corps législatif se réunit à midi. M. de Kératry fait remarquer « qu'il importait que la Chambre ne fût point gardée par des troupes de ligne et des sergents de ville. Le ministre de la guerre a manqué à ses devoirs. »

Le comte de Palikao répliqua en ces termes : « Je vais m'expliquer; il y a une distinction de pouvoirs entre ceux de M. Trochu et ceux du ministre de la guerre. M. Trochu n'a que le commandement des troupes qui garnissent les forts et l'enceinte; celles qui sont en dehors de la défense restent entre les mains du ministre de la guerre. Le général Trochu l'a reconnu. »

Des voix parties de la gauche firent entendre, au milieu d'un tumulte effroyable, une protestation énergique.

Alors M. Cousin-Montauban répondit par cette phrase de la plus haute inconvenance qui trahissait, par sa légèreté, les intentions secrètes de celui qui la prononça :

— De quoi vous plaignez-vous? que je vous fais la mariée trop belle?

Lorsque le tumulte causé par cet incident fut apaisé, le ministre lut une nouvelle proposition : M. Thiers de même.

Les membres de la gauche réclamèrent la priorité pour la proposition Jules Favre, et, après une courte discussion, l'urgence et le renvoi aux bureaux de ces trois propositions furent prononcés.

Pendant que la Chambre délibérait dans ses bureaux, une grande partie du public évacua les tribunes, se répandit dans les cours et se plaça sur les degrés du

Palais-Bourbon. Quelques instants après il était rejoint par des gardes nationaux et des gardes mobiles.

On se mit à crier : *la déchéance!* Les groupes échelonnés sur le perron firent des appels à la garde nationale placée le long des grilles Celle-ci y répondit par le même cri, mettant la crosse du fusil en l'air. Puis elle se présenta à l'entrée de la petite cour. On refusa de la laisser passer : elle voulut alors forcer la grille.

On entendit le bruit de milliers de voix : une foule énorme s'avançait venant de la place de la Concorde.

M. Steenackers harangua la garde nationale, la conjurant de renoncer à entrer avec ses armes : la demande fut écoutée. La grille s'ouvrit, et un flot humain se précipita dans la cour. Les tribunes furent prises d'assaut.

Au même moment, l'affluence immense de citoyens réunis sur la place et sur le pont de la Concorde, ayant à sa tête le 6° et le 19° bataillon de la garde nationale, se mit en mouvement : elle s'avança tambour battant. Les gardes de Paris à cheval tentèrent vainement de s'opposer à cette marche : les grilles du Corps législatif furent forcées.

M. Gambetta parut alors : il annonça au peuple que le Corps législatif délibérait sur la déchéance, et que, dès qu'il aurait statué, un gouvernement provisoire serait établi.

L'enthousiasme éclata de toute part, trente mille voix crièrent : *Vive la République!* et entonnèrent la *Marseillaise.*

Un léger trouble se manifeste au pont de la Concorde; une collision s'engage entre les sergents de ville et les gardes nationaux désarmés. Les premiers dégaînent : en un clin d'œil les épées sont brisées, un officier de paix a ses vêtements lacérés; les parements brodés de son habit et son tricorne sont déposés au pied de la statue de Strasbourg.

La grande et la petite cour du Corps législatif étaient envahies; les troupes fraternisaient avec les citoyens.

Sous le péristyle, M. Ernest Picard exhortait le peuple à garder une attitude digne et calme; ses paroles furent acclamées. A l'intérieur, de toutes les tribunes partaient les cris : *la déchéance! à bas les Bonaparte! vive la République!*

Gambetta entra dans la salle au milieu d'une ovation sans pareille. Le jeune et célèbre orateur monta à la tribune; il dit que la première condition de l'émancipation d'un peuple doit être la régularité. Il adjura l'assistance de ne pas empêcher la délibération du Corps législatif dans ses bureaux. Il donna comme presque certaine la proclamation de la déchéance.

Cette exhortation fut acclamée, mais bientôt le tumulte recommença. Des groupes de citoyens et de gardes nationaux forcèrent les portes de l'hémicycle. MM. Crémieux, Girault, Ordinaire, Steenackers, de Kératry, intervinrent pour faire respecter la salle des délibérations. Trois fois, M. Gambetta harangua le peuple et fut applaudi.

Un instant, le silence semble s'établir. La gauche vient reprendre sa place. Les députés de la droite ne se hasardent que timidement et disparaissent les uns après les autres. Quelques-uns seulement restent dans la salle. On croit qu'il va être possible de reprendre la séance.

Mais à ce moment, le peuple se précipita par les couloirs réservés aux députés. Quelques minutes après, les banquettes et l'hémicycle furent envahis de toute part : on se bouscule à la tribune. Des jeunes gens montèrent au fauteuil de la présidence, s'y installèrent et agitèrent la sonnette. Dans les tribunes, on continuait de proférer les cris de : *la déchéance! vive la République!*

M. Jules Favre monta à la tribune et parvint à se faire entendre. Il proclama, au nom de la nation souveraine, la déchéance à jamais de Louis-Napoléon Bonaparte et de sa famille. Il ajouta que la République et un gouvernement provisoire ne pouvaient être proclamés qu'à l'Hôtel-de-Ville.

M. Gambetta confirma ces paroles et renouvela ses

pressantes recommandations pour le maintien de l'ordre.

Les cris enthousiastes de : *vive la République! à l'Hôtel-de-Ville!* retentirent dans la salle, qui fut en partie évacuée quelques instants après. Les députés de la gauche se transportèrent à l'Hôtel-de-Ville.

La déchéance avait été votée dans les bureaux par cent quatre-vingt-quinze députés contre dix-huit.

CHAPITRE III.

LE GOUVERNEMENT DE LA DÉFENSE NATIONALE.

Noms et biographie des membres du nouveau Gouvernement. — Leur incapacité notoire. — La non convocation de l'Assemblée est la cause de la perte de la France. — La faute capitale de M. Trochu. — Les craintes de Jules Favre.

Le lendemain, 5 septembre, l'avis suivant était affiché à Paris et télégraphié en province :

RÉPUBLIQUE FRANÇAISE.

MINISTÈRE DE L'INTÉRIEUR.

La déchéance a été prononcée au Corps législatif. La République a été proclamée à l'Hôtel-de-Ville. Un gouvernement de Défense nationale, composé de onze membres, tous députés, a été constitué et ratifié par l'acclamation populaire.

Les noms sont : Emmanuel Arago, Crémieux, Jules Favre, Ferry, Gambetta, Garnier-Pagès, Glais-Bizoin, Pelletan, Picard, Rochefort, Jules Simon.

Le général Trochu est à la fois maintenu dans ses pouvoirs de gouverneur de Paris et nommé ministre de la guerre en remplacement du général Palikao.

Pour le gouvernement de Défense nationale,

Le Ministre de l'intérieur :

LÉON GAMBETTA.

Paris, ce 4 septembre 1870, 6 heures du soir.

Une nouvelle affiche annonçait que le gouverneur de Paris était nommé membre du gouvernement de la Défense nationale, qu'il prenait le portefeuille de la guerre, et que ses collègues lui avaient décerné la présidence.

Le ministère se trouvait donc ainsi constitué :

Guerre : le général Trochu.—*Intérieur :* Gambetta.— *Affaires étrangères :* Jules Favre. — *Finances :* Ernest Picard.—*Instruction publique :* Jules Simon.—*Justice :* Crémieux.

Des cultes, des travaux publics et de l'agriculture, il n'en était pas question.

Notre intention, comme l'indique parfaitement notre titre, n'est pas de faire l'histoire du gouvernement de la Défense nationale, pas plus que celle du siége de Paris ; nous ne prendrons les faits qu'autant qu'ils ont de rapport avec la Commune.

Néanmoins, il nous paraît nécessaire d'esquisser à grands traits la physionomie des hommes qui osaient assumer la responsabilité du pouvoir à un moment si critique.

Commençons par le général Trochu.

L'opinion publique, en France, s'engoue de certains hommes avec une déplorable facilité : M. Trochu était un de ces hommes. Le parti républicain, en particulier, considéra sa nomination comme une victoire remportée sur le despotisme impérial.

« La légende qui représente M. le général Trochu comme une victime de la tyrannie, comme un de ces hommes de fer *qui ont résisté pendant dix-huit ans à l'Empire, au bonapartisme, défendu de toutes manières nos droits, notre liberté*, et expié leur indépendance par la disgrâce, n'est pas la moins étrange. Si M. le général Trochu avait résisté pendant dix-huit ans à l'Empire, il eût été bien inconséquent et bien ingrat. Il eût été bien inconséquent, car l'Empire était en partie son œuvre, il avait contribué à le faire, à le faire matériellement; directeur-adjoint au ministère de la guerre, il avait été, le 2 décembre, l'auxiliaire zélé du maréchal de Saint-Arnaud.

« Il eût été bien ingrat, car vraiment il n'avait pas eu à se plaindre de ce régime. Le général Trochu, qu'on oppose avec orgueil *aux favoris, aux généraux gorgés de l'Empire*, n'eut rien à leur envier. Lieutenant-colonel d'état-major en 1852 (c'est-à-dire à trente-sept ans), — colonel en 1853, — général de brigade en 1854 (c'est-à-dire à trente-neuf ans), — général de division en 1859, — grand-officier en 1861 (c'est-à-dire à quarante-six ans), de tels états de service constituent un martyre assez doux. Que l'emploi de directeur du personnel occupé au ministère par M. le général Trochu ait aidé son rapide avancement, c'est possible. Mais à qui devait-il cet emploi?

« Le général Trochu aurait donc eu, je le répète, bien mauvaise grâce à se poser en adversaire d'un régime qui lui était si bienveillant. Aussi ne le faisait-il pas. Il critiquait volontiers les hommes et les choses. Il était tout au plus un *mécontent;* jamais il ne se donna pour un ennemi. — Mais son livre sur l'armée?..... Ceux qui le citent à tout propos comme une courageuse manifestation d'hostilité politique, l'ont sans doute oublié. Qu'ils le relisent et ils verront que cet ouvrage factieux (dont le maréchal Niel, ministre de la guerre, fit l'éloge à la tribune) débute par une épigraphe empruntée aux œuvres de Napoléon III, et finit par cette phrase : « Ma pensée, indépendante au point de vue
« des principes que j'ai voulu défendre, a toujours été
« et de *très-haut* dominée par un *profond sentiment* du
« devoir commun : SERVIR FIDÈLEMENT L'EMPEREUR ET
« LE PAYS. (1) »

On le voit, les Parisiens se trompaient étrangement en prenant le général Trochu pour un libéral. Cet homme d'un caractère irrésolu, empreint de religiosité, n'est qu'un ambitieux vulgaire, n'ayant pas le courage de ses visées. Au point de vue militaire, — et on ne l'a que trop vu au siége de Paris, — ses connais-

---

(1) FERNAND GIRAUDEAU. — *La Vérité sur la campagne de 1870.* — Marseille, 1871.

sances étendues étaient annihilées par le peu de consistance de son caractère.

Pour juger les hommes du gouvernement de la Défense nationale, laissons la parole à un membre de la Commune (1).

« M. Jules Favre est un exemple de la haute situation politique que, dans une époque de démoralisation comme la nôtre, peut atteindre avec un talent puissant et une personnalité sans scrupules un homme sans caractère.

« Aucun homme, en 1848, n'a été plus funeste à la République que M. Jules Favre. Animé d'une ancienne rancune contre M. Louis Blanc, il poursuivit devant l'Assemblée constituante sa mise en accusation avec une perfidie haineuse, faisant revivre l'esprit d'exclusion qui avait autrefois perdu la Convention.

« Après avoir été le secrétaire de M. Ledru-Rollin au ministère de l'intérieur, il l'abandonna de la façon la plus indigne devant la commission d'enquête sur les événements de juin.

« Ce fut lui qui livra la République au prince Louis-Napoléon en soutenant, toujours pour les intérêts d'une rancune, la validité de son élection avec une persistance égale à celle qu'il avait déployée pour obtenir la proscription de M. Louis Blanc. Il contribua activement à la rédaction de toutes les lois réactionnaires de 1848.

« Ce fut lui qui détermina le vote des premiers fonds pour l'expédition romaine.

« C'est en marchant toujours inflexiblement devant lui, poussé par l'aiguillon de sa seule ambition, sans tenir jamais aucun compte, ni des convenances de parti, ni des délicatesses de l'opinion publique, que M. Jules Favre a conquis sa haute position.

« Aujourd'hui (2), il possède incontestablement la plus grande autorité politique qui soit en France ; et cependant on serait très en peine de dire à quel parti

---

(1) A. Vermorel. — *Les Vampires,* pamphlet électoral. Paris, 1869.
(2) Nous rappelons à nos lecteurs que ceci fut écrit en 1869.

il se rattache, quels sont ses principes, quelle est sa politique.

« Il se flatte de devenir le dictateur de la République future, et s'il pose en ce moment sa candidature dans toutes les circonscriptions de France, c'est par une profonde prévoyance, afin de familiariser le suffrage universel avec son nom. »

M. Emmanuel Arago fut commissaire de la République à Lyon, où il remplit consciencieusement son mandat et sauva la ville de désastres imminents. Néanmoins il encourut les reproches de Jules Favre qui, lors de l'enquête Quentin-Bauchart, dit de lui : « Emmanuel Arago prétendait avoir tout pouvoir, même de raser Lyon.

M. Crémieux fut au Gouvernement provisoire de 1848 un des hommes les plus honnêtes et les plus sincères, manquant de la fermeté de caractère qu'eussent exigée ses fonctions, mais vraiment loyal, vraiment dévoué à la cause de la liberté et accessible à toutes les idées républicaines et démocratiques. « Esprit généreusement agité, dit M. Louis Blanc, intelligence mobile comme le progrès, M. Crémieux avait pris résolument son parti de la République, et de tous les membres de la majorité (du Gouvernement), c'était le seul qui penchât à faire pacte avec la Révolution. M. Crémieux eut une illusion mémorable qui prouve que chez lui le cœur a toujours mieux valu que la tête; il se rallia publiquement à la candidature du prince Louis-Napoléon Bonaparte à la présidence. Il crut un instant sans doute que Louis-Napoléon était *la meilleure des Républiques*, comme Lafayette l'avait cru de Louis-Philippe. »

L'auteur des *Vampires* est fort sévère pour M. Jules Ferry; nous devons avouer, du reste, que ce dernier a été d'une incapacité notoire dans les fonctions qu'il a remplies; mais laissons parler M. A. Vermorel :

« Il faut reconnaître d'ailleurs que M. Jules Ferry a des titres beaucoup plus sérieux que ceux de M. Henri Brisson. Il est dans la vie politique active depuis une dizaines d'années; il a écrit une bonne histoire des *Élections de* 1863, il est l'auteur d'une brochure spirituelle sur les finances de la ville de Paris, intitulée *les Comptes fantastiques d'Haussmann*, et outre sa collaboration au *Temps*, il est l'un des principaux rédacteurs de l'*Electeur*. Il a déjà essayé de poser sa candidature en 1863.

« Il ne lui a manqué qu'un peu d'énergie et de détermination pour devenir quelqu'un. Mais après quelque velléité d'indépendance, il a trouvé plus sûr de se discipliner derrière M. Jules Favre. »

M. Gambetta, entré dans la carrière politique par les élections de 1869, s'était montré franchement républicain; seulement sa santé ne lui avait pas toujours permis de s'occuper des affaires publiques.

« Si nous ne vivions pas à une époque de charlatanisme, l'espèce de popularité républicaine qu'est parvenu à se faire M. Garnier-Pagès serait vraiment inconcevable.

« Il a eu la patience d'écrire, en huit gros volumes, l'*Histoire de la République de* 1848 pour nous faire croire qu'il y avait joué un rôle, et il a eu le talent d'intéresser assez d'amours-propres à son entreprise pour éviter toute contradiction, si bien que le livre de M. Garnier-Pagès, qui serait certainement la plus audacieuse falsification historique, si ce n'était la plus bouffonne des supercheries, est en train de devenir classique.

« M. Garnier-Pagès nous dit qu'en 1848 la multitude obéissait à sa voix populaire, et s'il ne fut pas nommé président de la République, c'est que, par modestie, il s'abstint de poser sa candidature.

« La vérité est qu'il se glissa par surprise dans le Gouvernement provisoire.

« Lorsque son nom fut proposé à la Chambre des députés, il fut repoussé par les murmures du peuple, comme le constate le *Moniteur* du 24 février. « *Il est mort le bon!* » cria une voix dans la foule, qui se fit l'interprète de cette répulsion, ce qui prouve bien que si quelque popularité s'attachait au nom de Garnier-Pagès, elle ne s'égarait pas cependant sur celui qui en exploitait la survivance.

« Mais M. Garnier-Pagès, qui avait été envoyé à l'Hôtel-de-Ville avec MM. de Maleville et de Beaumont, par M. Odilon-Barrot, pour y installer la régence, resta au voyage; il profita de l'enthousiasme facile du peuple pour se faire proclamer maire de Paris, et il se joignit ainsi tout naturellement au Gouvernement provisoire qu'il avait devancé et auquel il fit les honneurs de la maison.

« Quelque temps après, le ministre des finances, M. Goudchaux, s'étant retiré, parce qu'il désespérait de résoudre les difficultés de la situation, M. Garnier-Pagès, dont la profonde incapacité n'avait d'égale que son extrême suffisance, accepta sans hésiter ce lourd héritage. Il ne fit que des sottises, et il contribua plus qu'aucun autre à précipiter la République et la France dans les catastrophes.

« Le malencontreux impôt des 45 centimes mit le comble aux fautes grossières de son administration, et valut à la République une impopularité qui subsiste encore.

« En même temps, M. Garnier-Pagès mettait un acharnement aveugle à poursuivre le mouvement populaire duquel était issue la révolution de février, et il se fit l'éclaireur de la réaction.

« Ce fut lui qui inaugura l'opposition de la *République-honnête et modérée* à la République démocratique, opposition heureusement inventée, à l'abri de laquelle la réaction plaça depuis toutes ses manœuvres.

« Le 15 mai, il vint exalter toutes les craintes exagérées et toutes les dispositions réactionnaires de la majorité en annonçant les mesures rigoureuses prises par le Gouvernement :

« Les clubs qui ont conspiré sont fermés. Nous res-
« pecterons le droit de réunion, mais les clubs qui
« menacent sans cesse d'envahir l'Assemblée natio-
« nale, ceux-là nous les dissiperons, nous les poursui-
« vrons. Nous sommes décidés à donner de l'énergie
« au pouvoir. »

« Le 23 juin fut un grand jour pour M. Garnier-Pagès : il déploya ce jour-là, en paroles, toute l'exaltation factice de la résistance avec laquelle se grisent, en face du danger, les gens faibles et peureux qui veulent paraître énergiques et courageux.

— « *Il faut en finir* , » s'écria-t-il aux *bravos* de l'Assemblée affolée comme lui par le double aveuglement de la peur et de la réaction, « il faut en finir avec les
« agitateurs. Des mesures rigoureuses ont été prises ;
« il faut se hâter, et des mesures plus rigoureuses encore
« vont être prises, *ces mesures, c'est le canon...* Demain
« poursuivit-il avec jactance, *nous sommes sûrs* de ter-
« miner ces fatales journées... Nous venons vous dire
« que nous allons marcher là où l'on fait des barri-
« cades, *pour les détruire nous-mêmes à l'instant.* »

« C'est grotesque autant que c'est atroce.

« M. Garnier-Pagès se garda bien, du reste, d'appuyer la demande d'amnistie, proposée avec autant d'à-propos que de générosité par M. Ledru-Rollin qui, lui, avait plus de griefs qu'aucun autre des membres de la commission exécutive, comme la véritable moralité et la plus honorable conclusion de ce débat.

« Malgré le service important qu'il avait rendu à la candidature du prince Louis Napoléon par ses attaques contre le général Cavaignac, et malgré l'avénement au pouvoir de son ancien patron, M. Odilon-Barrot, M. Garnier-Pagès ne put pas trouver, sous la Présidence, l'emploi de ses services.

« Par son attitude constante à l'Assemblée constituante, — il ne vota pas une seule fois avec la gauche, — M. Garnier-Pagès mérita d'obtenir le patronage du comité de la rue de Poitiers (coalition de la réaction monarchique et cléricale) pour les élections à l'Assemblée législative ; mais, malgré ce patronage, il ne fut pas élu.

« La déconsidération publique interrompit pour un moment sa carrière politique.

« Il mit alors à profit les relations qu'il s'était faites pendant son passage au ministère des finances pour se livrer à de grandes spéculations financières.

« Il entretenait d'ailleurs de bons rapports avec l'Elysée, et, le 11 mai 1851, son ami et son *alter ego*,

M. Duclerc, se présentait dans les Landes avec l'appui du Gouvernement. Nous avons dit par quelle industrie il a rétabli sa réputation dans ces dernières années.

« M. Charles Robin, dans son *Histoire de la Révolution de* 1848, raconte que M. Garnier-Pagès étant entré dans le cabinet de M. Senard, président de l'Assemblée, le 24 juin, au moment où celui-ci était en conférence avec le général Cavaignac pour discuter les conditions du nouveau pouvoir, M. Senard alla à lui et lui dit :

« *Vous, vous êtes nécessairement de toutes les combinai-*
« *sons.* »

« Triste vérité, dit M. Robin, car M. Garnier-Pagès avait été de même ministre de la régence et ministre du gouvernement républicain.

« Ce trait est bien caractéristique de la monomanie ambitieuse qui possède M. Garnier-Pagès ; nous venons d'en montrer les manifestations furieuses en 1848. Aujourd'hui, ce n'est plus qu'une folie douce, et qui serait inoffensive, si elle n'avait le grand inconvénient de déconsidérer et de ridiculiser le gouvernement républicain que M. Garnier-Pagès prétend représenter.

« Il est convaincu qu'il a *sauvé la France* par l'impôt des 45 centimes (1). »

M. Glais-Bizoin est une des figures les plus effacées du gouvernement de la Défense nationale : il fut représentant du peuple en 1848; vota pour la loi contre les attroupements, pour le maintien de l'état de siége et pour l'amendement Grévy. Sous l'empire, il fut l'un des comparses de l'opposition.

« M. Pelletan est réactionnaire jusqu'à la moelle des os.

« En 1848, s'il eut un instant d'enthousiasme révolutionnaire, pendant lequel il écrivit l'*Histoire des trois journées de Février*, il revint promptement à ses vieilles haines contre la démocratie et contre la liberté.

« *Le Bien public*, dont il était le rédacteur en chef et le gérant, fut, avec *le Constitutionnel*, le journal qui se

(1) A. VERMOREL. — *Les Vampires*, pamphlet électoral. 1869.

signala le plus par ses excitations sauvages pendant les tristes journées de juin, et qui propagea avec le plus d'acharnement contre les insurgés les odieuses calomnies, destinées à les désigner à l'exécration des honnêtes gens de tous les partis.

« M. Eugène Pelletan fut le premier à livrer à la dictature militaire du général Cavaignac toutes les libertés, à commencer par la liberté de la presse. M. Pelletan adressait les exhortations suivantes au général Cavaignac :

« La République a besoin d'une tutelle militaire pour
« protéger son berceau. Elle doit commencer, si elle
« ne veut pas finir, par le régime de l'épée... Refoulez,
« général, devant le poitrail de votre cheval, les der-
« niers débris de l'anarchie; écartez du bout de votre
« épée les derniers obstacles; ouvrez à travers ce pêle-
« mêle de partis, de regrets et de passions, le grand
« chemin de la République, et vous aurez fait la moitié
« de l'œuvre de Washington. »

« En 1849, M. Pelletan avait pour le prince Louis-Napoléon les mêmes adulations et les mêmes encouragements qu'il avait eus en 1848 pour le général Cavaignac. Il applaudissait pareillement à l'état de siége.

« Aujourd'hui M. Pelletan est devenu un démocrate farouche. Ces métamorphoses ont été si fréquentes depuis trente ans qu'elles n'ont plus rien qui doive nous surprendre. »

M. A. Vermorel, membre de la Co mune de Paris, que nous citons à dessein fort longuement, porte le jugement suivant sur M. Ernest Picard et M. Jules Simon :

« L'âge de M. Ernest Picard lui a épargné la redoutable épreuve de nos luttes civiles.

« Jeune avocat stagiaire, il défendit, en 1849, devant la haute cour de Bourges, le pompier légendaire du 15 mai. Mais à cela se borne toute la part qu'il a prise à la vie publique de cette époque, et il n'entra à proprement parler dans l'arène politique qu'en 1857, époque à laquelle il fut envoyé au Corps législatif par les électeurs de Paris à la suite du refus de serment de M. Goudchaux, et il devint ainsi l'un des cinq.

« M. Ernest Picard est, de tous ses collègues, celui qui a toujours affirmé son opposition, nous ne dirons pas avec le plus de fermeté, mais avec le plus de désinvolture.

« Il a une façon de Parthe de lancer les flèches, à la vérité plus piquantes qu'acérées et nullement venimeuses, de son éloquence, qui a fait dire par M. de Piré, le seul membre spirituel de la majorité, qu'il ressemblait, quand il descendait de la tribune, à la folâtre Galathée qui *fugit ad salices.*

« Pour employer une comparaison moins classique, nous dirons que M. Ernest Picard est le Gavroche de la minorité.

« C'est lui qui a dit aux ministres les plus grosses méchancetés et même parfois les plus dures vérités. Mais on sent à sa manière de dire qu'il se laisse bien plutôt entraîner au penchant d'une malice naturelle qu'au sentiment vigoureux d'une opposition vraiment politique.

« Aussi n'a-t-il pas acquis sur la Chambre et sur le pays l'autorité que son ardeur infatigable et son réel talent eussent dû mériter.

« M. Ernest Picard avait, après les élections de 1863, une grande situation à prendre.

« Au moment où M. Émile Ollivier compromettait la dignité de la jeunesse, qui le considérait comme son représentant, en s'engageant dans les voies de l'opposition constitutionnelle, il appartenait à M. Picard d'arborer le drapeau de la jeunesse révolutionnaire; il pouvait ainsi adopter une attitude qui l'eût dignement vengé des anciens dédains de M. Jules Simon, et qui n'eût certainement pas été sans influence sur la marche politique du pays.

« Au lieu de cela, il a préféré se mettre à la remorque de gens qui valent moins que lui.

« Ce qui prouve une fois de plus qu'il ne suffit pas, pour être un homme politique, d'avoir l'intelligence vive et l'esprit prompt, mais qu'il faut encore et surtout avoir un caractère. »

« M. Jules Simon est un véritable Protée; il change de ton et d'attitude avec une aisance et une souplesse qui le rendent tout à fait insaisissable.

« Membre de la Constituante, il a voté l'état de siége et la déportation sans jugement, et il s'est opposé jusqu'au dernier moment à l'amnistie : il a pareillement soutenu toutes les lois de restriction contre la liberté de la presse et la liberté de réunion. C'est lui qui, dans la discussion de la Constitution, s'écriait : « Prenons pour devise : *Pas de libertés illimitées.* »

« Il a voté pour la proposition Grévy et pour les premiers actes de l'expédition romaine.

« M. Jules Simon quitta l'Assemblée nationale pour passer au conseil d'État, où il prit part à la fameuse déclaration qui rétablissait avec ses conséquences les plus extrêmes le décret de 1811 sur l'état de siége, aboli par la monarchie de Juillet.

« Voilà quels sont les antécédents politiques de M. Jules Simon.

« En 1852, il refusa le serment avec éclat, et, en conséquence, donna sa démission de professeur au collége de France.

« Après avoir été longtemps le conservateur le plus inflexible de la religion du serment, il fit une brusque volte-face pour entrer au Corps législatif en 1863. Auparavant il s'était ostensiblement rattaché au parti républicain.

« En 1861, nous l'avons vu faire des avances aux orléanistes, et dans un article publié dans le *Courrier du Dimanche*, le 21 avril, à propos d'un opuscule de M. Odilon-Barrot sur la *Centralisation*, il saisissait l'occasion de marquer la différence qui existait de plus en plus entre les révolutionnaires et les libéraux, se classant parmi ces derniers.

« Aujourd'hui M. Jules Simon, quoiqu'il n'ait pas cessé, dit-on, d'entretenir des relations suivies avec le parti orléaniste, ne serait pas fâché de passer pour un révolutionnaire, et il nous a donné la mesure de ses prétentions en réunissant ses discours sous ce titre : *La Politique radicale.* »

Voilà quels étaient les hommes qui venaient de proclamer la République et qui prétendaient sauver la France : un général ayant épuisé la coupe des faveurs impériales; cinq ou six députés qui avaient favorisé le coup d'État de décembre et la chute de la République, et au total tous des incapables !

Mais en France on n'a pas de mémoire : on ne voyait chez MM. Jules Favre, Jules Simon et consorts que l'opposition qu'ils avaient faite à l'Empire, et on oubliait leurs votes réactionnaires de 1848.

La République, proclamée par eux, eût été une immense farce, si le pays n'eût été la proie de l'invasion étrangère.

Deux mesures, l'une politique, l'autre militaire, pouvaient sauver le pays; mais, pour les prendre, il fallait avoir des vues larges et placer le salut de la patrie au-dessus de mesquines considérations personnelles; aucun des hommes de la Défense nationale n'était capable d'un tel acte d'abnégation.

La convocation d'une Assemblée nationale, en établissant vis-à-vis des Prussiens un gouvernement régulier, issu du suffrage universel, habile à faire la guerre ou la paix, eût concentré les forces vives du pays et leur eût donné cette direction vigoureuse et cette impulsion énergique qui seules assurent la victoire.

De plus, cette Assemblée siégeant dans une ville de province, le Gouvernement ne se fût point trouvé enfermé dans Paris, dont la prise diminuait d'importance pour les Prussiens, et le sort de la France n'eût pas dépendu de la chute de la capitale, réduite dès lors au simple rôle de place forte.

Cette Assemblée, en outre, émanation réelle du pays, eût eu l'autorité nécessaire pour se faire obéir, et l'on n'aurait pas eu le déplorable spectacle de vingt-six préfets refusant absolument l'obéissance aux ordres de la délégation de Tours, tandis que les autres mesuraient leur obéissance au gré de leur caprice. On n'aurait pas eu ces conflits perpétuels entre l'autorité militaire et l'autorité civile, conflits qui ont causé plus de maux à notre armée que le froid, la faim et l'ennemi.

Enfin, lors de la reprise d'Orléans, alors que les Prussiens, effrayés par les levées nombreuses qui se faisaient par toute la France, ne sachant quelle était la valeur de ces troupes, témoignèrent pour la seule fois le désir de traiter, une Assemblée nationale eût pu le faire, et dans ces circonstances la fameuse phrase lancée par M. Jules Favre, dans un moment de jactance : *Ni un pouce de notre territoire, ni une pierre de nos forteresses!* pouvait devenir une réalité.

Voilà la faute politique immense, irréparable, que l'esprit étroit qui animait les hommes du 4 septembre leur a fait commettre. Cependant les élections étaient annoncées pour le 16 septembre, et, malgré la marche rapide sur Paris de l'ennemi vainqueur à Sedan, elles pouvaient se réaliser dans de meilleures conditions que celles qui se firent le 8 février 1871, pour la plupart sous le canon prussien.

Pourquoi donc n'eurent-elles pas lieu?

Ah! disons-le franchement : le mouvement électoral qui se dessinait annonçait déjà que la future chambre serait composée des hommes les plus énergiques et les plus sincèrement républicains; on pouvait déjà pressentir une nouvelle Convention décrétant la victoire et sachant l'organiser.

C'est ce que ne voulurent point les républicains à l'eau de rose du gouvernement de la Défense nationale. Quoi! depuis vingt ans, précieux conservateurs des saines doctrines républicaines, — voyez plus haut, — ils luttaient contre l'Empire et, au moment où ils tenaient le pouvoir, d'autres allaient se permettre de sauver la France sans eux! C'eût été intolérable.

Machiavel, quoique profondément corrompu, connaissait bien le cœur humain; il disait : « Ne vous servez jamais des hommes qui ont été en exil ou en prison, parce que, revenant au pouvoir, ils n'auront d'autre but que d'assouvir leurs vengeances et négligeront le bien public. » Nous ajouterons ; « Ne replacez jamais au pouvoir les gens qui l'ont perdu. »

L'expérience n'a que trop prouvé la valeur de cet aphorisme. MM. Jules Favre, Crémieux, Jules Simon, Arago, Glais-Bizoin, etc., qui étaient accusés par la démocratie d'avoir, par leurs fautes et leurs complaisances pour Bonaparte, amené la chute de la République, ont voulu prouver qu'ils étaient de force à la conserver cette fois; et Dieu sait dans quel état ils l'ont mise et ce que cette expérience aura coûté d'or, de sang et de larmes à la France!

La faute militaire commise par le gouvernement de la Défense nationale incombe plus particulièrement au général Trochu.

Le désastre de Sedan nous avait enlevé la seule armée disponible qui nous restât : Bazaine et ses 180,000 hommes étaient déjà enfermés dans Metz, d'où ils ne devaient sortir que comme prisonniers le 18 octobre suivant. Outre la défense de Paris, il fallait donc, et tout le monde le comprenait, créer en province une ou plusieurs armées destinées à débloquer la capitale lorsque les Prussiens en auraient commencé le siége.

Paris comptait au 4 septembre environ 60,000 soldats de ligne, qui furent quelques jours plus tard portés au chiffre de 100,000 par l'arrivée du corps de Vinoy, plus 100,000 mobiles venus de tous les points de la France. La garde nationale, sérieusement organisée, pouvait compter 600,000 baïonnettes, d'où l'on pouvait extraire parfaitement 150,000 combattants, valant les meilleures troupes régulières, puisque la plupart eussent été d'anciens soldats d'Afrique, de Crimée, d'Italie et du Mexique. Du reste, les combats de Montretout et de Buzenval (19 janvier 1871) ont prouvé ce qu'on en pouvait tirer.

Tout cet ensemble de forces était surabondant pour la défense de Paris; la suite des événements a prouvé que 150,000 combattants seulement y participèrent réellement.

Quel était le devoir du général en chef, du ministre de la guerre? Le dernier officier de son armée le lui eût indiqué s'il l'eût consulté.

Il devait, sans perdre une minute, envoyer les

100,000 mobiles derrière la Loire, où ils eussent servi de noyau à une armée de 250,000 hommes qui eût pu être prête en un mois.

Lorsqu'on songe que les premiers efforts des armées de province se produisirent, vers le milieu de novembre, par des masses de 40,000 hommes au plus, on peut supposer, sans crainte d'être démenti, qu'une armée de 250,000 combattants se mettant en mouvement un mois plus tôt, alors que les rigueurs de la saison étaient encore supportables, que les Prussiens n'avaient pas encore commencé leurs grandes promenades militaires, cette armée, disons-nous, pouvait, devait sauver la France.

Ces deux fautes primordiales ne furent pas les seules, hélas! mais nous avons dû les signaler d'autant mieux que les autres n'en furent que les conséquences, et que ces fautes avaient tout perdu!

CHAPITRE IV.

LE PARTI RÉPUBLICAIN ET LE PARTI SOCIALISTE.

Composition du parti socialiste. — Les insurgés de juin. — Les déportés et les exilés. — L'Association internationale des travailleurs. — Tendances du parti socialiste. — Vermorel, Vallès, Blanqui, Félix Pyat, etc. — L'Empereur socialiste. — Les grèves. — La loi Ollivier. — La loi sur le droit de réunion. — Attitude étrange des chefs républicains. — Accusations policières. — Entrée de Rochefort dans le gouvernement du 4 septembre.

La proclamation de la République avait fait renaître l'espoir dans tous les cœurs : on se rappelait les miracles de 1792, et l'on pensait les voir se reproduire.

Mais, hélas! les temps ont bien changé depuis Valmy et Jemmapes! Les perfectionnements apportés dans l'art de la guerre ont supprimé la valeur personnelle : la campagne de 1870-1871 ne devait ressembler à aucune de celles qu'avaient faites nos soldats. La victoire ne devait pas y être le prix du courage, mais celui de la science et de la discipline : ce qui diminue la gloire du vainqueur et l'humiliation du vaincu.

Les hommes du 4 septembre avaient pris ou feint de prendre au sérieux les proclamations de Guillaume, dans lesquelles il annonçait « qu'il faisait la guerre à l'empereur Napoléon et non aux Français. »

L'entrevue de Ferrières les désillusionna ; au lieu de traiter avec les Prussiens comme ils en avaient l'espoir, il fallut combattre.

Cependant, à côté du parti républicain qui marchait à la remorque de Jules Favre et de ses amis, s'était constitué un autre parti républicain aussi plus actif, plus remuant et qui avait affiché résolument le mot *Socialisme* sur son drapeau.

Ce parti, qui s'était formé des débris de l'insurrection de juin, des membres de l'Association internationale, des exilés et des déportés du coup d'État de 1851, des ouvriers des grandes villes et des centres manufacturiers, d'une foule de déclassés qui ne pouvaient ou ne voulaient s'enrôler à la suite des représentants consacrés du parti républicain modéré, — ce parti, disons-nous, mena dans ces derniers temps une existence fort agitée et contribua puissamment à la dislocation qui devait entraîner la chute de l'Empire à la première occasion.

Le parti socialiste n'eut, à vrai dire, point de chefs réels; mais il eut de nombreuses têtes qui lui imprimèrent les directions les plus opposées en apparence, mais tendant au fond vers le même but : la destruction de tout ce qui existait pour la réalisation d'un état social idéal qu'on étudierait lorsque tout serait préalablement détruit.

Le parti socialiste, par les tendances diverses de ceux qui prétendaient le diriger, devint un composé hybride, un assemblage monstrueux des doctrines les plus opposées : le jacobinisme le plus farouche s'y alliait avec les idées girondines; le matérialisme se montrait avec une teinte de mysticisme, et le *credo* économique et social, encore dans les langes, emprunta ses vagues formules aux utopistes les plus insensés des siècles passés.

Ce parti ne pouvait vivre longtemps en bonne intelligence avec le parti Jules Favre et consorts : il sentait bien que ce dernier recueillerait, lorsque les événements amèneraient la chute de Napoléon III, l'héritage de la République : aussi se prépara-t-il de longue main à lui disputer, à lui enlever cet héritage.

Du reste, entre le parti socialiste et le parti libéral, l'antagonisme qui avait amené les journées de juin 1848, s'accusait de plus en plus : ce fut M. Vermorel qui commença le feu dans le *Courrier français*, journal dont l'audace fit naître le soupçon de connivence avec la police. En effet, le *Courrier français* tira avec un acharnement égal et incroyable sur le Gouvernement et sur les pontifes du parti républicain; tour à tour Jules Favre, Jules Simon, Glais-Bizoin, Carnot, Pelletan, Picard, Guéroult et *tutti quanti* furent mis sur la sellette au grand contentement des lecteurs de Belleville, de la Villette et du faubourg Saint-Antoine : leurs fautes politiques leur furent amèrement reprochées au grand scandale des républicains sincères, qui ne voyaient dans ces manœuvres que des tentatives pour désorganiser la démocratie et la livrer sans défense au Gouvernement impérial.

Certes, la façon de procéder de M. Vermorel pouvait être énervante pour la démocratie; mais il faut reconnaître que ce publiciste porta le premier des coups qui devaient renverser l'édifice napoléonien.

Vermorel a été qualifié de mouchard par ses frères et amis; Rochefort, l'idole de Belleville, a répété cette accusation à la tribune du Corps législatif, sauf à la démentir plus tard lorsqu'il fut devenu membre du gouvernement de la Défense nationale. Ce n'est pas notre affaire de démêler ce que le reproche avait de fondé; mais nous devons constater qu'on ne pouvait être plus maladroit que M. Rouher en choisissant M. Vermorel pour agent.

La voie ouverte par le *Courrier français* fut bientôt envahie; une presse ardente et belliqueuse se fonda sur le terrain politique comme sur le terrain littéraire; le parti socialiste se renforça d'écrivains jeunes et turbulents, qui firent sans relâche au pouvoir une guerre sourde d'abord, puis ouverte ensuite.

Les tribunaux furent encombrés de procès de presse, et Sainte-Pélagie renferma tour à tour dans son enceinte les Vermorel, les Rochefort, les Cluseret, les Delescluze, les Jules Vallès, les Lermina, etc.

Mais pendant que le parti socialiste agitait l'opinion publique à l'aide de ses journaux, un appoint précieux et inattendu lui venait d'autre part.

Le gouvernement de l'Empire, ses actes l'ont prouvé

surabondamment, a toujours penché vers le socialisme; ses adversaires prétendaient que, dans la prévision d'une chute que l'expérience pouvait lui faire supposer, il avait jeté les germes des discordes qui ne manqueraient pas d'éclater dans le cas possible de son renversement.

Quoi qu'il en soit, le Gouvernement impérial ne cachait pas l'aversion que lui causait ce qu'on est convenu d'appeler la bourgeoisie; il s'appuyait ostensiblement et avec affectation sur les ouvriers et sur l'armée. L'événement a prouvé combien il se trompait dans ses préférences.

Les grands travaux entrepris follement par toute la France, notamment à Paris, avaient changé les conditions économiques de la vie, et les ouvriers, dont les salaires ne correspondaient plus avec l'élévation des denrées alimentaires, serrés par les articles 414, 415 et 416 du Code pénal sur les coalitions, dont on avait fait de si terribles applications sous le règne de Louis-Philippe, se trouvaient absolument à la merci de leurs patrons, en proie à la gêne la plus horrible : mourant de faim tout en travaillant.

Plusieurs grèves éclatèrent dans diverses industries, sur tous les points du territoire. Le Gouvernement, tout en laissant les lois suivre leur cours, ne cacha pas ses sympathies; l'Empereur, usant du droit de grâce que lui conférait la constitution, relevait non-seulement les condamnés des peines prononcées contre eux, mais encore les aidait de sa cassette particulière.

En présence de cette protection inattendue, les ouvriers augmentèrent leurs prétentions; des sociétés de résistance s'organisèrent sur le modèle de celles qui fonctionnent en Angleterre (1), et les coalitions ouvrières se succédèrent, tantôt pour des motifs sérieux, tantôt pour des raisons futiles. Le Gouvernement prit alors (1864) l'initiative d'une loi dont M. Emile Ollivier fut le rapporteur favorable, qui donnait à la France la

(1) Voyez les *Trade's-Unions ou Associations ouvrières en Angleterre*, sans nom d'auteur. Paris, 1870.

liberté de coalition dont jouissent les ouvriers anglais depuis 1824.

Mais, en France, les questions ne sauraient jamais demeurer sur le terrain économique : il est de notre tempérament national de les porter sur le terrain politique.

Chaque société de résistance devint bientôt un foyer révolutionnaire où l'on aspirait à la chute du Gouvernement impérial, afin de procéder à l'application libre des doctrines sociales.

Sur ces entrefaites fut créée l'*Association internationale des travailleurs,* dont l'historique formera l'objet du chapitre suivant.

Les ouvriers se rangèrent dans le parti socialiste, sans fusionner toutefois avec l'élément militant que nous avons signalé. L'ouvrier français, malgré ses bonnes qualités, est extrêmement jaloux; il ne voit pas sans amertume un camarade s'élever par son travail ou par son intelligence; il n'aime pas les avocats et les journalistes, et, comme le paysan, se méfie de quinconque n'est pas ouvrier comme lui.

Le Gouvernement, qui avait favorisé l'*Association internationale des travailleurs* avec une complaisance peu dissimulée, se vit cependant forcé de sévir contre elle, sous la pression de l'opinion publique, émue par les doctrines étranges qu'affichait cette nouvelle société.

De nombreux procès eurent pour conséquence de peupler Sainte-Pélagie des principaux chefs de l'*Internationale.* Là, ces chefs se trouvèrent en contact avec les journalistes socialistes, et la prison amena la fusion complète des différentes fractions du parti socialiste. Ce parti s'augmenta encore de la masse d'exilés de Bruxelles et de Londres qui n'avaient pas voulu profiter de l'amnistie de 1859 et qui avaient juré de ne rentrer en France que lorsque l'Empereur serait renversé.

La liberté relative du droit de réunion donnée par la loi du 6 juin 1868 fournit au parti socialiste l'occasion de démontrer son homogénéité : lui seul s'en servit franchement, et, en dépit des amendes et de l'emprisonnement, affirma hautement, publiquement, ces théories étranges qu'on eût pu croire le fruit de cerveaux insensés, si l'expérience communale ou communiste qui vient de peser si fatalement sur Paris n'avait démontré le sérieux de leurs auteurs.

Quelle était alors l'attitude des Jules Favre, des Jules Simon, des Pelletan, des Crémieux, des Arago, etc.?

Cette attitude fut aussi fausse, aussi nulle, aussi impolitique que possible. Ces hommes étaient demeurés ce qu'ils étaient en 1848, prêts aux mêmes fautes, disposés aux mêmes maladresses. On pouvait répéter pour eux ce que l'on disait en 1815 des royalistes : « Ils n'ont rien appris, ils n'ont rien oublié. »

Se bornant à une opposition systématique, étroite, mesquine, manquant parfois de patriotisme, ils regardèrent passer le mouvement socialiste sans songer à s'y associer pour le diriger dans ce qu'il avait de bon, de pratique, et s'opposer à ses entraînements dangereux.

Non, ils dédaignèrent la liberté relative de la presse dont l'Empire nous avait dotés, ne parurent point aux réunions publiques et se firent les échos, sinon les auteurs, des accusations policières répandues contre les hommes du parti socialiste.

Ranc, Cournet, Delescluze, Vermorel, Blanqui, Jules Vallès, Félix Pyat, Lermina, Tolain, Varlin, Allix, etc., ne furent plus que de vils mouchards; les réunions publiques furent dénoncées par eux comme des piéges tendus par la police à la crédulité publique.

Aux élections de 1869 les deux partis en vinrent aux mains; nous ne rappellerons pas les accusations qu'ils s'adressèrent, nous constaterons uniquement que l'élection de Rochefort et celle de Gambetta furent l'œuvre du parti socialiste.

L'entrée de Rochefort au Gouvernement du 4 septembre fut une concession indirecte faite à ce parti. Quant à Gambetta, avec son encolure de taureau, sa voix sonore, c'était un tribun qui y avait la sienne marquée par sa facilité à déclamer des phrases éclatantes et creuses.

CHAPITRE V.

L'ASSOCIATION INTERNATIONALE DES TRAVAILLEURS.

Les futurs gouvernants de la Commune. — L'exposition universelle de Londres en 1862. — Les *Trade's Unions*. — Fondation de l'*Internationale*. — Réunion de Saint-Matin's hall. — Complaisances de M. Rouher. — But du Gouvernement impérial. — Conférence de Londres, 1865. — Congrès de Genève, 1866. — Grève du bronze. — Congrès de Lausanne, 1866. — Congrès de Bâle, 1869. — Les procès de l'*Internationale*. — Les accusés. — Déclamations de M. Combault.

Mais avant d'aller plus loin, nous devons étudier rapidement la création et les doctrines de l'*Association internationale des travailleurs*, dont le rôle fut si prépondérant dans les événements dont nous avons entrepris le récit, d'autant mieux que des congrès tenus à l'étranger, des procès que nous avons mentionnés avaient vulgarisé les noms d'Assi, Avrial, Camelinat, Cluseret, Combault, Baselica, Varlin, Murat, Malon.

Ces hommes occupèrent une situation importante dans la Commune et dans la haute administration.

D'où venaient-ils ?

Que voulaient-ils ?

Quelles étaient les doctrines socialistes qu'ils prétendaient imposer ?

Comment leurs actes répondirent-ils aux doctrines qu'ils professaient ?

Nous allons répondre à ces diverses questions, en nous inspirant tant de nos études personnelles que de l'excellent travail de M. Achille Mercier.

En 1862, lors de l'Exposition universelle de Londres, une délégation d'ouvriers français fut envoyée, par leurs camarades, en Angleterre, pour y étudier et comparer les diverses industries. Le Gouvernement impérial, renouvelant ce qu'il avait déjà fait en 1855, prit à sa charge les frais des délégués français.

De 1855 à 1862, de nombreuses grèves avaient éclaté dans le Royaume-Uni ; quelques-unes d'entre elles avaient eu un retentissement énorme dans le monde ouvrier ; aussi, il est facile de le comprendre, les grèves devinrent le sujet le plus fréquent des conversations échangées entre les ouvriers anglais et les délégués français et étrangers.

Ces derniers, ayant appris à connaître le mécanisme des *Trade's-Unions* ou Sociétés de résistance, émirent le vœu d'en voir se former de semblables dans toutes les contrées : cette idée était d'autant plus pratique, en se plaçant au point de vue gréviste, qu'en maintes circonstances les patrons et les consommateurs avaient échappé aux prétentions de certaines contrées en allant chercher des produits, parfois même des ouvriers, à l'étranger.

C'est ainsi que de conciliabules en conciliabules, on en vint à arrêter les bases d'une *Association internationale des travailleurs*, dont le but était d'empêcher les ouvriers de se faire concurrence entre eux, de les rendre tous solidaires des grèves en quelque pays qu'elles éclatassent, de rendre les grèves générales, s'il était nécessaire dans l'intérêt de la cause.

Les ouvriers se séparèrent en se promettant de répandre ces idées dans leurs nations respectives et en prenant rendez-vous pour un grand meeting ouvrier à Londres pour 1864.

Ce meeting eut lieu, en effet, le 28 septembre 1864, à Saint-Martin's Hall : de nombreux délégués de toutes les contrées s'y rencontrèrent ; parmi les délégués français on remarquait M. Tolain, actuellement député.

Mais depuis 1862, l'idée primitive de l'*Association internationale des travailleurs* s'était considérablement modifiée : simplement économique, devant se mouvoir dans la limite des lois, selon la pensée de ses auteurs, elle se plaça résolûment sur le terrain politique et prononça le mot révolution. Lorsqu'on arrêta les statuts provisoires, on les fit précéder d'une déclaration de principes dont voici la substance :

L'antagonisme du travail et du capital est la source de la servitude morale, matérielle et politique qui pèse sur le travailleur ;

Les travailleurs de toutes les nations sont solidaires les uns des autres ; les efforts pour leur émancipation doivent être généraux et non purement locaux ou même nationaux ; tous les pays civilisés doivent faire cause commune pour atteindre ce résultat ;

Tous les membres de l'Association se doivent aide et protection : il est de leur devoir provisoirement d'étudier théoriquement la question de l'émancipation des travailleurs.

L'organisation de la société fut ainsi établie : chaque groupe, formé dans une localité quelconque, prenait le titre de section de l'Internationale, jouissait d'une certaine autonomie, mais était tenu de correspondre avec le comité central de Londres. Ce comité central, composé de membres appartenant à toutes les nations, était par le fait le gouvernement occulte de l'*Association internationale des travailleurs*. Le meeting se sépara après avoir décidé la réunion d'un congrès général à Bruxelles pour 1865.

Le Gouvernement français, tenu au courant par sa police du voyage des députés français, n'ignorait pas le meeting de Saint-Martin's Hall. La fondation de la section française de l'Internationale lui fut d'autant mieux connue qu'à leur retour de Londres les délégués français adressèrent au préfet de police un exemplaire des statuts provisoires et l'informèrent de la création d'un bureau rue des Gravilliers. Le Gouvernement impérial se montra d'une complaisance extraordinaire vis-à-vis de la nouvelle société : les délégués furent reçus de nombreuses fois par M. Rouher, qui voulut bien discuter avec eux leurs doctrines socialistes ; on affirme même que le ministre d'Etat poussa la gracieuseté plus loin, et qu'il avança les fonds.

Quel pouvait être le but de l'Empereur et de ses ministres en secondant aussi ostensiblement une association dont les tendances mal dissimulées étaient de renverser l'ordre de choses existant? Espéraient-ils, en favorisant le mouvement ouvrier, le faire tourner à leur profit? Ou bien voulaient-ils laisser s'étendre l'*Association internationale des travailleurs* pour avoir le prétexte de l'écraser avec fracas et d'agiter de nouveau le spectre rouge aux yeux des bourgeois effrayés? Quoi qu'il en soit, nous constaterons en passant le rapprochement singulier qui existe entre le mouvement soi-disant communal provoqué par l'*Association internationale* et la rentrée en France des Rouher et de tous les séides du pouvoir déchu. Du reste, le parti socialiste véritable a montré quelque défiance vis-à-vis de la nouvelle société, et, tout en s'en servant, il ne lui a pas ménagé les accusations d'accointances avec la police, qui nous paraissent plus que fondées, que les républicains s'adressent assez volontiers entre eux.

Le congrès qui devait avoir lieu à Bruxelles, en 1865, ne put se réunir : la Chambre des députés belges ayant voté une loi restrictive sur le séjour des étrangers en Belgique. Ce congrès fut remplacé par une conférence qui se tint à Londres : on s'y occupa de rédiger les statuts définitifs de l'Association et l'on arrêta un congrès devant se tenir à Genève en 1866.

Le congrès de Genève fut la première réunion internationale des ouvriers : on y comptait des délégués français, anglais, allemands, belges et italiens. On se connaissait peu et mal : les discussions s'en ressentirent; on toucha à bâtons rompus à toutes les questions politiques et sociales : le travail, les sociétés de résistance, le capital, la propriété, l'héritage, l'instruction, la femme, la famille, les impôts, les armées permanentes, la coopération, l'association, etc., furent successivement passés en revue et permirent aux membres du congrès d'établir de l'unité dans leurs vues.

Puis, on vota les statuts, dont l'article premier définissait le but de l'association :

« L'association est constituée pour procurer un point central de communication et de coopération entre les ouvriers de différents pays aspirant au même but, avec le concours mutuel : le progrès complet et constant de la classe ouvrière. »

Une cotisation, établie par un règlement annexe, afin de couvrir les frais généraux, eut le but réel de former une caisse pour aider les mouvements grévistes, sur lesquels on comptait beaucoup pour asseoir la puissance de l'association et lui amener de nombreux adhérents. Ceci était important surtout en France, où venait d'être promulguée la fameuse loi sur les coalitions, dont M. Emile Ollivier fut le rapporteur; loi qui n'avait qu'une apparence de libéralisme aux yeux des ouvriers, puisque, tout en autorisant les grèves, elle prohibait les réunions et les associations.

Une occasion ne tarda à se présenter qui permit à l'association internationale d'essayer ses forces avec un succès qu'elle n'osait espérer.

Une grève éclata dans l'industrie du bronze : les ouvriers réclamaient une élévation de salaires. Tous les ateliers se fermèrent et deux commissions furent formées; l'une, composée de patrons, sous la présidence de M. Barbedienne ; l'autre, comprenant les ouvriers, eut pour président M. Camelinat, ouvrier lui-même.

La commission parisienne de l'Association internationale prit une part active à cette lutte et envoya à Londres, au comité central, un manifeste qui, s'emparant des considérants des statuts de l'association, établissait que « l'émancipation des travailleurs doit être l'œuvre des travailleurs eux-mêmes; que cette émancipation a échoué jusqu'à ce jour faute de solidarité et qu'elle est une œuvre, non pas nationale, mais universelle. » Le manifeste demandait, en outre, la révision de certains articles des statuts, afin, disait-il, de passer sans retard de la théorie à l'action. Il concluait ainsi : « Le bureau de Paris, saisissant le conseil général siégeant à Londres, l'invite à porter à la connaissance de tous les adhérents en France, en Angleterre, en Suisse, en Italie, en Amérique, en Allemagne, les faits ci-dessus énoncés, afin qu'ils viennent apporter aux ouvriers de l'industrie du bronze l'appui moral et matériel promis par le pacte constitutif à tous ceux qui reconnaissent, comme devant être la base de leur conduite, la vérité, la justice et la morale. »

La commission parisienne de l'Association internationale des travailleurs ne se borna pas à l'envoi de ce manifeste : elle fit partir pour Londres, afin de stimuler le conseil général, Fribourg, Tolain et Varlin. Cette démarche eut un plein succès ; des subsides furent envoyés aux grévistes français, et les patrons, effrayés par les réunions ouvrières anglaises, qui toutes témoignaient la plus vive sympathie pour les ouvriers bronziers, se décidèrent enfin à céder.

La grève du bronze, par le calme et la sagesse des ouvriers, fut un précédent inouï pour la France, à cause de son contraste avec les coalitions tumultueuses du règne de Louis-Philippe aboutissant pour la plupart à la cour d'assises, quelquefois au bagne. Hélas! toutes les grèves ne devaient pas être aussi modérées, et nous avons encore présentes à l'esprit les tristes épisodes d'Aubin et de la Ricamarie !

« L'Association internationale, dit M. Achille Mercier, prit donc, dès 1866, une importance sérieuse. Elle était en possession de son pacte fondamental; elle pouvait, grâce à son organisation savante, soutenir le mouvement des grèves. Ce fut pour elle son point culminant dans les voies sages et pratiques. Désormais, elle va déchoir. Ses congrès annuels prouvèrent, en attendant des actes lamentables, que la probité, le travail et l'énergie ne sont pas suffisants pour conquérir de plain-pied l'émancipation de la classe ouvrière et son accession à la propriété. »

Ainsi que nous l'avons vu plus haut, le congrès de Genève fut en quelque sorte la véritable constituante de l'Association internationale des travailleurs, où furent votés les statuts et règlements; de plus, sur l'initiative de la section française, la société, abandonnant les doctrines théoriques, s'était résolûment placée sur le terrain pratique.

Chaque année voit éclore un nouveau congrès : c'est dans ces congrès que nous devrons chercher les tendances et les doctrines de l'association, pour constater combien elles s'écartent sensiblement du point de départ.

En 1866, le congrès se tint à Lausanne; soixante délégués, appartenant à la France, à l'Angleterre, à l'Allemagne, à la Belgique et à la Suisse, s'y rencontrèrent; parmi eux on remarquait un journaliste, un professeur, un médecin, voire même un banquier. Un incident assez curieux se produisit à l'ouverture de la première séance, un ouvrier suisse demanda que, suivant l'usage de son pays, on invoquât les bénédictions de Dieu sur les travaux de l'assemblée. Des protestations indignées repoussèrent cette proposition, qui donna lieu, pour la plupart des délégués, à des déclarations formelles d'athéisme et de matérialisme.

On proposa de reconnaître qu'il y avait une union étroite entre l'émancipation morale et l'émancipation politique du travailleur : cette proposition fut adoptée à l'unanimité par l'assemblée, qui décida, en outre, qu'elle serait portée officiellement à la connaissance de tous les membres de l'association.

La motion suivante fut soumise à la délibération de l'assemblée : « Les sociétés coopératives ne doivent pas faire de bénéfices, sous peine de former caste, mais se pénétrer de l'idée de fédéralisme et de mutualité. Le sol doit entrer dans la propriété collective ; l'héritage *ab intestat* doit être aboli; un impôt doit être établi sur les successions. »

Après une discussion fort chaude et fort longue, la première partie de la motion seulement fut adoptée. La presque unanimité de l'assemblée, sur la proposition des délégués français, vota la suppression des autres paragraphes, *comme entachés de communisme.*

On vota ensuite l'*équivalence des fonctions*, c'est-à-dire que la journée d'un homme ne valait pas plus que la journée d'un autre homme; que la journée du citoyen Courbet, par exemple, le seul vrai peintre que nous ayons eu — selon lui — ne vaut pas davantage que celle du manœuvre qui lui broyait les couleurs.

Puis l'assemblée décida que le crédit devait être organisé par l'Etat, expression de la collectivité, sans prélèvement d'aucun bénéfice, et conseilla la fédération des sociétés ouvrières comme devant être l'embryon de l'institution définitive des banques.

Dans le cours de cette session, on agita de nouveau la question de la propriété du sol; il nous paraît curieux d'établir les opinions par nationalité, d'autant plus que les événements de la Commune de Paris ont mis en relief les hommes de l'*Internationale*, nous permettant ainsi de juger la contradiction de leurs actes avec les opinions affichées par eux.

Les Français, les Italiens et les Suisses soutinrent la nécessité de la propriété individuelle du sol au point de vue de la dignité de l'homme, de sa liberté, de son indépendance vis-à-vis de l'État;

Les Belges se déclarèrent partisans de la propriété collective du sol;

Les Allemands et les Anglais se montrèrent franchement communistes.

Le congrès de 1868 eut lieu à Bruxelles. On traita les questions du crédit, de l'influence des machines sur les salaires, de l'instruction, des grèves, etc.

Lorsqu'on étudia quelle devrait être l'attitude des ouvriers si une guerre générale venait à éclater, l'assemblée, sur la motion de Charles Longuet, Tolain, Richard et Fontaine, délégués français, décida « que les ouvriers devraient, dans la mesure de leurs forces, s'opposer à une guerre européenne et, au besoin, menacer les gouvernements d'une grève générale dans tous les pays entre lesquels on allumerait la guerre (1). »

La discussion se porta inévitablement sur la question de la propriété; le congrès, malgré l'opposition

---

(1) M. Achille MERCIER, *La Nation souveraine*, 24 avril 1871.

des délégués français, se prononça pour le principe de la propriété collective.

Le congrès qui eut lieu le 6 septembre 1869, à Bâle, traita à peu près les mêmes questions que celles qui avaient été agitées à Bruxelles l'année précédente; c'est-à-dire la propriété foncière, l'héritage, le crédit, l'éducation intégrale, les sociétés de résistance. En plus des nations qui s'étaient fait représenter les années précédentes, on remarquait deux délégués espagnols. Varlin et Aubry prirent place parmi les secrétaires de la langue française.

« Comme toujours, dit M. Achille Mercier, la question de propriété passionna la discussion. Les Français, MM. Langlois, Tolain et Murat défendirent la propriété individuelle. Cinquante voix sur soixante-cinq votants déclarèrent que *la société a le droit d'abolir la propriété individuelle pour la transformer en propriété collective, et qu'il y a nécessité d'opérer le plus tôt possible cette transformation.* » Dans la même séance, la réunion vota contre l'abolition de l'héritage, sans trop bien voir qu'elle se déjugeait, puisqu'elle niait la propriété. Une seule bonne idée sortit du congrès de Bâle : celle de l'examen, à chaque réunion annuelle, de cahiers du travail rédigés dans tous les pays par les sociétés locales, et contenant des documents sur la situation des travailleurs et sur leurs vœux. En se séparant, on s'ajourna pour l'année suivante à Paris, comme bien persuadés que l'année 1870 devait amener, en France, la révolution et la liberté. Elle amena, au contraire, la guerre étrangère, jetant les germes de la guerre civile. »

Après avoir examiné l'Association internationale des travailleurs dans son ensemble, nous allons passer rapidement en revue la branche française qui fournit à la Commune un grand nombre de gouvernants, d'officiers et d'administrateurs.

Le Gouvernement impérial, suivant sans doute le plan machiavélique qu'il s'était tracé en tolérant l'Association internationale, en lui fournissant même les fonds nécessaires au premier établissement, en présence des grèves qui éclataient de toutes parts, crut le moment venu d'effrayer les bons bourgeois qui recommençaient à faire de l'opposition : un premier procès fut intenté à la section française, et, le 6 mars 1868, Chemalé, Tolain, Héligon, Camelinat, Murat, Perrachon, Fournaise, Gauthier, Danthier, Bellamy, Gérardin, Bastien, Guyard, Delahaye et Delorme, comparurent en police correctionnelle sous l'inculpation de faire partie d'une société non autorisée de plus de vingt personnes. Ils furent condamnés chacun à 100 francs d'amende.

La branche française de la Société internationale, malgré cette condamnation, affirma vaillamment le droit imprescriptible d'association. Le bureau condamné donna sa démission et fit procéder hardiment à de nouvelles élections. Le nouveau bureau fut cité en police correctionnelle ; il se composait de MM. Varlin, Malon, Humbert, Granjon, Bourdon, Charbonneau, Combault, Langevin et Mollin. Il y eut cette fois pour chacun 100 francs d'amende et trois mois de prison.

« Il est curieux de retrouver là les noms des hommes qui jouèrent si peu de temps après un rôle qui dut les étonner eux-mêmes autant que le public. Le greffier correctionnel appela notamment : Adolphe-Alphonse Assi, 29 ans, ouvrier mécanicien ; — Louis-Eugène Varlin, 31 ans, relieur ; — Benoist Malon, 28 ans, garçon de librairie ; — André-Pierre Murat, 37 ans, ouvrier mécanicien ; — Jules Johannard, 27 ans, feuillagiste ; — Louis-Jean Pindy, 30 ans, menuisier ; — Amédée-Benjamin Combault, 32 ans, ouvrier bijoutier ; — Augustin Avrial, 29 ans, ouvrier mécanicien ; — Camille-Pierre Langevin, 27 ans, tourneur sur métaux ; — Albert Theisz, 31 ans, ouvrier ciseleur ; — Léo Frankel, 26 ans, ouvrier bijoutier ; — Emile-Victor Duval, 29 ans, fondeur en fer.

« Le ministère public produisit des lettres émanant de Vésinier, Bastelica et autres, établissant le fait de société non autorisée ; il produisit également des lettres de Cluseret, qui essayait, à New-York, de former une branche américaine de l'Internationale. Les condamnations varièrent de 25 à 100 fr. d'amende, et de deux mois à un an d'emprisonnement.

« Dans tous ces procès, les prévenus manœuvraient fort habilement, évitant de descendre dans les détails de doctrine, et ne voulant être considérés que comme membres d'une société d'études purement sociales et nullement politiques.

« Si l'*Association internationale des travailleurs* avait su attendre la consécration du temps, sans lequel rien ne se fait de stable et de définitif, elle eût occupé une place remarquable dans l'évolution politique et sociale de l'Europe actuelle.

« Au point de vue économique, elle pouvait solidariser toutes les caisses de résistance des classes ouvrières des différents pays et intervenir dans la question de salaire avec une force irrésistible. Les grèves, qui sont à l'industrie ce que la guerre destructive et improductive est aux nations, n'auraient plus été que la discussion entre le capital accumulé d'une classe contre le capital d'une autre, c'est-à-dire une question d'affaire à régler par arbitrage, comme en Angleterre et aux Etats-Unis.

« Au point de vue social, cette étude permanente par une classe des remèdes à présenter à ses maux, cette enquête constante par les intéressés eux-mêmes de leur situation matérielle et morale, eût apporté un puissant secours à la science, réduite à puiser dans les ridicules enquêtes administratives et dans les travaux dus à des efforts isolés.

« Au point de vue politique, la fédération des classes ouvrières de tous les pays était une protestation grandiose contre le militarisme, armant les nations les unes contre les autres. Dans chaque ville, dans chaque atelier, un enfant du peuple pouvait, à la veille des massacres, élever la voix contre les dynasties qui, pour asseoir leur situation particulière, ont besoin de répandre le sang dans les batailles et de transformer les masses en chair à canon.

« L'Internationale était dans le droit chemin quand elle apaisa la *grève du bronze* au moyen d'une transaction avec les patrons, effrayés à l'idée d'avoir à la fois sur les bras toutes les unions anglaises. Elle était dans son rôle, quand elle décida l'ouverture et la permanence des cahiers du travail. Elle eut son instant de grandeur quand, à Bruxelles, le 6 septembre 1868, elle menaça les souverains d'une grève générale en cas de guerre. Son organisation ne permettait pas encore d'exécuter cette menace, qui serait la plus belle réponse aux protocoles gonflés de vent des diplomates, aux proclamations sanguinaires des traîneurs de sabre.

« Mais elle se trompa quand elle inséra dans son programme ces mots : *Affranchissement du travailleur par les travailleurs eux-mêmes*. Ennemie des castes, elle créa une caste nouvelle qu'elle prétendit isoler de la société. Cette prétention est assez curieusement exprimée dans ce passage de la plaidoirie de Combault, présentant au nom de ses co-prévenus la défense collective devant la police correctionnelle :

« Vous poursuivez les ouvriers parce qu'ils sont so-
« cialistes, parce que, hommes de labeur, ils veulent
« une société relevant du contrat juridique librement
« consenti par tous les intéressés, appuyée sur la liberté,
« l'égalité, la solidarité, la réciprocité et le respect de
« la dignité humaine dans toutes ses individualités. Ils
« veulent une société où le travail soit la seule source
« de la richesse.

« Ils flétrissent donc les loteries dont la Bourse et le
« turf sont l'ordinaire et immoral théâtre. Tandis que
« des fils de la classe qui se prétend notre supérieure
« salissent leurs noms avec les Phrynés les plus éhontées,
« qu'ils sont en voilette aux champs de courses, que
« leur décrépitude précoce atteste la dégénérescence
« de toute une classe de la nation, au point qu'il y aura
« bientôt putréfaction, si toutes ces décadences ne
« viennent puiser une vie régénératrice dans l'énergi-
« que sang populaire ; des ouvriers qui, depuis l'âge de
« huit ans, travaillent pour donner des loisirs et de
« l'instruction à cette jeunesse qui en a fait quelquefois
« un si noble usage, ont voulu tenter l'instauration de
« l'équité dans les rapports sociaux par la science, la

« libre étude des questions économiques et l'association
« indépendante (1). »

Nous avons cité à dessein ce passage de la plaidoirie de M. Combault, car il affiche la prétention de régénérer la société par le travailleur; cette affirmation serait séduisante si elle n'était de l'hypocrisie.

Vous ne nous accuserez pas, apôtres de l'Internationale, d'avoir été trop sévère à votre égard. Nous ne le cachons pas, au début de votre association, nous avons été séduit par les idées de réforme que vous affichiez; mais nous n'avons pas été dupe longtemps — et les derniers événements ne l'ont que trop prouvé — nous avons vite deviné que, comme tous les ambitieux, vous affichiez un programme social pour vous emparer du pouvoir. Quand, dans les congrès, vous repoussiez les idées communistes, vous n'étiez pas sincères, car ces idées étaient vôtres; mais vous aviez peur d'effrayer le bourgeois, et, comme les jésuites que vous conspuez, mais auxquels vous ressemblez étonnamment, vous préférez travailler dans l'ombre, c'est plus sûr; la suite l'a prouvé.

Vous avez accepté d'être les compères de Bonaparte, espérant le duper, et vous n'avez que trop bien réussi! C'est vous qui, par vos excitations, fournissiez les victimes de la Ricamarie et d'Aubin, qui permettaient à l'homme du coup d'Etat de sauver encore la France à sa façon et de préparer ce fameux plébiscite qui devait aboutir à Sedan.

Votre main se retrouve partout, et vous ne pourrez le nier, car Blanqui, un des vôtres, l'a avoué avec une naïveté cynique dans la *Patrie en danger*, après les événements de septembre.

Vous prétendez régénérer la société. Nous vous prenons à partie, nous vous sommons de nous dire, vous, qui êtes ouvriers, sans fortune, quels sont les ateliers que vous avez fréquentés depuis dix ans!

Nous ne voulons pas anticiper. Par un de ces événements funestes qui semblent être une épreuve,

---

(1) Alexandre REY, *La Nation souveraine*.

sinon un châtiment pour la France, vous avez eu le pouvoir.

C'est là que nous voulons vous juger, et nous prouverons par vos actes que les doctrines que vous affichiez, vous ne les professiez pas! Que vous vous moquiez de l'ouvrier dont vous avez fait l'instrument de votre despotisme, sans vous préoccuper de la ruine dans laquelle vous l'entraîniez! Que vous n'aviez aucun système! Que vous étiez des tyrans vulgaires, et que si vous aviez un but, c'était ou de compléter le triomphe de la Prusse en brisant l'unité nationale de la France, ou de préparer une restauration monarchique.

Parmi vous il s'est trouvé des hommes de bonne foi, mais ceux-là l'opinion publique les a distingués, et ils n'auront pas de trop de ce qui leur reste à vivre pour déplorer la part qu'ils ont prise aux événement qui ont préparé, au milieu du sang, de l'incendie et des ruines, cinquante années de larmes et de misère à notre malheureuse patrie!

CHAPITRE VI.

MENÉES DU PARTI SOCIALISTE.

Les Comités de vigilance. — Usurpation de pouvoir par ces comités. — Rôle permanent de l'Association internationale des travailleurs. — Associations publiques et secrètes. — La boue de Paris. — Cent mille individus tarés. — Public ordinaire des réunions. — Mauvaise foi des orateurs. — Crédulité cynique des auditeurs. — Le plan de l'Internationale se déroule. — On parle pour la première fois de rétablir la Commune. — Pourquoi ? — Qu'était la Commune sous la Révolution ?

Après avoir exposé l'origine des divers éléments qui devaient plus tard former la Commune de Paris, nous allons reprendre l'historique des faits, ayant trait à celle-ci, qui se sont produits depuis le 4 septembre 1870.

Dès le 5, on vit avec surprise s'installer des comités de vigilance dans tous les arrondissements de Paris : ces comités, fruits occultes de l'Association internationale, se donnèrent pour mission de surveiller les traîtres et les suspects, — l'on sait qu'il suffisait d'être honnête pour appartenir à l'une ou à l'autre de ces catégories, — d'aider le Gouvernement dans l'œuvre de la défense de Paris.

Les comités de vigilance eurent peu ou point d'action dans le centre de la cité ; mais il n'en fut pas de même dans les arrondissements faisant partie de la zone suburbaine annexée en 1860. Là, par suite de la complaisance et de la naïveté des administrateurs municipaux, ils s'arrogèrent une véritable autorité ; ils organisèrent, notamment à Vaugirard, à Grenelle, à

Montrouge, aux Deux-Moulins, à Bercy, au faubourg Saint-Antoine, à Belleville, à La Villette, à Montmartre, des réunions publiques dont le prétexte apparent était de discuter les moyens propres de sauver Paris, mais dont le but réel était de renverser le Gouvernement.

Dans ces réunions, on vit les comités de vigilance citer à leur barre les officiers de la garde nationale sur des plaintes des gardes placés sous leurs ordres, lancer contre M. Trochu et tous les membres du Gouvernement les accusations les plus infectes et les plus immondes, facilement accueillies par une population énervée par les souffrances d'un siége sans précédent dans l'histoire.

L'Association internationale des travailleurs ne se borna pas à la fondation des comités de vigilance : elle se hâta de former des sections sur tous les points de Paris.

D'un autre côté, des associations se disant républicaines, publiques ou secrètes, s'établirent en grand nombre.

Paris ressemble au fleuve qui le baigne ; quand le temps est beau, l'onde de la Seine est pure et reflète comme un miroir magique les monuments qui orne ses rives — hélas ! qui ornaient autrefois ses rives ; — vienne un orage, ses eaux se troublent, la boue remonte à la surface et ce n'est plus qu'un flot fangeux.

Paris, comme toutes les grandes villes, renferme dans son sein une population immonde de souteneurs de filles, de repris de justice, de chevaliers d'industrie, d'escrocs et de voleurs de profession, etc. Nous sommes bien certainement au-dessous de la vérité, en évaluant cette population à cent mille individus : ce furent les hôtes habituels des réunions provoquées par les associations énumérées ci-dessus, défalcation faite des curieux qui croyaient aller voir la folie et la sottise de quelques orateurs avides de popularité, et qui n'apercevaient pas l'abîme qui se creusait sous leurs pieds.

Il faut avoir assisté à ces réunions de la salle Ragache, à Vaugirard ; du salon de Mars, à Grenelle ; de la Maison-Dieu, à Montrouge; du bal Favié, à Belleville; de la Fraternité, à la barrière d'Italie, pour bien comprendre la mauvaise foi et la perversité des meneurs, d'une part, et la naïveté cynique des assistants.

Déjà on développait ces doctrines abominables qui ont régi Paris pendant deux mois; là, des orateurs incorrects, mais ayant la brutalité de l'éloquence à défaut de sa persuasion, allumaient la convoitise, soulevaient les mauvaises passions de leurs auditeurs, en déroulant le tableau du triomphe du travailleur, fondé sur la ruine du patron, du bourgeois, de l'infâme capital !

Tout était attaqué avec cette fureur qui a détruit les richesses scientifiques, littéraires et artistiques de Paris, de la France, du monde civilisé !

Suppression du mariage, de la famille, de l'hérédité, de la propriété; tout était renversé au nom de ces trois mots sacrés : liberté, égalité, fraternité, que les infâmes osaient prendre pour devise.

C'est dans ces réunions, où parurent toutes les sommités du parti socialiste, que fut prononcé pour la première fois le mot *Commune*.

En effet, on avait la République, il fallait bien un autre mot de ralliement pour entraîner et diriger les masses : on se rappelait trop juin 1848, où les combattants des deux côtés échangeaient leurs coups de fusil aux cris de *vive la République.*

Les hommes du parti socialiste, vils copistes du passé, pour définir le rôle qu'ils prétendaient jouer, s'étaient, déjà sous l'Empire, déclarés hébertistes.

Aussi, avant d'aborder le récit des événements qui ont signalé l'existence de la Commune de Paris de 1871, il est indispensable de jeter un rapide coup d'œil sur celle de 93, que nos modernes révolutionnaires avaient prise pour modèle, et dont ils dépassèrent les excès, sans pouvoir invoquer les mêmes circonstances atténuantes. Les hommes de 89 et de 93 avaient du moins une excitation et un but politiques; de leur sein sortirent de grandes idées et de grands hommes; les communalistes de 1871 n'étaient qu'un ramassis immonde d'individus déclassés, d'envieux et de bandits cosmopolites, agglomérés pour le vol, le pillage et l'assassinat, et qui n'ont laissé que des ruines, des cadavres et des noms voués à l'infamie.

Au commencement de 1789, la municipalité de Paris était une institution vermoulue, qui depuis longtemps ne répondait plus au besoin du pays; sans force, sans initiative, elle était incapable de la moindre amélioration. Cette municipalité, dont l'institution datait du douzième siècle, était composée d'un prévôt des marchands, de quatre échevins, de trente-six conseillers et de seize quarteniers. Presque tous les membres de ce corps avaient conscience de leur incapacité; aussi ne tentèrent-ils pas de faire la moindre résistance lorsque, le 12 juillet 1789, un certain nombre d'électeurs de Paris se présentèrent à l'Hôtel-de-Ville et déclarèrent que, vu la gravité des circonstances, ils venaient prendre provisoirement le gouvernement de la ville.

La situation était grave, en effet. Depuis le serment du Jeu de Paume la cour ne cessait de faire des préparatifs belliqueux; des forces considérables étaient cantonnées dans les environs de Versailles, où siégeait l'Assemblée nationale. L'arrogance des courtisans croissant chaque jour, la destitution de Necker, ministre qui jouissait alors d'une grande popularité, l'éloignement de l'Assemblée, avaient fait naître dans le peuple parisien une vive inquiétude; de violents murmures se faisaient entendre; une insurrection était imminente. L'absence d'un pouvoir fort, appuyé sur le peuple et à la hauteur des circonstances, pouvait faire courir à Paris les plus grands dangers. Ce pouvoir n'existait pas; les électeurs le créèrent. Ils confirmèrent cependant la nomination du prévôt des marchands, des échevins et des autres fonctionnaires qui formaient alors le bureau ordinaire de l'Hôtel-de-Ville; mais c'était une pure courtoisie que rendait sans danger l'établissement d'un comité permanent, et l'augmentation des membres de la Commune, dont le nombre, d'abord fixé à cent vingt, fut ensuite porté à cent quatre-vingts, puis à trois cents.

Le premier soin du comité fut d'organiser une force armée qui pût assurer son indépendance ; il ordonna, par un arrêté, le rétablissement de la milice parisienne, qui devint la garde nationale, dans laquelle furent incorporés les gardes françaises. Dès le 12 au soir, le bruit s'étant répandu que les électeurs se réunissaient pour former une nouvelle municipalité, le peuple s'était porté en foule à l'Hôtel-de-Ville, demandant à grands cris qu'on lui distribuât les armes qui s'y trouvaient ; puis, irrité du peu d'empressement qu'on mettait à le satisfaire, il enfonçait les portes et s'emparait du dépôt d'armes des gardes de la ville.

On ne devait pas en rester là : le lendemain des cris : *aux Invalides!* retentissaient de toutes parts ; la paisible retraite des vieux soldats était envahie, et on en enlevait vingt-huit mille fusils et vingt pièces de canon. Dès lors, la milice parisienne était en état de se faire respecter. Le comité permanent se hâta de profiter de cette disposition des esprits ; il nomma de la Salle commandant de cette milice bourgeoise, et proscrivit par un arrêté la cocarde verte, qui était la couleur du comte d'Artois, généralement détesté, et ordonna que cette couleur fût remplacée par celles de la ville : rose et bleue. Mais déjà il y avait des traîtres dans son sein, et dans la matinée du 14, alors que les Parisiens marchaient en armes contre la Bastille, le prévôt des marchands de Flesselles écrivait à Delaunay, gouverneur de cette forteresse : « J'amuse les Parisiens avec les cocardes ; tenez bon jusqu'au soir, et vous aurez du renfort. » Ce billet fut intercepté ; la Bastille fut prise, et Flesselles paya de sa vie son infâme trahison.

Ce grand événement amena des modifications dans la Commune : le titre de *prévôt des marchands* fut supprimé ; on nomma Bailly maire de Paris, et la Fayette commandant de la garde nationale. De Crosne, lieutenant de police, avait pris la fuite dès les premiers coups de canon ; les commissaires du Châtelet avaient cessé leurs fonctions ; la Commune, pour remplacer ces fonctionnaires, créa plusieurs sortes de tribunaux, savoir : un tribunal de simple police, sous le nom de chambre de police, composé de huit notables; un tribunal du contentieux, connaissant de toutes les affaires portées auparavant devant le prévôt des marchands; et un troisième tribunal auquel étaient déférées toutes les contestations qui pouvaient s'élever dans le commerce des approvisionnements de Paris. Au-dessus de ces juridictions, on forma, sous le nom de Conseil général de la Commune, une sorte de tribunal supérieur, composé de tous les représentants de la Commune non administrateurs.

Cependant l'Assemblée nationale, se grossissant de tous les droits et prérogatives qu'elle enlevait pièce à pièce à la royauté, ne voyait pas sans inquiétude s'élever un pouvoir rival qui grandissait chaque jour, appuyé qu'il était sur le peuple parisien en général, et particulièrement sur la garde nationale, qu'il avait créée, et dont seul il pouvait disposer. Mais la Commune se sentait déjà assez forte pour soutenir la lutte, si elle l'engageait, et elle affirma cette confiance en elle-même en donnant l'ordre à la Fayette, le 5 octobre, de se rendre à Versailles avec la garde nationale, et d'en ramener le roi, menacé par le peuple manquant de pain par suite du bail accordé à la Ferme des Blés, depuis le précédent règne, et auquel ses tristes conséquences méritèrent le nom de pacte de famine.

Le succès de cet acte d'autorité enhardit encore la Commune. Empiétant plus amplement qu'elle ne l'avait fait jusque-là sur le pouvoir judiciaire, elle créa un comité des recherches, et fit instruire les procès du prince de Lambesc, de Bezenval, d'Augeard, auteur d'un projet d'enlèvement du roi pour le conduire à Metz, de Favras, dans lequel le comte de Provence, frère du roi, était si gravement compromis qu'il fut obligé de venir se disculper devant cette nouvelle magistrature.

Mais cette municipalité, qui semblait si puissante, ne pouvait échapper aux conséquences de son origine : la division éclata dans son sein; il y eut scission entre les membres du bureau et ceux composant le Conseil général, et ces derniers donnèrent leur démission en déclarant toutefois qu'ils resteraient à leur poste jusqu'à ce qu'ils fussent remplacés.

L'Assemblée nationale s'occupa alors de l'organisation de cette municipalité; par son décret du 21 mai 1790, elle divisa la Commune en quarante-huit sections; le bureau fut composé d'un maire, de seize administrateurs; trente-deux membres formèrent le conseil municipal qui, avec l'adjonction de quatre-vingt-seize notables, devenait conseil général. Près de ces conseils il y eut un procureur de la Commune et deux substituts. Bailly resta maire; mais malgré cette nouvelle organisation et sa force de cohésion apparente, la Commune fut bientôt débordée par les agitateurs, à la tête desquels se faisaient remarquer Danton et Marat, qui dominaient le club des Cordeliers; elle fut bientôt obligée, pour faire respecter son autorité, de proclamer la loi martiale, et de mettre la garde nationale aux prises avec le peuple, qui s'était rassemblé au champ de Mars pour signer sur l'autel de la patrie une demande de déchéance contre Louis XVI. Sur l'ordre de Bailly, la garde nationale fit usage de ses armes contre le peuple désarmé; le nombre des victimes fut considérable. Bailly, bien que l'Assemblée eût approuvé sa conduite, fut obligé de donner sa démission (19 septembre 1791); il resta néanmoins dans l'exercice de ses fonctions de maire jusqu'au mois de novembre suivant, époque à laquelle une nouvelle municipalité fut constituée. Pétion alors succéda à Bailly; Manuel fut nommé procureur de la Commune, et il eut pour substitut Danton.

La Commune entra dès lors, toutes voiles dehors, dans les eaux révolutionnaires, et elle laissa s'accomplir, si elle ne la provoqua, la journée du 20 juin, à la suite de laquelle Pétion et Manuel furent suspendus de leurs fonctions par l'Assemblée nationale, en raison des rôles qu'ils avaient joués dans cette circonstance. Mais la Commune était alors trop puissante pour que l'Assemblée ne sentît pas le besoin de la ménager, et la suspension du maire et du procureur fut promptement levée.

La journée du 10 août, en anéantissant le pouvoir royal, donna naissance à une nouvelle municipalité qu'on nomma la *Commune du 10 août*, dans laquelle Pétion et Manuel conservèrent leurs fonctions de maire et de procureur. Cette nouvelle Commune fut encore plus franchement révolutionnaire que la précédente; son énergie lui donna une force invincible, et elle ne recula devant aucune des nécessités les plus violentes : elle emprisonna au Temple le roi et sa famille; elle provoqua les massacres de septembre, qu'elle considéra comme une mesure de salut public; elle fit désarmer les suspects, mit en réquisition tous les chevaux capables de servir dans l'armée, toutes mesures extrêmes, dont quelques-unes furent déplorables, mais qui aboutirent finalement au salut de la France.

Une autre Commune succéda à celle-ci au mois de décembre 1792; Pétion fut remplacé par Chambon; Chaumette, nommé procureur, eut pour substituts Hébert et Réal. La lutte entre les Montagnards et les Girondins était engagée, la Commune se prononça pour les Montagnards; elle demanda la création d'un tribunal révolutionnaire sans appel, et non-seulement elle l'obtint, mais la Convention, en lui donnant satisfaction sur ce point, déclara qu'elle avait bien mérité de la patrie.

Pache, qui avait succédé comme maire à Chambon, ayant été mis en arrestation par le Comité de sûreté publique, fut bientôt remplacé lui-même par Fleuriot-Lescot. Les Girondins avaient été vaincus; presque tous étaient tombés sur l'échafaud; maître absolu de la Commune de Paris, Robespierre triomphait, lorsqu'arriva la journée du 9 thermidor, qui le renversa. La Convention victorieuse mit hors la loi les membres insurgés de la Commune : quatre-vingt-treize furent envoyés à l'échafaud, Fleuriot-Lescot fut le quatre-vingt-quatorzième.

Le 14 fructidor, une nouvelle organisation fut décrétée sur la demande de Fréron, et de ce moment ce corps cessa de porter ombrage à la Convention.

Chambon redevint maire de Paris, et les officiers municipaux ne remplirent plus que des fonctions purement administratives. Enfin la constitution de l'an III, faisant table rase de toutes les organisations précédentes, divisa la Commune de Paris en douze municipalités ayant chacune un maire, six administrateurs, un officier de l'état civil, un juge de paix et un commissaire de police.

Cette dernière organisation ne subit jusqu'à nos jours que des modifications d'un ordre secondaire, dont la plus importante fut la division de Paris agrandi en vingt arrondissements, par l'adjonction des localités suburbaines comprises dans l'enceinte fortifiée. On en était toujours aux maires nommés par le Gouvernement, sous la direction d'un préfet de la Seine, siégeant à l'Hôtel-de-Ville, et présidant un conseil municipal dont les membres retribués exerçaient un emploi plutôt qu'une fonction, lorsqu'éclata la révolution du 4 septembre 1870. Cette date, qui devait entraîner tant de conséquences irréparables, donna d'abord lieu à des municipalités élues dans les vingt arrondissements, et aboutit, au milieu de la perturbation générale, à une loi de circonstance, que ses auteurs eux-mêmes, en la votant, sentaient n'être pas viable.

CHAPITRE VII.

LE 31 OCTOBRE ET LE 22 JANVIER.

Nouvelle de la capitulation de Metz. — Coïncidence étrange des mouvements des partisans de la Commune avec les négociations du gouvernement de la Défense nationale — Arrivée de M. Thiers. — Mouvement insurrectionnel du 31 octobre. — Proclamation de la Commune. — Journée du 22 janvier.

Le gouvernement de la Défense nationale trouva donc parmi les hommes qui s'abritaient sous le drapeau de la Commune des adversaires constants, s'efforçant d'exagérer ses fautes et ses insuccès militaires et n'attendant que l'occasion pour lui enlever le pouvoir.

Cette occasion se présenta bientôt; ce fut lorsqu'on apprit à Paris la capitulation de l'armée de Bazaine et la reddition de Metz.

On a suffisamment fait remarquer avant nous que chacune des tentatives de bouleversement qui mirent Paris et la France dans un péril suprême, durant cette odieuse guerre de 1870-71, correspondit à une tentative de conciliation et d'arrangement. Les dates et les événements témoignent indiscutablement que la faction anarchique s'était donné pour tâche de boucher toute issue à la lutte, et d'aggraver les charges de la catastrophe suprême. Les déclarations de M. Bismark, à la suite de chacun de ces mouvements, suffisent au surplus à l'établir.

Le 31 octobre au matin, le Gouvernement publiait les déclarations suivantes :

« M. Thiers est arrivé aujourd'hui à Paris; il s'est transporté sur-le-champ au ministère des affaires étrangères.

« Il a rendu compte au Gouvernement de sa mission. Grâce à la forte impression produite en Europe par la résistance de Paris, quatre grandes puissances neutres, l'Angleterre, la Russie, l'Autriche et l'Italie, se sont ralliées à une idée commune.

« Elles proposent aux belligérants un armistice, qui aurait pour objet la convocation d'une assemblée nationale. Il est bien entendu qu'un tel armistice devrait avoir pour conditions le ravitaillement proportionné à sa durée, et l'élection de l'assemblée par le pays tout entier.

« Le Ministre des affaires étrangères chargé par intérim du ministère de l'intérieur,

« JULES FAVRE. »

Suivait un récit officiel de la reddition de Bazaine.

Ces affiches causaient une vive et douloureuse émotion. Mais, dans les quartiers du centre, aucun mouvement sérieusement hostile au Gouvernement ne se produisait. Les groupes nombreux qui se forment rue de Rivoli, devant l'hôtel du gouverneur de Paris, semblent seulement composés de curieux. Mais devant l'Hôtel-de-Ville, des meneurs, orateurs bien connus dans les clubs, se livraient à des déclamations violentes, et l'on voyait grossir, comme par un mot d'ordre, les groupes agités qui les entouraient. Des cris commençaient à se faire entendre, timides d'abord, puis retentissants : « Vive la Commune !... à bas Trochu !... à Versailles !... des armes, des armes ! »

Malgré une forte averse, à midi, des compagnies de la garde nationale, sans armes, bravant la pluie, arrivent et se massent devant la grande porte voisine de la rue de Rivoli. Quatre ou cinq mille hommes poussent des cris. M. Etienne Arago veut leur parler. Il monte sur une chaise et gesticule avec énergie, mais on ne peut l'entendre. Un de ses adjoints, Charles Floquet, lui succède :

« Citoyens ! dit-il, le temps des atermoiements est passé. Il faut agir. La municipalité de Paris est disposée à se retremper dans le suffrage universel. Vive la République ! »

— Vive la Commune ! Vive la République !... répond la foule bruyante, qui cherche à pénétrer dans la cour.

Vers une heure et demie, nouvel assaut. La foule qui entre sous la voûte trouve, à droite et à gauche, les mobiles rangés en bon ordre. Sur les marches qui conduisent à la cour d'honneur se tient le général Trochu.

Les arrivants sont porteurs d'un écriteau sur lequel on lit :

Pas d'armistice !
Vive la République !
Résistance à mort !

Ils crient : « A bas Thiers ! A bas le renégat !... Il nous a vendus !... Il nous a trahis ! »

Le général Trochu veut parler, il est hué. M. Jules Simon, l'orateur mielleux, arrive portant une chaise sur laquelle il monte ; mais il est obligé de se replier dans l'Hôtel-de-Ville avec le général. Quelques coups de feu sont tirés, une balle effleure ce dernier. Les mobiles chargent ostensiblement leurs fusils, prêts à riposter.

Tout à coup des coups violents sont frappés à la porte du milieu. Un silence de mort règne dans l'Hôtel-de-Ville. On s'attend à un choc terrible entre les gens qui sans doute vont forcer cette porte, et les mobiles de l'intérieur, exaspérés par la nouvelle du coup de pistolet tiré sur leur général...

Mais la porte s'ouvre sans secousses, laissant passer le flot populaire.

C'est le concierge qui ouvre simplement, parce qu'on frappe et qu'il lui semble naturel d'ouvrir à ceux qui demandent à entrer. On n'avait pas prévu celle-là !

Dans la salle du conseil envahie, les maires et adjoints finissaient de formuler cette décision où se reflète leur émoi, et qui est une concession à l'émeute :

Pas d'armistice! Le citoyen Dorian est nommé président du gouvernement provisoire de la Défense nationale. Les élections de la Commune auront lieu dans les quarante-huit heures.

Ce Gouvernement provisoire se compose de sept membres : MM. Dorian, Louis Blanc, Félix Pyat, Victor Hugo, Blanqui, Gustave Flourens, Delescluze.

Les milliers de bulletins préparés à l'avance sont lancés par les fenêtres à la foule, annonçant le vote de la Commune.

Un homme est littéralement hissé sur le bureau du président du conseil. C'est Félix Pyat, qui, dans un discours où il approuve la décision des maires et leurs choix, demande qu'on ajoute à la liste le nom de Tibaldi...

— Mais il est Italien! crie un assistant.

— Précisément, réplique M. Félix Pyat, il représentera la République universelle, au sein de la Commune de Paris!

La confusion est bientôt effroyable dans cette salle. On se bouscule, on se presse, des hommes tombent en pamoison. Il y en a qui se promènent sur les pupitres des conseillers municipaux, que leur poids défonce. Tout le monde crie, gesticule, propose des membres à la Commune.

Dans chaque grande salle de l'Hôtel-de-Ville se produisaient des scènes analogues; dans chacune on faisait un gouvernement, dont on envoyait la liste au peuple par les croisées; et certains noms, ceux des meneurs : Flourens, Blanqui, Delescluse, Félix Pyat, notamment, figuraient sur toutes. Sur toutes aussi se retrouvait M. Dorian, dont le jeu dans cette affaire n'a jamais été éclairci d'une façon édifiante. Partout, d'ailleurs, proclamation du programme en trois points formulé d'avance comme les bulletins :

1° Déchéance du gouvernement de la Défense, déclaré traître à la patrie;

2° Levée en masse et refus de tout armistice;

3° Etablissement immédiat de la Commune révolutionnaire.

4.

Dans la salle du Trône l'arrivée de Rochefort est accueillie par un redoublement du vacarme. Il monte sur une table, qui sert de tribune, et essaie de parler; les uns l'applaudissent, les autres le huent. Il renonce à prolonger la lutte et est remplacé par un individu qui propose une liste de gouvernants, en tête desquels figure l'ubiquiste M. Dorian comme président. Voici cette liste, votée et adoptée bruyamment par la tourbe engouffrée dans la salle :

Dorian, Blanqui, Delescluze, Louis Blanc, Félix Pyat, Bonvalet, Ledru-Rollin, Verdure, Schœlcher, Joigneaux, Greppo, Martin Bernard.

Un vote supplémentaire y fait ajouter Flourens et Mégy.

Vers trois heures et demie, le général Trochu, en uniforme, paraît à la porte de la salle des délibérations du Gouvernement. La foule l'entoure en criant : A bas Trochu!... A bas les incapables!... Qu'as-tu fait au Bourget? A bas Trochu! Le général marche sans rien dire; il est pâle et très-calme. La porte de la galerie aux bustes est fermée derrière lui. Le peuple se jette sur cette porte, et sans l'ouvrir, toutefois, s'écrie : Ils ne sortiront plus! Il faut les garder là-dedans jusqu'à ce que la Commune soit proclamée.

En effet, ce salon splendide, où grouillent en masse des têtes hideuses, se transforme en salle d'arrêt et devient le théâtre des scènes les plus violentes. Autour de la table du centre sont assis MM. Jules Favre, Garnier-Pagès, Jules Simon, Jules Ferry. Le général vient s'y asseoir à son tour, en sortant de la salle du Trône. Le général Tamisier ne tarde pas à l'y suivre.

Les cris, les menaces se croisent. Les siéges sont pris de vive force, et ceux qui les occupent se pressent autour de la table, tout en interpellant avec une extrême vivacité les membres du Gouvernement. « La déchéance! la déchéance! » crie-t-on de toutes parts.

M. Jules Favre se lève : « Vous voulez, j'en ai peur, détruire ce que vous avez fait le 4 septembre... Vous représentez la violence... » Il n'en peut dire davantage, les cris confus couvrent sa voix. Il se rassied et garde, au milieu du bruit, une attitude calme.

Maurice Joly, Chassin, Lefrançais et Vermorel arrivent de la salle du Trône et de la salle du Conseil. Ils parlent tous à la fois de la Commune et des élections. Le nom de M. Dorian est proclamé par eux, comme issu du suffrage des maires et du peuple.

M. Dorian, que cette motion ne semble pas prendre au dépourvu, se défend mollement de l'honneur qu'on veut lui faire. Finalement, on dresse cette troisième liste :

Dorian, *président;* Ledru-Rollin, Félix Pyat, Blanqui, Delescluze, Gambon, Flourens, Millière, Martin Bernard...

Maurice Joly, qui se démène avec Vermorel, réclame le silence, et se penchant vers les membres du Gouvernement leur dit : « Faites donc ce que nous vous commandons, ou tout à l'heure il y aura dix gouvernements installés. »

« — Oui, consentez-y, au nom du peuple qui vous a élus, qui vous a acclamés!... » continue M. Lefrançais.

M. Garnier-Pagès, affreusement pâle, veut répondre et cherche à monter sur la table. Il n'y peut parvenir et, après chaque effort, tombe sur M. Jules Simon ou sur un rédacteur du *Figaro* qui s'est glissé dans cette cohue et arrive à le caler, et M. Garnier-Pagès, soignant ses effets oratoires, commence ainsi : « J'ai assisté et aidé puissamment à trois glorieuses révolutions : celle de 1830, celle... — Assez! assez! pas d'histoires, crie-t-on!... Faites-le donc rentrer dans son faux-col!... » s'écrie un gamin qui est arrivé à se placer à cheval sur un des magnifiques candélabres d'angle. M. Garnier-Pagès retombe absolument sur M. Jules Simon. M. Jules Favre le tire de son côté, et le vénérable spectateur des trois glorieuses redescend sur sa chaise curule.

Flourens paraît ici, comme il a fait dans les autres salons; il est l'âme du mouvement, grâce à l'appui du bataillon de Belleville qu'il commande. Il refait une quatrième liste, toujours avec le nom de M. Dorian et le sien. Le Gouvernement, dans la personne de la majorité de ses membres, est très-réellement entre les mains de l'émeute; la confusion est au comble parmi les gardes nationaux de bataillons divers qui se disputent les abords et les cours du palais municipal. La délégation du 4 septembre va être submergée par l'intronisation de la Commune, quand survient un coup de théâtre. Vers neuf heures du soir, le 106ᵉ bataillon, clairon en tête, se fait ouvrir à deux battants les portes de l'Hôtel-de-Ville, et, parfaitement dirigé, monte droit aux appartements. Il ne reste plus, à l'entrée des officiers dans la salle, que des tirailleurs du corps Tibaldi, qui couchaient en joue le gouverneur de Paris au moment où il disparaissait par une porte opposée à celle qui conduit à la salle du Trône. Les Tibaldiens ne se tiennent pas pour battus, et ils mettent en joue les autres membres du Gouvernement, menaçant de faire feu si un seul coup de fusil est tiré dans l'Hôtel-de-Ville. Sur l'assurance qui leur est donnée qu'on ne fera pas de prisonniers, et que seulement les Flourentistes et les Tibaldiens seront désarmés et renvoyés chez eux, ils déposent leurs armes, se sauvent aux éclats de rire des gardes nationaux du 106ᵉ et rentrent penauds dans leurs quartiers.

L'auteur de ce dénoûment merveilleux était M. Picard, qui, s'étant adroitement échappé de l'Hôtel-de-Ville au début de l'invasion, avait fait battre la générale, convoqué des bataillons, mis ses forces en face de celles de Flourens, qui prenaient ces adversaires pour du renfort. Bref, l'insurrection et l'usurpation étaient prises dans un filet, au moment même où ses agents faisaient déjà placarder une affiche proclamant leur triomphe, appelant les électeurs au scrutin pour l'élection d'une Commune; affiche signée de MM. Dorian, V. Schœlcher, Etienne Arago, Ch. Floquet, Ch. Hérisson, Henri Brisson et Clamageran.

Le Gouvernement qui, après avoir été leur prisonnier pendant trois heures, tenait alors en son pouvoir les chefs de la révolte, crut faire un acte de haute politique en les relaxant et en protégeant même leur retraite contre la colère de la garde nationale et des mobiles du parti de l'odre. — Cette faute causa une stupeur générale, la population avait le pressentiment des malheurs qu'elle devait entraîner.

Nous passerons sous silence les alertes, les échauffourées secondaires provoquées à tout propos, mais principalement lorsque la situation éprouvait une aggravation, soit par un échec de nos troupes, soit par un message décourageant, soit enfin par une recrudescence du bombardement. Les chefs du complot anti-français et anti-parisien organisé à l'abri de la tolérance et de l'aveuglement du Gouvernement du 4 septembre, ne manquaient pas une occasion pour agiter l'opinion et fatiguer la garde nationale à bout de force et de sacrifices. Nous arriverons tout de suite à la journée du 22 janvier, qui fut le pendant du 31 octobre, avec des cadavres et une affirmation audacieuse de la conjuration en plus.

Par suite de nouvelles démonstrations destinées à entraîner la troupe dans les mouvements insurrectionnels des bandes de Belleville et de la Villette, qui lui obéissaient aveuglément, Gustave Flourens, persistant à se dire major de la garde nationale et à porter des insignes de colonel, avait été arrêté avec une poignée de coquins de son espèce et enfermé à Mazas. Mais, Gambetta, de qui relevait le personnel des prisons, avait jugé à propos de remplacer le directeur de cette prison par un certain Bayet, dont le titre était d'être un farouche frère et ami. Frère et ami, en effet, car, préposé à la garde d'une maison d'arrêt, il fraternisa, dans la nuit du 21 au 22 janvier, avec une bande de voyous, qui frappaient en armes à sa porte, et au lieu de leur faire répondre par la force dont il disposait, il leur remit bénévolement Flourens et ses complices.

La bande, qui ne se composait pas alors de plus de 150 individus, se grossit sans cesse, en roulant dans les rues, au son du tambour battant la générale, et en emmenant en triomphe Flourens et les autres. Elle descendit le faubourg Saint-Antoine et monta la rue de la Roquette pour aller s'emparer de la mairie de Belleville par le boulevard extérieur.

Pendant cette manœuvre, les chauffeurs habituels jetaient l'émoi dans la ville, occasionnaient des rassemblements, et dans des clubs en plein vent prêchaient l'avénement inévitable cette fois de la Commune. Le matin, c'était dimanche, le colonel Vabre, commandant l'Hôtel-de-Ville, après avoir pris de solides dispositions contre tout coup de main, fit fermer les grilles.

A une heure et demie, deux ou trois cents émeutiers, vêtus pour la plupart du costume de la garde nationale, arrivèrent sur la place par la rue de Rivoli. En débouchant, ils mettent des cartouches dans leurs fusils et se déploient en tirailleurs. Les groupes s'écartent précipitamment. En approchant de l'Hôtel-de-Ville, ils épaulent leurs fusils. Une des portes s'ouvre, dix gardes mobiles sortent et épaulent aussi leurs fusils. Une panique s'ensuit et les deux cents émeutiers armés fuient comme les curieux. Les mobiles rentrent et la place reprend vite son aspect habituel.

Cependant, les émeutiers se sont ralliés sur le quai, près du pont Notre-Dame. Ils reviennent, l'arme sur l'épaule, défilent en colonne sur la place, du côté de l'Assistance publique, et viennent se ranger en bataille sur le trottoir de la rue de Rivoli, dont toutes les boutiques se sont fermées comme par enchantement. Les cris de : Vive la Commune ! A bas les Bretons ! retentissent.

Après des agitations de plus en plus menaçantes, sur les trois heures, une troupe de cent cinquante hommes arrive par la rue du Temple. Ceux-là paraissent déterminés. Ils marchent en colonne et se massent sur le trottoir même de l'Hôtel-de-Ville. Ils crient : « A bas Trochu ! vive la Commune », et essayent d'ébranler la grille. Par la porte de gauche, dite porte des bureaux, sortent trois officiers, MM. Vabre, de Legge, commandant du 3e bataillon du Finistère, et l'adjudant-major Bernard, du même bataillon. Ils restent en dedans de la grille et demandent aux émeutiers ce qu'ils viennent faire.

« Vos hommes tireront-ils sur le peuple ? dit un homme en costume d'officier de la garde nationale au colonel Vabre.—Comment voulez-vous qu'ils le fassent pendant que nous sommes là à parlementer avec vous? répond le colonel. »

Il a à peine dit ces mots qu'un coup de fusil est tiré, des rangs de l'émeute, sur le groupe des officiers. M. Bernard est frappé de trois balles, au bras et à la tête, et tombe sur le trottoir. Le colonel et le commandant essayent d'entrer, mais la porte ne s'ouvre pas. Quelques coups sont tirés sur eux sans résultat, ils s'abritent derrière les guérites qui flanquent la porte. Alors les fenêtres de tous les étages de l'Hôtel-de-Ville s'ouvrent précipitamment. Les mobiles paraissent et couchent en joue les émeutiers qui s'enfuient dans toutes les directions. Les plus braves s'accroupissent derrière les tas de sable, et surtout s'embusquent derrière les piédestaux des candélabres, pour tirer ainsi abrités sur les fenêtres. D'autres tirent des coins de la rue de Rivoli et du quai. D'autres enfin se cachent dans l'embrasure des portes et dans les coins de l'avenue Victoria. Ils chargent leurs armes ainsi abrités, se démasquent pour tirer et se cachent de nouveau.

La fusillade dure une demi-heure environ, jusqu'à ce que paraissent dans l'avenue Victoria un brancardier volontaire qui agite un mouchoir blanc, et un officier de la garde nationale qui porte un mètre de calicot au bout de son sabre. Le cri : « Ne tirez plus ! » retentit de toutes parts... L'émeute a demandé grâce. La troupe cesse aussitôt le feu, et l'on parvient, parmi les insurgés qui s'enfuient dans toutes les directions, à faire une cinquantaine de prisonniers, dont la moitié encore porteurs de leurs armes. La place de l'Hôtel-de-Ville, dont les annales offrent tant de pages sanglantes, était encore couverte de mares rouges, de morts et de blessés. Un certain Sapia, gredin politique des plus exaltés, fut tué dans une vespasienne, d'où il tirait à l'affût sur la troupe. Voici le récit officiel de cette journée:

Paris, 22 janvier 1871, 4 h. 52 m. soir.

Maire de Paris aux commandants des neuf secteurs.

Quelques gardes nationaux factieux, appartenant au 101e de marche, ont tenté de prendre l'Hôtel-de-Ville. Ils ont tiré sur les officiers de service et blessé grièvement un adjudant-major de la garde mobile. La troupe a riposté. L'Hôtel-de-Ville a été fusillé des fenêtres des maisons qui lui font face de l'autre côté de la place et qui étaient d'avance occupées. On a lancé sur nous des bombes et tiré des balles explosibles. L'agression a été la plus lâche et la plus odieuse d'abord au début, puisqu'on a tiré plus de cent coups de fusil sur le colonel et ses officiers, au moment où ils congédiaient une députation admise un instant avant dans l'Hôtel-de-Ville; non moins lâche ensuite, quand après la première décharge, la place s'étant vidée et le feu ayant cessé de notre part, nous fûmes fusillés des fenêtres en face. Dites bien ces choses aux gardes nationaux et tenez-moi au courant si tout est rentré dans l'ordre. La garde républicaine et la garde nationale occupent la place et les abords.

Jules Ferry.

Comme d'habitude, les chefs avaient échappé, et le procès qui s'ensuivit ne porta de condamnation réelle que sur les instruments secondaires. Il fallut se contenter de condamner à mort, par contumace, Gustave Flourens, Blanqui et Félix Pyat.

Si pourtant, soit qu'on les eût pris ce jour-là, soit qu'on ne les eût pas absurdement lâchés le 31 octobre, on les eût traités à l'origine comme ils le méritaient et comme ils devaient l'être tardivement, que de sang précieux et de désastres on eût épargnés !

CHAPITRE VIII.

LE 18 MARS.

L'armistice du 28 janvier. — État moral de Paris. — La révolution est imminente. — Le Comité central. — Les canons de Montmartre. — Physionomie de Paris. — Imprévoyance du Gouvernement. — Premier conflit. — Assassinat des généraux Lecomte et Clément Thomas. — Progrès de l'insurrection. — Les proclamations. — Fuite du Gouvernement à Versailles. — Rôle du Comité central. — Le général Chanzy arrêté. — Fédération de la garde nationale.

Les événements du 22 janvier venaient à peine de se produire qu'une terrible nouvelle venait jeter Paris et la France dans le plus cruel étonnement. Une affiche de M. Jules Favre annonçait que le gouvernement de la Défense nationale était réduit à capituler; que l'armistice accordé à Paris s'étendait à toute la France et devait forcément entraîner la paix.

Nous n'essayerons pas de dépeindre la colère qui s'empara de tous les cœurs : nous l'avons tous éprouvée. On n'avait pas marchandé les sacrifices, on s'inclinait avec peine devant ce nouveau coup de la fortune, le plus terrible de tous, car il était le dernier, ce qui le rendait irréparable.

Les élections du 8 février se ressentirent du fâcheux état des esprits. En France, où le suffrage est universel et devrait être pour toutes les opinions une arme de combat sérieuse et respectable, on vote en manière de protestation. C'est ce qui explique les caprices singuliers de l'urne électorale.

La République de 1870 devait, dans la conviction de tous, sauver la France; elle ne l'avait pas fait, donc elle était coupable. Par suite de cette logique bizarre, le pays envoya à Bordeaux une assemblée royaliste, dont le but apparent était de traiter la paix, mais dont la mission tacite, réelle, était de replacer un roi sur le trône.

Le parti socialiste exploita largement dans les grandes villes le mécontentement général. Ce fut surtout à Paris que son rôle fut des plus machiavéliques.

Les cinq mois de siége avaient donné à bon nombre d'ouvriers des habitudes de paresse qu'ils ne voulaient pas abandonner; cette tourbe, que nous avons indiquée plus haut, qui remplissait les rangs de la garde nationale, voyait avec effroi revenir l'ère de l'ordre légal.

On s'était habitué à la solde et aux distributions des mairies, et on craignait l'heure où elles seraient supprimées.

La question des loyers préoccupait les classes modestes.

Les commerçants, ruinés par le siége, furent frappés de stupeur lorsque Bordeaux vota la loi sur les échéances.

Tout le monde fut mécontent de l'attitude de l'Assemblée nationale et de ses équivoques vis-à-vis de la République.

L'heure était désormais propice pour une révolution; l'Association internationale le comprit et se hâta d'en profiter.

Pendant que le Gouvernement, sans cohésion et sans force, se débattait contre des difficultés sans cesse renaissantes, l'Internationale s'empara de la majeure partie de la garde nationale par une sorte de fédération ayant le Comité central à sa tête et rayonnant dans chaque compagnie par des délégués relevant de ce Comité central.

On vit à côté du pouvoir régulier fonctionner un deuxième pouvoir, qui ne se donna même pas la peine de se dissimuler.

Un état-major de la fédération fut installé rue de la Maison-Dieu, à Montrouge, et un sieur Henry en prit le commandement avec le titre de général.

Dès lors l'insurrection était prête ; elle n'attendait plus que l'heure propice qui ne devait pas tarder à sonner.

Aussitôt qu'éclata dans Paris l'annonce officielle de la capitulation du 28 janvier 1871, l'une des vives préoccupations de l'armée et de la garde nationale se porta sur la question des armes. On constata qu'il résultait des termes de la convention que les Allemands n'avaient le droit d'exiger rigoureusement que la remise des armes et munitions existant dans les forts, et en dehors de l'enceinte. Il avait été stipulé par l'art. 5 que les canons garnissant cette enceinte seraient démontés et que leurs affûts seraient transportés dans les forts désignés par un commissaire de l'armée allemande ; mais par adoucissement cette exigence fut abandonnée sur la demande des commissaires français.

Aussitôt le général Vinoy donna des ordres pour faire rentrer tout ce qu'il était possible du matériel de guerre qui se trouvait dans le périmètre de nos travaux extérieurs. Les canonnières notamment purent être ainsi ramenées sans difficulté avec leur armement et leurs munitions au complet.

Mais dans cette opération, exécutée par des hommes découragés, démoralisés, au milieu d'une émotion et d'un trouble indescriptibles, de funestes négligences furent commises, et l'ennemi trouva des bonnes fortunes sur lesquelles il ne comptait pas. Ainsi, dans plusieurs des forts, notamment au Mont-Valérien, non-seulement il prit possession de munitions considérables, mais encore de provisions importantes accumulées là pour les garnisons, et dont la famine qui désolait Paris ne faisait guère soupçonner l'existence.

Sur divers points aussi, soit que les ordres fussent mal compris, soit que les hommes et surtout les chevaux manquassent, on abandonna des batteries d'artillerie d'une grande importance.

Il existait dans le périmètre de la barrière d'Italie,

de Montrouge, à la place Wagram, plusieurs parcs, qui allaient ainsi devenir la proie de l'étranger, lorsque des groupes de gardes nationaux se donnèrent la tâche de les rentrer dans l'intérieur de la capitale.

Ils furent ramenés, en partie à force d'hommes, et remisés tout d'abord sur quatre points principaux : en deçà de la barrière d'Italie, au parc Monceaux, aux buttes Montmartre et place des Vosges, où déjà existait un dépôt important.

Bientôt, ce dernier point devint le centre principal, et, dans le désordre qui régnait alors, le général commandant en chef étant débordé, et n'ayant ni l'énergie voulue, ni les moyens d'action sur une armée complétement démoralisée, on vit les canons et les mitrailleuses des secteurs s'acheminer vers Montmartre, qui arriva à en compter plus de deux cents.

Or, il importe de constater ici que les gardes nationaux qui s'étaient chargés de cet emmagasinage appartenaient tous aux faubourgs, à la Villette, à Belleville, à Montmartre, aux Batignolles; qu'ils étaient de la catégorie de ceux qui recevaient la solde des trente sous par jour, et que notoirement c'étaient les mêmes hommes que les meneurs des émeutes et des manifestations violentes de l'Hôtel-de-Ville tenaient dans leur main.

Un gouvernement doué de la plus vulgaire clairvoyance n'aurait pas hésité une minute. La clameur publique aurait suffi elle-même pour lui ouvrir les yeux. Mais, il était écrit que nous roulerions jusqu'au bas de l'abîme, et que nous ne sortirions des mains des incapables du 4 septembre que pour tomber dans celles des aveugles et des sourds du gouvernement de Bordeaux

Il était impossible de mettre plus de bonne volonté à favoriser la tactique des hommes qui avaient utilisé les six mois de siége à dresser leurs plans et à organiser la conspiration. Pas un mouvement, pas une démarche, pas une remontrance n'eurent lieu pendant plusieurs semaines contre cette situation anormale. On laissait les Bellevillois s'organiser, établir leurs canons en batteries dirigées contre la ville, creuser des fossés, élever des redoutes, transformer en un mot le nouveau mont Aventin en une forteresse redoutable, et, ce qui restera comme un trait caractéristique, on payait régulièrement la solde des trente sous à ces gardiens officieux.

Quelquefois, un journal s'avisait d'élever la voix, et de se faire l'écho de l'anxiété publique. On lui répondait par des facéties, l'accusant de terreur puérile. — « Laissez-les donc garder leurs canons, répondaient les grosses épaulettes de la place Vendôme, quand ils en auront assez, ils sauront bien s'en aller tout seuls. »

Cependant, au lieu de s'en aller, ils se multipliaient. Les abords de la butte Montmartre devenaient moins accessibles, de sourds grondements se faisaient entendre, le Comité central s'affirmait par des actes, des affiches, des réunions qui sentaient la poudre. La guerre civile était imminente.

On refusait toujours de voir l'évidence. Paris avait un tel besoin de calme et de reprise, qu'il cherchait à faire taire ses appréhensions, et que la Bourse elle-même marchait vers la hausse. Du 14 au 17, la rente avait monté d'un franc. On voulait absolument avoir confiance. C'était l'heure de l'explosion.

Le 17 mars, le général Vinoy, réveillé enfin par l'inquiétude générale, par l'écho des clubs où s'étalent en toute hardiesse les projets du Comité central, le général Vinoy déclare qu'il est déterminé à avoir le dernier mot de la question des canons.

On a nommé à la préfecture de police un militaire peu sympathique, mais que l'on dit très-énergique, le général Valentin, et le Gouvernement ne doute pas, avec ces deux auxiliaires, de rendre facilement et promptement la sécurité à la ville.

Au lieu de procéder avec ensemble et énergie, que font ces deux arbitres de nos destinées ? Ils envoient un détachement d'artilleurs avec des chevaux et des prolonges, de façon à pouvoir être attelés immédiatement aux affûts, à la place des Vosges, pour emmener les pièces. Aussitôt l'éveil est donné dans le quartier, la garde nationale accourt et s'oppose à l'enlèvement de *ses canons*.

Les artilleurs, dont la consigne n'a pas prévu cette démonstration, hésitent et en réfèrent à la place. On leur envoie pour renfort, avec ordre d'agir, un fort détachement de la garde républicaine. L'officier parlemente avec les gardes nationaux et demande qu'on lui ouvre les grilles. Il éprouve un refus formel. L'officier de la garde nationale déclare qu'on n'enlèvera les canons que par la force, et alors, ajoute-t-il, il laisse à la troupe la responsabilité du sang versé.

Le commandant du détachement de la garde républicaine ne crut point devoir persister ; il se retira, suivi des artilleurs, et sur leurs talons arrivèrent, place des Vosges, des détachements des 66°, 80°, 94°, 135° et 180° bataillons de la garde nationale, qui, s'attelant aux affûts, traînèrent les 56 canons jusque dans le vingtième arrondissement, à Belleville et aux buttes Chaumont.

Les gens de Montmartre se mettent aussitôt sur leurs gardes et ne dissimulent plus leur attitude menaçante. Le Comité central, se prétendant la délégation électorale de 215 bataillons, s'est fait investir de pleins pouvoirs dans une réunion tenue au Wauxhall par trois mille gardes nationaux. Une commission de quarante membres est désormais instituée en remplacement du comité provisoire qui siégeait rue de la Corderie-du-Temple.

L'agitation est au comble dans Paris. Le Gouvernement croit l'apaiser en lançant un appel à la raison et au patriotisme de la population, signé de M. Thiers, venu en toute hâte de Versailles, où cependant la pression de l'Assemblee nationale s'est efforcée de le retenir.

« Depuis quelque temps, dit ce document, des hommes malintentionnés, sous prétexte de résister aux Prussiens, qui ne sont plus dans vos murs, se sont constitués les maîtres d'une partie de la ville, y ont élevé des retranchements, y montent la garde, vous forcent à la monter avec eux, par ordre d'un comité occulte qui prétend commander seul à une partie de la garde nationale, et méconnaît ainsi l'autorité du Gouvernement légal institué par le suffrage universel.

« Ces hommes, qui ont causé déjà tant de mal, que vous avez dispersés vous-mêmes au 31 octobre, affichent la prétention de vous défendre contre les Prussiens, qui n'ont fait que paraître dans vos murs, et dont ces désordres retardent le départ définitif; braquent des canons qui, s'ils faisaient feu, ne foudroieraient que vos maisons, vos enfants et vous-mêmes; enfin, compromettent la République au lieu de la défendre; car, s'il s'établissait dans l'opinion de la France que la République est la compagne nécessaire du désordre, la République serait perdue. Ne le croyez pas, et écoutez la vérité que nous vous disons en toute sincérité.

« Le Gouvernement, institué par la nation tout entière, aurait déjà pu reprendre ces canons dérobés à l'Etat et qui, en ce moment, ne menacent que vous, enlever ces retranchements ridicules qui n'arrêtent que le commerce, et mettre dans la main de la justice ces criminels qui ne craindraient pas de faire succéder la guerre civile à la guerre étrangère; mais il a voulu donner aux hommes trompés le temps de se séparer de ceux qui les trompent.

« Cependant le temps qu'on a accordé aux hommes de bonne foi pour se séparer des hommes de mauvaise foi est pris sur votre repos, sur votre bien-être, sur le bien-être de la France tout entière.

« Les coupables qui ont prétendu instituer un gouvernement à eux vont être livrés à la justice régulière. Les canons dérobés à l'Etat vont être rétablis dans les arsenaux, et, pour exécuter cet acte urgent de justice et de raison, le Gouvernement compte sur votre concours... »

M. Thiers, qui devait savoir son histoire des révolutions, arrivait, comme les chefs de gouvernement ses prédécesseurs, trop tard !

La nuit du 17 au 18 fut terrible. Le tocsin, le tambour, les clairons sonnant la générale tinrent la ville dans une cruelle insomnie. Montmartre resta sur pied, tant dans sa redoute que dans ses habitations. On attendait l'action. A quatre heures du matin, le 18, des artilleurs, menant avec eux du canon et des mitrailleuses, débouchèrent par la rue la Fayette et le boulevard Magenta, prenant position sur le boulevard Ornano.

En même temps, par la rue d'Amsterdam et les rues parallèles, des bataillons d'infanterie, de gendarmerie et des gardiens de Paris arrivaient sur la place Pigalle.

En voyant ce déploiement de forces, les habitants de ces quartiers, debout devant leurs boutiques fermées, interrogeaient les soldats ; quelques-uns leur demandaient si les Prussiens étaient de nouveau rentrés dans Paris. A toutes ces questions qui leur étaient adressées, les militaires opposaient le silence le plus absolu.

Il était déjà huit heures, lorsque l'artillerie du boulevard Ornano, sur les ordres du général Lecomte, s'ébranla et vint prendre position aux angles des rues Muller, Sainte-Marie, sur la place Blanche et sur la place Pigalle. Des artilleurs armés seulement de leurs fusils, appuyés par des chasseurs à pied, se présentèrent aux avant-postes de la garde nationale préposée à la garde du parc d'artillerie de la butte Montmartre.

Un parlementaire sortit des rangs de la troupe demandant à s'entretenir avec le commandant du poste. Après quelques mots échangés, cet officier ne s'opposa pas à la livraison des pièces d'artillerie. En effet, une heure après, les artilleurs pouvaient, sans rencontrer de résistance, s'emparer de ces pièces.

Cependant, prévenus par le tambour de ce qui se passait, émus de ces allées et venues de troupes dans leur quartier, des gardes nationaux de la chaussée Clignancourt se hâtèrent de sortir de leurs maisons, descendirent en armes dans la rue, et le tambour qui battait le rappel se mettait à leur tête. En peu de temps, assez nombreux pour opposer de la résistance, ils se précipitèrent au pas de charge sur les buttes, où ils furent reçus par la troupe à coups de fusil.

Quelques gardes nationaux, une femme et un enfant tombèrent.

Alors des interpellations s'engagèrent entre les agresseurs et la troupe de ligne, les rangs se mêlèrent, les gardes nationaux menèrent boire les soldats, qui ne tardèrent pas à mettre la crosse en l'air. En ce moment le général Lecomte fut fait prisonnier.

Les artilleurs, imitant alors la conduite de l'infanterie de ligne, partagèrent les libations de la garde nationale. Non-seulement ils abandonnèrent les pièces dont ils avaient pris possession, mais ils ne conservèrent pas celles qu'ils avaient emmenées avec eux.

Sur la place Blanche, le général Vinoy accouru se vit assailli par des centaines de gardes nationaux. La troupe fit feu; les gardes nationaux ripostèrent. Un capitaine et quelques soldats tombèrent morts.

On vit alors, sur toute l'étendue de la ligne d'investissement, les soldats montrer une regrettable hésitation. Les autres se sont repliés en désordre, suivis par les officiers, qui s'efforçaient en vain de les retenir.

Une heure après, Montmartre restait au pouvoir de la garde nationale insurgée.

Pendant cette escarmouche, où la démoralisation et l'indiscipline profondes introduites dans la troupe se révélèrent si tristement, tous les abords de Montmartre et de Belleville se hérissaient de barricades, des clubs en plein air propageaient la révolte, et des actes de violence étaient commis contre tous les passants suspects ou dénoncés comme tels, la plupart du temps par les gamins, qui cette fois, comme dans les autres émeutes de Paris, ont joué un rôle aussi actif que déplorable.

Sur la rive gauche, la révolte rencontrait moins d'empressement dans la garde nationale; Montrouge même refusait de répondre au rappel et à la générale. Dans le faubourg Saint-Germain proprement dit on était calme. Mais à partir du Luxembourg, qui était devenu un vrai camp, jusqu'au delà de la Bastille, l'effervescence gagnait de quart d'heure en quart d'heure. Sur la colonne de Juillet flottait le drapeau rouge.

La journée se terminait par l'ouverture violente des casernes où étaient consignées les troupes, et l'entraînement de celles-ci fraternisant avec les insurgés.

Les proclamations de M. Thiers, de M. Picard, du général d'Aurelles de Paladine, se multipliaient et s'affichaient encore qu'il faisait déjà nuit ; mais le torrent avait rompu sa digue.

L'après-midi de cette funeste journée du 18 mars fut souillée non-seulement par le sang des soldats et des citoyens qui voulurent résister à l'insurrection et faire leur devoir, mais par celui des généraux Lecomte et Clément Thomas, dont l'exécution par les émeutiers est tout un drame.

Le général Lecomte (Claude-Martin) était un de nos meilleurs officiers généraux, il avait cinquante-neuf ans environ, et avait été, quoique plus jeune qu'eux, le condisciple des généraux Ducrot et Trochu à l'Ecole d'application. Depuis la capitulation, il avait remplacé l'amiral Fleuriot de Langle comme commandant du 6ᵉ secteur, celui de la Muette, Passy et Auteuil, et, lors de l'entrée des Prussiens, chacun rendit justice au tact et à la fermeté dont il fit preuve. On lui avait tout récemment donné le commandement d'une brigade de l'armée de Paris, mais ce service ne lui plaisait point. Il aspirait à revoir sa famille et le prytanée de la Flèche, et, détail navrant à dire, cinq jours à peine auparavant, il avait obtenu le commandement de sa chère école de la Flèche et l'autorisation de s'y rendre sous huitaine.

Dans le récit aussi succinct que peu exact que le *Journal officiel* de la Commune a fait de la mort de M. Lecomte, il est question de deux de ses aides-de-camp faits prisonniers et sauvés grâce à l'intervention d'un jeune homme. Or, le général n'eut pas d'aide-de-camp durant toute la campagne ; il avait deux officiers d'ordonnance, M. Albert Keesen, empêché depuis plusieurs jours de continuer son service, et M. Frantz Toussaint, lieutenant d'infanterie de ligne.

M. Toussaint avait accompagné son général sur la butte Montmartre dans la nuit du 17 au 18. Lorsqu'il le vit entouré de quelques anciens sergents de ville mobilisés seulement et cerné par une foule toujours croissante de gardes nationaux, il crut plus utile d'aller chercher du renfort que de rester là inactif et impuissant à le défendre. A deux reprises, il rallia une poignée d'hommes, des gendarmes, et tenta de délivrer le général, mais en vain. La seconde fois, une balle cassa la jambe de son cheval.

Quant aux soldats que commandait le général Lecomte et qui mirent sans hésiter la crosse en l'air, c'est à peine s'ils le connaissaient. Ils venaient de l'armée de Chanzy et n'étaient sous les ordres de leur nouveau chef que depuis le 9 mars.

Si le 117e ou le 118e eussent été là, ils n'eussent point abandonné leur brave et bien-aimé général.

En apprenant que le général était près d'être cerné, M. Clémenceau, maire de Montmartre, accourut près de lui, le suppliant de se retirer, lui exposant qu'il s'exposait sans fruit à un péril imminent, terrible.

— Il m'est impossible de m'en aller, répondit froidement M. Lecomte. Voici un ordre écrit du général Vinoy qui me dit de tenir bon *quoique il advienne*. Je ne puis partir sans contre-ordre.

Un quart d'heure après on le conduisait au Château-Rouge. Il était alors près de dix heures du matin.

Clément Thomas était un des hommes qui faisaient honneur au parti républicain, même aux yeux de ses adversaires. Il avait joué un rôle important en 1848, et, condamné à l'exil par la réaction de décembre, il n'était rentré en France qu'à la chute de la dynastie napoléonienne. Il avait été à la tête de la garde nationale pendant le siége et s'y était montré l'homme du courage et du devoir. Il était né en 1809, par conséquent âgé de soixante-deux ans. Représentant de la Gironde en 1848, il fut élu colonel de la 2e légion de la garde nationale de Paris et nommé général en chef de la garde nationale à la suite de la belle conduite qu'il tint lors de l'attentat du 15 mai. Aux journées de juin, il fut remplacé par le général Changarnier.

Le 18 mars, inquiet des bruits qui se répandaient sur le sort de son camarade, le général Lecomte, il sort en costume civil, sauf un képi, et se met à la recherche des nouvelles. Il arrive ainsi jusqu'aux lignes des insurgés de Montmartre.

Vers quatre heures, près de la place Saint-Pierre, un sous-lieutenant de la garde nationale avise un officier en garde national également causant avec un autre individu mis en bourgeois.

— N'êtes-vous point le général Clément Thomas? dit-il à ce dernier.

— Oui, répond le général; qu'est-ce que cela vous fait?

— Que faites-vous ici?

Le général balbutie quelques mots.

Le sous-lieutenant lui met la main sur l'épaule et lui dit :

— Au nom de la République, je vous arrête !

On l'emmène aussitôt au Château-Rouge. Les gardes nationaux qui se trouvent là l'entourent et le réunissent au général Lecomte. Aussitôt des forcenés les réclament et les emmènent tous deux dans une maison de la rue des Rosiers, où siégeait une façon de commission, prenant le titre de Comité central, dont elle était une simple fraction.

Là, quoi qu'on ait pu dire, il n'y eut pas le moindre simulacre de jugement quelconque. Pendant que, dans la maison, l'on discutait pour savoir si l'on allait constituer une cour martiale ou un conseil de guerre, une fenêtre de la pièce du rez-de-chaussée où étaient les prisonniers fut défoncée, et on les traîna dans le jardin où se termina l'horrible tragédie.

Ces deux généraux sont acculés au fond du jardin. Vingt hommes s'avancent, les insultent, et s'adressant plus particulièrement à M. Clément Thomas :

« Vous êtes un misérable, lui disent-ils ; vous nous avez trahis pendant le siége; vous nous avez vendus et fait tuer inutilement. »

Le général dédaigne de répondre.

— Oseriez-vous jurer que vous n'avez jamais trahi la France ni la République? lui demande-t-on.

Le général hausse les épaules.

Deux coups de feu partent. Le général n'est pas atteint.

Il salue ses assassins.

Aussitôt un peloton se forme, se recule de cinq pas et s'apprête à tirer.

— Lâches que vous êtes! dit Clément Thomas.
— Feu! commande un capitaine.

Le général Lecomte, frappé droit au cœur, tombe d'abord sur ses genoux, évidemment déjà mort. Un des misérables assassins, vêtu en garde national, — il y avait dans cette meute des costumes de zouaves, de lignards, de garibaldiens, — s'approche et applique sur la joue de la victime un soufflet à bras tendu. Le cadavre tombe alors tout de son long à terre.

Cependant Clément Thomas, moins heureux, n'est que blessé; trois fois atteint incomplétement, il tombe et se redresse en face de ses bourreaux. Des éclats de rire partent. Ils sont poussés par des gamins à califourchon sur la crête du mur et assistant comme à un spectacle curieux et gai à cette tuerie.

On redouble les coups, et cette fois Clément Thomas tombe pour ne plus se relever. Il avait reçu quatorze balles.

Un cri de triomphe salue sa chute, et comme les fusillés ont droit au coup de grâce, les assassins se précipitent vers les deux victimes et les criblent de coups de baïonnette; puis les gamins et les femmes se jettent sur les débris saignants, pour leur arracher leurs dépouilles. — Un quart d'heure après, on vendait, dans le bas de la rue des Rosiers, leurs boutons à cinquante centimes la pièce. Enfin, un garde national saisit le général Thomas par sa barbe, qui était longue, et le traîne jusqu'à la porte du jardin pour le faire voir à la populace.

Le soir, les mêmes bandits organisèrent une retraite aux flambeaux, qui parcourait Montmartre et Batignolles, avec des quêteurs qui demandaient de l'argent à la foule au profit de la ligne et des *malheureux assassins de Montmartre* (textuel).

Les cadavres, retirés enfin des mains des sauvages, furent étendus sur des planches dans la maison attenant au théâtre de l'assassinat, et recouverts jusqu'au menton par un drap fourni par une pauvre femme du quartier; ils restèrent exposés jusqu'à ce qu'un médecin eut déclaré qu'il y avait nécessité de les enterrer.

A partir de l'assassinat des deux généraux, Paris présente un indescriptible spectacle. Toute la région haute de la ville est en ébullition; partout les barricades s'élèvent, partout éclatent des coups de feu, sans qu'une action définie soit engagée; Montmartre, Belleville, Batignolles, la Villette, la Bastille, la place des Vosges, les buttes Chaumont, Clichy, Menilmontant, retentissent du son du tocsin et de la générale, qui gagnent bientôt les quartiers les plus paisibles et les moins peuplés.

Un œil superficiel se méprendrait à ce chaos; mais une tactique y préside. Il s'agit de jeter l'affolement dans la ville, et de s'emparer de positions parfaitement désignées à l'avance par les chefs du mouvement. Ceux-ci ne dévient pas de leur plan, favorisé par un désarroi qui gagne promptement les commandants de la force régulière et le Gouvernement lui-même.

D'abord on marche sur l'Hôtel-de-Ville, cet objectif des insurrections précédentes, et, cette fois, on s'en empare facilement. C'est un centre énorme de gagné.

Une foule de 2 à 3,000 gardes nationaux, composée en grande partie des bataillons de Montmartre, s'approchent de la place Vendôme, où continuait de siéger l'état-major de la place, et ne rencontrèrent sur la route aucune résistance. Arrivés en haut de la rue de la Paix, ils se trouvèrent en face de plusieurs compagnies du 1er bataillon, dont le commandant, M. Barré, leur donna l'ordre de s'arrêter, et, sur leur mine de passer outre, fit charger les fusils. Devant cette attitude énergique, les Montmartrois s'arrêtèrent et mirent la crosse en l'air, en demandant au 1er bataillon d'en faire autant. Celui-ci resta ferme et attendit les ordres de son chef. Après avoir parlementé quelques instants et pris les ordres de l'état-major général, le 1er bataillon donna le signal du départ, et la place Vendôme fut abandonnée aux bataillons de Montmartre. Peu après, l'état-major de la garde nationale et la 1re division militaire se trouvaient occupés par ces nouveaux gardes nationaux, qui bientôt après s'emparaient également du ministère de la justice, situé en face, dont le personnel s'enfuyait par la rue de Luxembourg.

Le 18 au soir, les insurgés avaient pris possession de l'état-major de la garde nationale, du ministère de la justice et de l'Hôtel-de-Ville, sans avoir rencontré nulle part de résistance. Dans la journée, en effet, le général Vinoy avait traversé la Seine avec son état-major et toutes les troupes placées sous ses ordres, pour s'installer sur la rive gauche, laissant à la garde nationale seule le soin de rétablir l'ordre.

Cette résolution du commandant en chef de l'armée de Paris ne s'explique que trop facilement par les dispositions manifestes des soldats, qui, partout où l'occasion s'en présentait, témoignaient d'un parfait accord de sentiments avec les perturbateurs. Il était impossible de compter sur eux pour l'œuvre de répression, et, en les y employant, on risquait peut-être qu'ils n'allassent grossir, avec leurs armes et leurs munitions, les rangs des émeutiers.

Le chef du pouvoir exécutif, M. Thiers, expédie aux divers ministères l'ordre de se replier avec leur principal personnel et leurs papiers importants sur Versailles, ce qui est exécuté aussi bien que le comporte une pareille précipitation.

Nous sommes au dimanche 19 mars. Paris a déjà deux gouvernements, qui tous deux répandent à profusion les proclamations. Celui de l'Hôtel-de-Ville n'est pas le moins actif et le moins ardent, et son premier acte a été d'arborer le drapeau rouge au fronton du palais municipal.

Des barricades sont faites sur le pont Louis-Philippe, et à l'entrée de l'avenue Victoria. Tout passant est tenu d'apporter son pavé.

On trouva à l'Hôtel-de-Ville une quantité énorme de chassepots, dont la garde nationale s'empara. Les fusils à piston furent mis au rancart.

Le Comité central, à peine installé, manifeste son existence par deux proclamations, l'une au peuple de Paris et l'autre à la garde nationale, dans lesquelles il déclare qu'il a rempli son mandat, qui était d'organiser la défense et de renverser le Gouvernement. Par un arrêté publié le soir, le même Comité convoque les électeurs dans les sections pour constituer un conseil communal de Paris.

Il est utile de donner un spécimen textuel de ces actes du Comité, avec les signatures qui y figuraient. Mais, afin de dégager notre récit d'une documentation qui ne ferait que le ralentir en le surchargeant de pièces sans intérêt historique, toutes les fois que les documents ne mériteront pas l'honneur d'une pareille reproduction, nous nous bornerons à en donner le résumé. Il faudrait d'ailleurs des tomes in-folio pour recueillir toutes les violences, les déclamations et les inepties qui couvrirent les murs de Paris durant cette période.

PROCLAMATION DU COMITÉ CENTRAL DE LA GARDE NATIONALE.

RÉPUBLIQUE FRANÇAISE.

LIBERTÉ, ÉGALITÉ, FRATERNITÉ.

AU PEUPLE.

Citoyens,

Le peuple de Paris a secoué le joug qu'on essayait de lui imposer.

Calme, impassible dans sa force, il a attendu sans crainte comme sans provocation les fous éhontés qui voulaient toucher à la République.

Cette fois, nos frères de l'armée n'ont pas voulu porter la main sur l'arche sainte de nos libertés. Merci à tous, et que Paris et la France jettent ensemble les bases d'une République acclamée avec toutes ses conséquences, le seul gouvernement qui fermera pour toujours l'ère des invasions et des guerres civiles.

L'état de siége est levé.

Le peuple de Paris est convoqué dans ses sections pour faire des élections communales.

La sûreté de tous les citoyens est assurée par le concours de la garde nationale.

Hôtel-de-Ville, Paris, 19 mars 1871.

Le Comité central de la garde nationale.

Ont signé :

Assi, Billiorey, Ferrat, Babick, Edouard Moreau, C. Dupont, Varlin, Mortier, Boursier, Gouhier, Lavalette, Fr. Jourde, Rousseau, Ch. Lullier, Blanchet, J. Grollard, Barroud, H. Géresme, Fabre et Pougeret.

Le Gouvernement régulier répondit aussitôt par ce placard :

GARDES NATIONAUX DE PARIS.

Un comité prenant le nom de Comité central, après s'être emparé d'un certain nombre de canons, a couvert Paris de barricades, et a pris possession pendant la nuit du ministère de la justice.

Il a tiré sur les défenseurs de l'ordre; il a fait des prisonniers, il a assassiné de sang-froid le général Clément Thomas et un général de l'armée française, le général Lecomte.

Quels sont les membres de ce comité?

Personne à Paris ne les connaît; leurs noms sont nouveaux pour tout le monde. Nul ne saurait même dire à quel parti ils appartiennent. Sont-ils communistes, ou bonapartistes, ou prussiens? Sont-ils les agents d'une triple coalition? Quels qu'ils soient, ce sont les ennemis de Paris qu'ils livrent au pillage, de la France qu'ils livrent aux Prussiens, de la République qu'ils livreront au despotisme. Les crimes abominables qu'ils ont commis ôtent toute excuse à ceux qui oseraient ou les suivre ou les subir.

Voulez-vous prendre la responsabilité de leurs assassinats et des ruines qu'ils vont accumuler? Alors, demeurez chez vous ! Mais si vous avez souci de l'honneur et de vos intérêts les plus sacrés, ralliez-vous au Gouvernement de la République et à l'Assemblée nationale.

Paris, le 19 mars 1871.

Les Ministres présents à Paris,

Dufaure, Jules Favre, Ernest Picard, Jules Simon, amiral Pothuau, général Le Flô.

Vaines exhortations; comme toujours, il était trop tard ! La révolution se précipitait.

Le nouveau pouvoir a senti le besoin de divulguer ses intentions et d'expliquer ses premiers actes : dans deux proclamations, il fait appel aux habitants de Paris et à ceux des provinces. Dans la première, le Comité central déclare « qu'il pourrait, pour la dignité de ses électeurs parisiens, dédaigner de se justifier, » mais « qu'étant seulement un composé de personnalités, celles-ci ont le droit de se défendre. » Il dément qu'il ait été occulte, inconnu et fauteur de désordres, se défend de vouloir prendre la place de ceux qui viennent d'être renversés et s'engage à remettre son mandat aux élus du peuple de Paris.

Le *Journal officiel*, sur lequel le Comité central a mis la main, comme il va la mettre successivement sur l'Imprimerie nationale et sur tous les grands établissements publics, développe ce programme en appuyant sur l'engagement pris par le Comité d'abdiquer aussitôt les élections faites. Nous insistons à notre tour sur ce point, parce qu'on verra bientôt comment fut tenu cet engagement solennel.

« Les prolétaires de la capitale, dit le *Journal officiel*, au milieu des défaillances et des trahisons des classes gouvernantes, ont compris que l'heure était arrivée pour eux de sauver la situation en prenant en main la direction des affaires publiques.

« Ils ont usé du pouvoir que le peuple a remis entre leurs mains avec une modération et une sagesse qu'on ne saurait trop louer

« Ils sont restés calmes devant les provocations des ennemis de la République, et prudents en présence du danger.

« Ils ont fait preuve du plus grand désintéressement et de l'abnégation la plus absolue. A peine arrivés au pouvoir, ils ont eu hâte de convoquer dans ses comices le peuple de Paris, afin qu'il nomme immédiatement une municipalité communale, dans les mains de laquelle ils abdiqueront leur autorité d'un jour.

« Il n'est pas d'exemple dans l'histoire d'un gouvernement provisoire qui se soit plus empressé de déposer son mandat dans les mains des élus du suffrage universel.

« En présence de cette conduite si désintéressée, si honnête et si démocratique, on se demande avec étonnement comment il peut se trouver une presse assez injuste, malhonnête et éhontée, pour déverser la calomnie, l'injure et l'outrage sur des citoyens respectables, dont les actes ne méritent jusqu'à ce jour qu'éloge et admiration. »

Dans sa seconde proclamation, le Comité central s'adresse à la population des départements et annonce que « le peuple de Paris, après avoir donné depuis le 4 septembre une preuve de son patriotisme et de son dévouement à la République, vient de se montrer de nouveau à la hauteur des circonstances. » Il exprime sa confiance « que la province, en s'unissant à la capitale, prouvera à l'Europe et au monde que la France tout entière veut éviter toute dissension intestine, toute effusion de sang. »

A la suite de ces déclarations de principes, le Comité a fait acte de gouvernement; l'état de siége est levé dans le département de la Seine, les conseils de guerre permanents de l'armée sont abolis. Amnistie est accordée pour tous les crimes et délits politiques. Les ministères et les administrations publiques sont occupés.

Notification est faite que les autorités républicaines veulent faire respecter la liberté de la presse, ainsi que toutes les autres. Enfin le nouveau pouvoir déclare qu'il est décidé fermement à maintenir les préliminaires de paix. Il n'est donc pas partisan de la guerre à outrance, comme on pouvait le supposer.

La population n'accueillait qu'avec méfiance ces programmes, que des actes de violence et d'arbitraire venaient déjà démentir de minute en minute. La physionomie de la ville offrait un aspect qui achevait de semer l'anxieté et la terreur.

Il faut avoir été comme nous témoin de ces choses pour s'en faire une idée. C'était le chaos, la confusion à tous les degrés. Non-seulement nous n'avions plus d'armée, mais ce qui en restait de ses débris se vautrait hideusement à travers les rues, les barricades et les cabarets, traînant son uniforme dans la boue, dispersant pièce par pièce son équipement pour quelques sous; troquant avec le premier bandit venu et par poignées les cartouches qu'on leur avait confiées pour combattre l'ennemi, en retour d'un petit verre. On achetait des chassepots pour trente sous, et les misérables qui les abandonnaient aux champions de la guerre civile se sauvaient ensuite vers les barrières pour se rapatrier, se croyant dégagés ainsi de leur service! Ce qui rendait la confusion plus déplorable, c'étaient les uniformes dont étaient également revêtus les quelques citoyens qui cherchaient à se rallier, à se grouper pour rétablir l'ordre, et ceux qui n'avaient pour but, au contraire, que de lui porter le dernier coup. Cependant ce qui les distinguait les bataillons et les postes de ces derniers, c'est qu'on y trouvait de tout, gardes nationaux, zouaves, lignards, artilleurs et même des marins. Un signe particulier aussi, c'était le bonnet phrygien appliqué sur la tranche blanche de leurs drapeaux tricolores, le drapeau rouge n'ayant pas encore été arboré ailleurs qu'aux monuments.

Le général Chanzy, revenant de Tours, appelé par une dépêche de M. Thiers, et n'ayant pas reçu contre-ordre, avait été signalé aux insurgés.

Le train qui l'amenait s'arrêta, comme d'habitude, en avant des fortifications, pour permettre aux contrôleurs de recueillir les billets des voyageurs.

Montmartre avait été prévenu de l'arrivée du général. Pendant l'arrêt du train, plusieurs individus, révolvers au poing, se présentèrent à la portière du wagon où se trouvait le général en tenue, et le sommèrent de les suivre.

Depuis quatre heures du soir, la gare d'Orléans était occupée militairement par un des bataillons dissidents. Toute résistance était inutile, et le commandant en chef de l'armée de la Loire, tombé aux mains du Comité central de la garde nationale, fut enfermé dans un bâtiment du quartier des Gobelins, transformé en prison préventive pour la circonstance. On prévoyait déjà pour lui le sort des généraux Lecomte et Thomas, lorsqu'un membre du Comité eut l'idée qu'il valait mieux le garder comme ôtage et le réserver pour e mettre à mort au premier général de l'insurrection tué par les Versaillais.

Le 20 mars, les proclamations officielles arborent la formule ci-dessous :

FÉDÉRATION RÉPUBLICAINE DE LA GARDE NATIONALE.

ORGANE DU COMITÉ CENTRAL.

On y attestait de nouveau en ces termes la résolution de s'effacer devant le résultat du vote :

« Nous, chargés d'un mandat qui faisait peser sur nos têtes une terrible responsabilité, nous l'avons accompli sans hésitation, sans peur, et, dès que nous voici arrivés au but, nous disons au peuple qui nous a assez estimés pour écouter nos avis, qui ont souvent froissé son impatience : « Voici le mandat que tu nous a confié : là où notre « intérêt personnel commencerait, notre devoir finit; fais « ta volonté. Mon maître, tu t'es fait libre. Obscurs il y a « quelques jours, nous allons rentrer obscurs dans tes « rangs, et montrer aux gouvernants que l'on peut des- « cendre, la tête haute, les marches de ton Hôtel-de-Ville, « avec la certitude de trouver en bas l'étreinte de ta loyale « et robuste main. »

Aux signatures citées plus haut s'ajoutaient celles de : Ant. Arnaud, Henry Fortuné, G. Arnold, Viard, Bouit. A ces noms vont bientôt s'ajouter aussi ceux des citoyens Maljournal, Castioni, Chouteau et autres, jusqu'à concurrence de trente-huit. Mais remarquons que jusqu'ici nous ne voyons apparaître aucun des noms des grands meneurs compromis dans les précédentes tentatives : Gustave Flourens, Félix Pyat, Cluseret et consorts; le citoyen Vermorel ne donne pas signe de vie, et Blanqui, qui ne se manifeste que par une affiche d'une violence insensée.

Constatons aussi qu'à partir de ce moment, les insurgés se donnent à eux-mêmes le nom de *fédérés*.

CHAPITRE IX.

DU 21 AU 24 MARS.

Conséquences de l'agitation. — Arrestations. — Attitude fâcheuse de Versailles. — La manifestation des trente journaux. — Les Prussiens prennent l'éveil. — Le double jeu de l'*Internationale*. — La question des élections. — L'Assemblée nationale et sa haine contre Paris. — L'amiral Saisset et ses essais de conciliation. — Affaire de la place Vendôme. — Le parti de l'ordre se forme. — L'insurrection organise la terreur.

Le public, au milieu de ces proclamations qui s'entrecroisaient et des rumeurs de la place publique, ne comprenait pas la portée véritable du mouvement du 18 mars. La Commune, selon les goûts et les désirs de chacun, devient, par cela même qu'elle était mal définie, l'idéal de chacun. Les uns y voyaient la consécration de la République, les autres la garantie des droits municipaux réclamés depuis si longtemps en vain ; les meneurs du mouvement seuls en connaissaient le sens exact, qu'ils se gardaient bien de divulguer à la foule qu'ils voulaient entraîner,

Jules Vallès, le soudoyé de l'Empire, l'écrivain de la bohême, devenu plus tard le Tyrtée de la canaille, se chargea de faire le programme qui tromperait le peuple sur les véritables intentions des membres du Comité central.

Le 22 mars, *le Cri du peuple* contenait un article intitulé : *Paris libre!* dans lequel, faisant un appel hypocrite à la bourgeoisie qu'il conspuait la veille, il démontrait que l'autonomie de Paris et sa séparation d'avec la France étaient la seule solution possible de la question.

Puis l'infâme qui, dans le numéro du 11 mars, disait aux ouvriers :

« La paix est faite avec la Prusse, mais la guerre n'est pas terminée. *On vous dit de retourner aux ateliers,* NE LE FAITES PAS ; *gardez vos fusils, ils vous* ÉMANCIPERONT *mieux que l'outil.* »

Cet infâme, disons-nous, conviait au travail et terminait ainsi :

« La cloche sonne l'ouvrage et non plus le combat. »

Cependant les vainqueurs parurent un moment étonnés et embarrassés de leur pouvoir ; d'ailleurs, débordés par les exigences de leurs séides. Ayant appris que les Prussiens s'étaient rapprochés et avaient réoccupé en grand nombre Saint-Denis et les environs, voyant en outre la population faire hautement des vœux pour le rétablissement de l'ordre, fût-ce par les baïonnettes allemandes, ils fermèrent les portes de la ville ; les personnes venant de la banlieue ne pouvaient plus entrer qu'après d'interminables stations et après des vexations et des investigations sans nombre. Les maraichers effrayés n'osaient point se risquer avec leurs denrées, et les marchés alimentés par eux durent chômer, ce qui allait se renouveler fréquemment et semer la panique chez les Parisiens, appréhendant, de la part de Français, le retour de la cruelle famine dont ils sortaient à peine.

Déjà le réquisitionnement allait son train. Il y eut une période que Paris n'oubliera de longtemps, où il suffisait à quelques coquins d'avoir un képi sur la tête et un chassepot sur l'épaule pour arrêter les citoyens dans la rue, envahir les domiciles, perquisitionner et se faire remettre par les marchands pain, viande, liquides, épiceries, absolument comme les Prussiens le faisaient quelques semaines auparavant, et, aussi à l'exemple des Prussiens, payer en bons de réquisition, grossièrement griffonnés et sans valeur. Ce fut une des phases de la Terreur de 1871.

La Préfecture de police, la Conciergerie et Mazas

regorgeaient au bout de trois jours de citoyens arrêtés par ces nouveaux prétoriens.

Le Gouvernement de l'Assemblée nationale, instruit des excitations des clubs, pour pousser les fédérés à une marche sur Versailles, lançait des proclamations et des dépêches affirmant qu'il était solidement établi à Versailles. Il n'en était rien; mais cette tactique réussit et retarda l'effort qui allait s'opérer de ce côté. En réalité, nous pouvons assurer que le général Vinoy, chargé du salut et de la garde de l'Assemblée, loin de posséder les 40,000 hommes mentionnés par M. Thiers, n'en avait pas plus de 12,000, et qu'il eût suffi d'un coup de main pour tout enlever. Nous traiterons ce point avec détail au chapitre des opérations militaires de la Commune.

Jusqu'alors, quoique les actes fussent en contradiction continuelle avec les écrits et les paroles, le programme arboré par le Comité central, le drapeau dont il se couvrait, était la revendication des droits municipaux de la capitale. Tout se résumait dans ces quatre mots : La Commune de Paris.

Le Gouvernement de Versailles affecta de s'y laisser prendre ou plutôt voulut y prendre l'insurrection elle-même. L'Assemblée nationale, qui, c'est une triste justice à lui rendre, ne paraît pas s'être pénétrée un instant de la gravité terrible de la situation de la capitale, l'Assemblée daigna mettre la question à son ordre du jour, mais en y apportant, malgré les objurgations de M. Thiers et des députés de Paris, des lenteurs et des dédains qui devaient augmenter le mal.

L'inhabileté du groupe d'hommes qui revendiquaient le titre de gouvernement régulier et légal éclate, hélas ! à tout moment. Mais une de leurs fautes irréparables fut certainement de n'avoir su tirer aucune espèce de parti de l'instrument moral le plus puissant qu'ait eu un pouvoir dans une position aussi difficile. Le Gouvernement de Versailles eut toute la presse parisienne à sa disposition, sans acception de parti ni de nuance. Un journaliste aussi énergique que franchement et intelligemment libéral, le rédacteur en chef de *la*

France, M. L. Masseras, qui fit l'apprentissage sérieux de ce délicat métier aux États-Unis, prit bientôt, secondé par M. Guéroult, l'initiative d'une réunion générale des chefs politiques de tous les grands journaux de Paris. Une entente unanime, éclatante, s'établit sur le pied d'une résistance à l'assignation à bref délai donnée aux électeurs par les tyrans de l'Hôtel-de-Ville. Rédigée le 20, cette résolution parut le 21 dans cette forme :

Attendu que la convocation des électeurs est un acte de la souveraineté nationale;

Que l'exercice de cette souveraineté n'appartient qu'aux pouvoirs émanés du suffrage universel;

Que, par suite, le comité qui s'est installé à l'Hôtel-de-Ville n'a ni droit ni qualité pour faire cette convocation;

Les représentants des journaux soussignés considèrent la convocation affichée pour le 22 mars comme nulle et non avenue, et engagent les électeurs à n'en pas tenir compte.

Etaient présents, et ont adhéré :

Journaux du matin : — *Journal des Débats, Constitutionnel, Siècle, Electeur libre, Petite Presse, Vérité, Figaro, Gaulois, Paris-Journal, Petit National, Rappel.*

Journaux du soir : — *Presse, France, Liberté, Pays, National, Univers, Cloche, Patrie, Français, Bien public, Union, Opinion nationale, Journal des Villes et Campagnes, Journal de Paris, Moniteur universel, France nouvelle, Gazette de France, Messager de Paris, le Soir, Temps.*

Total : *trente et une* adhésions; le nombre s'en accrut par l'adjonction de plusieurs feuilles qui n'avaient pu se faire représenter à la réunion, et notamment de *l'Avenir national*, qui motiva éloquemment son adhésion.

C'était un événement dans la presse, et l'*International* de Londres disait à ce sujet :

La déclaration de la presse parisienne est un acte de patriotisme et de courage qui aura certainement un grand retentissement en Europe, en détruisant une partie du mauvais effet produit par cette révolution insensée, en présence de l'invasion prussienne.

C'est la première fois que toute la presse parisienne, sans distinction d'opinion, proteste avec cette unanimité contre la révolution triomphante.

Et cependant, l'Hôtel-de-Ville et les ministères sont au pouvoir des insurgés ; un grand nombre de quartiers sont couverts de barricades, et cette fois les forteresses de l'insurrection sont hérissées de canons et de mitrailleuses.

Des comités de salut public érigés en cour martiale fusillent des prisonniers, font assassiner les suspects ; deux journaux, le *Gaulois* et le *Figaro*, ont été l'objet des violences de la révolution ; les rédacteurs sont décrétés d'arrestation, les imprimeries Dubuisson et Kugelmann sont envahies par des hommes armés et portant le costume de la garde nationale.

Malgré toutes ces violences et ces menaces, les trente journaux de Paris n'ont pas hésité à signer et à publier leur déclaration avec le nom de tous les journaux signataires, car elle est un gage d'espérance pour le retour de l'ordre et un éternel titre d'honneur pour la presse parisienne.

Une semblable déclaration change complétement, aux yeux des provinces et de l'Europe, la physionomie et la portée de la surprise bellevilloise. La journée du 18 mars a cessé d'être une révolution parisienne, ce n'est plus qu'une insurrection avec laquelle il n'est point permis de transiger.

Après une semblable condamnation, signée par les représentants de toutes les nuances de l'opinion publique à Paris, au nom de quel parti les vingt membres du Comité central ou fédéral prétendent-ils gouverner Paris et la France, et faire un simulacre d'élections pour essayer de tromper l'opinion publique ?

Tel ne fut point cependant l'avis des dédaigneux et des aveugles de Versailles, qui n'essayèrent même pas le moindre effort pour tirer parti de ce concours. Les fédérés, plus clairvoyants, sentirent le danger, et répondirent dans le *Journal officiel* par la menace que voici :

La presse réactionnaire a recours au mensonge et à la

calomnie pour jeter la déconsidération sur les patriotes qui ont fait triompher les droits du peuple.

Nous ne pouvons pas attenter à la liberté de la presse : seulement, le Gouvernement de Versailles ayant suspendu le cours ordinaire des tribunaux, nous prévenons les écrivains de mauvaise foi auxquels seraient applicables en temps ordinaire les lois de droit commun sur la calomnie et l'outrage, qu'ils seront immédiatement déférés au Comité central de la garde nationale.

Ce ne devait pas être une menace en l'air. Nous mentionnerons dans un paragraphe spécial ce qu'il devait bientôt rester sur pied de ces trente courageuses feuilles, et quels genres de papiers on allait leur substituer.

Ainsi que cela devait arriver, les Allemands suivaient, sans en rien perdre, les péripéties de cette lutte intestine, et l'on a lieu de croire qu'un moment ils eurent une forte velléité d'en profiter, pour entrer cette fois dans Paris d'une façon sérieuse. On assure même que le futur gouverneur prussien de la ville était désigné. La pièce suivante prouve que cette appréhension n'était pas dénuée de fondement. C'est une dépêche communiquée à l'Assemblée de Versailles par M. Jules Favre qui venait de la recevoir :

Rouen, le 21 mars, midi 20 minutes.

Le général de Fabrice à Son Excellence M. Jules Favre.

J'ai l'honneur d'informer Votre Excellence que, en présence des événements qui viennent de se passer à Paris et qui n'assurent presque plus l'exécution des conventions dans la suite, le commandant supérieur de l'armée devant Paris interdit l'approche de nos lignes devant les forts occupés par nous, réclame le rétablissement dans les vingt-quatre heures des télégraphes détruits à Pantin. Nous serions obligés d'agir militairement et de traiter en ennemie la ville de Paris, si Paris use encore de procédés en contradiction avec les pourparlers engagés et les préliminaires de paix, ce qui entraînerait l'ouverture du feu des forts occupés par nous.

A la même date le Comité central recevait du quartier général prussien la dépêche suivante :

Commandant en chef du 3ᵉ corps d'armée.

Quartier général de Compiègne, le 21 mars 1871.

Au Commandant actuel de Paris.

Le soussigné, commandant en chef, prend la liberté de vous informer que les troupes allemandes qui occupent les lignes du nord et de l'est de Paris, ainsi que les environs de la rive droite de la Seine, ont reçu l'ordre de garder une attitude amicale et passive tant que les événements dont l'intérieur de Paris est le théâtre ne prendront point, à l'égard des armées allemandes, un caractère hostile et de nature à les mettre en danger, mais se maintiendront dans les termes arrêtés par les préliminaires de la paix.

Mais dans le cas où ces événements auraient un caractère d'hostilité, la ville de Paris serait traitée en ennemie.

Pour le commandant en chef du 3ᵉ corps des armées impériales,

Le Chef du quartier général,

Signé : VON SCHLOTHEIM,
Major général.

Le délégué du Comité central aux relations extérieures répondit :

Paris, le 22 mars 1871.

Au Commandant en chef du 3ᵉ corps des armées impériales prussiennes.

Le soussigné, délégué du Comité central aux affaires extérieures, en réponse à votre dépêche en date de Compiègne, 21 mars courant, vous informe que la révolution accomplie à Paris par le Comité central, ayant un caractère essentiellement municipal, n'est en aucune façon agressive contre les armées allemandes.

Nous n'avons pas qualité pour discuter les préliminaires de la paix votés par l'Assemblée de Bordeaux.

Le Comité central et son délégué aux affaires extérieures.

Il est à noter à ce sujet que la déférence des hommes du Comité central et de la Commune envers les Prussiens ne se démentit pas un instant, ce qui n'a pas laissé de faire planer sur leurs relations mutuelles un vague et des suppositions que les faits n'ont pas démentis depuis.

A l'appui de ces avis comminatoires, le mouvement rétrograde de l'armée allemande s'arrêta, le rapatriement des prisonniers français fut suspendu, et une partie des forces qui s'étaient déjà éloignées de Paris, revint se concentrer dans son rayon. Il fallut une pressante intervention de MM. Jules Favre et Thiers auprès de M. de Bismark pour empêcher les choses d'aller plus loin, intervention qui dût se renouveler fréquemment, et qui exigea dans la première semaine de mai le départ de M. Jules Favre pour Francfort.

A ce moment, l'*Internationale* dont la main avait tenu les fils et conduit l'insurrection, jugeant la chose suffisamment lancée, et ne voulant pas inutilement encourir la responsabilité de ses conséquences, opère une de ces manœuvres auxquelles excellent ses chefs, et, pour se dégager devant l'opinion publique, lance la déclaration que voici, préparée avec un art machiavélique avec une date de trois semaines antérieure. C'est une pièce considérable, et qui restera au dossier. Cette lettre, dont le texte original est en anglais, est adressée par le citoyen Karl Max, sujet prussien, grand chef de l'*Internationale*, au citoyen Serailler. Voici la traduction communiquée aux journaux français de ce monument mémorable de duplicité :

Citoyen,

C'est avec un profond sentiment de douleur que nous voyons ici l'avenir de la Société Internationale des travailleurs compromis par la façon d'agir d'un certain nombre de ses membres. Rien ne saurait nous être plus préjudiciable que cette apparition spontanée, mais stérile, d'hommes qui, sous le voile de notre Société, prétendent arriver aux premières places de la République.

Beaucoup de ces hommes nous sont presque inconnus,

étant parmi nous les ouvriers de la dernière heure; d'autres ont des personnalités honorables et bien connues.

Malheureusement, si c'est pour nous un succès de voir arriver nos frères à représenter la classe ouvrière au Parlement français, il est pénible d'avouer que bien peu d'entre les associés de la branche française prennent au sérieux le rôle si beau, si digne, si plein d'avenir de la Société Internationale. Même au moment où leur pays succombe, que les Français prennent exemple sur leurs frères d'Allemagne. Comme vous, ils sont persécutés, emprisonnés, mis hors la loi.

Cependant, ils ne cherchent point leur force dans l'émeute. C'est par la persécution, par l'emprisonnement de Jacobi, Diebneck et tant d'autres, que la Société a grandi et s'est fortifiée, grande de l'estime de tous, voire même de ses bourreaux. Dites-le bien à tous les ouvriers français : notre force est dans l'observation des lois, jusqu'au jour où le poids de l'intelligence, joint au poids des injustices et des persécutions de la Société entière, fera pencher la balance en notre faveur. Jusque-là, restons unis et calmes, et, placés au-dessus des mesquines et petites rivalités des peuples, jetons les fondements indestructibles de la fraternité universelle des travailleurs et des déshérités de la société.

MARX KARL.

Londres, 28 février 1871.

La question des élections municipales, fixées d'abord par le Comité central au 22 mars, allait devenir le terrain de la lutte. On va voir comment une revendication équitable, reconnue telle par tout le monde, concédée hautement par le pouvoir législatif régulier, celle de l'octroi à Paris d'une municipalité nommée par l'élection, devint le prétexte de la plus épouvantable, et de l'une des plus sanglantes et des plus longues de nos guerres civiles.

Les maires élus des 20 arrondissements de Paris, que la révolte n'avait pas encore absolument dépossédés, joints aux députés les plus avancés de cette ville, introduisirent d'urgence et quelque peu de force la question de ces élections dans l'Assemblée nationale.

Qu'on veuille bien se rappeler une fois pour toutes

que cette assemblée, sauf ces rares unités, était composée d'hommes envoyés par la province en haine de Paris et avec un mandat impératif tacite, mais avéré, de ne pas faiblir dans leurs relations avec cette ville, mise alors au ban des départements exaspérés par les dernières péripéties politiques. Rendons-leur cette justice; les représentants de la province n'étaient que trop pénétrés de cette antipathie, et la Chambre de 1871 pourra, sous ce rapport, prendre dans l'histoire le nom de chambre de haine.

Hélas! c'était une chambre de conciliation qu'il eût fallu.

M. Thiers, auquel Paris rendra cet hommage que depuis Bordeaux il prit sans relâche son parti, avait dû, le 19, au moment de l'émigration du Gouvernement à Versailles, employer toute sa persuasion pour mettre à néant le projet attribué dès la veille à la majorité de quitter Versailles avant la séance pour aller chercher à Poitiers un asile où ils eussent la certitude de pouvoir délibérer en toute sécurité.

La séance du 20 mars fut très-significative. La sténographie nous en fournit le résumé :

M. Clémenceau (député et maire de Montmartre) dépose un projet de loi tendant à décréter l'élection d'un conseil municipal de la ville de Paris, composé de quatre-vingts membres. Le projet est signé par la fraction radicale de la députation parisienne.

Ce projet est accueilli sans grand étonnement; mais, sur la demande d'urgence présentée en termes des plus pressants par M. Clémenceau, les protestations se font jour.

— Si vous repoussez l'urgence, dit M. Clémenceau, vous me forcerez à vous dire pourquoi je la demande.

Nouvelles protestations, qui bientôt se changent presque en clameurs.

— Soit! s'écrie alors M. Clémenceau, puisque vous m'y forcez, il faut bien que je m'explique. Depuis deux jours, Paris est en pleine anarchie. Depuis deux jours, le Gouvernement a déserté le poste que lui assignait son devoir.

A ces mots, M. Thiers s'indigne et prononce avec véhémence quelques paroles de protestation.

M. Clémenceau continue :

— Paris appartient à l'émeute. Il faut à Paris une autorité : où la prendre, puisque vous êtes partis?

L'indignation de M. Thiers redouble. Il veut parler, mais il fait un effort sur lui-même, et, pour échapper à sa colère, il quitte la salle.

M. Picard monte à la tribune.

— S'il ne s'agissait, dit-il, que de savoir s'il faut ou non accorder à Paris un conseil municipal élu, ce n'est certes pas moi qui prendrais la parole. Mais Paris est en insurrection, les élections n'y seraient donc pas libres, et d'ailleurs les accorder en un pareil moment, ce serait pactiser avec l'émeute. Quand l'ordre sera rétabli, le Gouvernement sera le premier à demander la réforme qui, on le sait, n'a jamais cessé d'être dans son programme.

M. Tirard réplique au ministre de l'intérieur.

— M. Picard a peut-être raison, dit-il. Mais devant l'urgente nécessité, toute délibération est impossible. D'ailleurs, il est un point essentiel sur lequel M. le ministre de l'intérieur se trompe : on ne lui propose pas, en effet, de pactiser avec l'émeute. Les auteurs du projet de loi repoussent comme injurieuse cette supposition. A-t-on pu croire un instant qu'ils consentiraient à conseiller l'obéissance à l'appel au scrutin qu'ont signé les factieux?

En ce qui le concerne au moins, M. Tirard proteste que dans sa mairie il s'opposera à des élections décrétées par un pouvoir qu'il ne reconnaît pas. Mais il faut à tout prix donner satisfaction à la partie saine de la population. Si la garde nationale honnête n'a pas répondu à l'appel du Gouvernement, on peut l'attribuer à deux raisons. La première, c'est la loi sur les échéances, qui ruine un grand nombre et mécontente les autres. C'est enfin que Paris n'a pas de conseil municipal élu.

M. Tirard, qui dans la première partie de son discours ne s'était fait écouter qu'à grand'peine, a su forcer l'attention dans la seconde partie, et les rumeurs du début se sont changées en applaudissements.

M. Picard n'hésite pas. Il monte à la tribune et déclare qu'une nuance seule sépare maintenant le Gouvernement des auteurs du projet de loi. Mais l'heure n'est pas aux nuances. Le Gouvernement croit donc pouvoir accueillir le projet de loi proposé par M. Clémenceau et accepter la demande d'urgence.

On vote. L'urgence est déclarée.

A la suite de cette séance, le vice-amiral Saisset fut envoyé à Paris pour prendre le commandement en chef de la garde nationale, et, pour le bien faire venir dans cette fonction, on le mit en mesure de débuter par ce programme, qui aurait levé toutes les difficultés, si les revendications du Comité central eussent été autre chose qu'un prétexte pour entraîner une révolution générale.

RÉPUBLIQUE FRANÇAISE.

Liberté, Égalité, Fraternité.

Chers concitoyens,

Je m'empresse de porter à votre connaissance que, d'accord avec les députés de la Seine et les maires élus de Paris, nous avons obtenu du Gouvernement de l'Assemblée nationale :

1° La reconnaissance complète de vos *franchises municipales;*

2° L'élection de tous les officiers de la garde nationale, y compris le *général en chef*;

3° Modification à la loi sur les échéances;

4° Un projet de loi sur les loyers, favorable aux locataires, jusques et y compris les loyers de 1,200 francs.

En attendant que vous confirmiez ma nomination ou que vous m'ayez remplacé, je resterai à mon poste d'honneur pour veiller à l'exécution des lois de conciliation que nous avons réussi à obtenir et contribuer ainsi à l'affermissement de la République.

Le vice-amiral commandant en chef provisoire,

SAISSET.

Le colonel Langlois, député de la Seine, était nommé

chef d'état-major, et **M.** Schœlcher, également député de la Seine, commandant en chef de l'artillerie.

Un moment Paris respira et crut la discorde apaisée. Il le crut d'autant mieux que les chefs du mouvement, pris eux-mêmes au dépourvu, furent obligés d'ajourner au 26 mars le scrutin indiqué pour le 22.

Mais les actes de violence et d'arbitraire continuant, la division se dessinant de plus en plus entre les bataillons qui prenaient le titre de *fédérés* et ceux qui tenaient ferme contre la révolution projetée, des manifestations pacifiques s'organisèrent spontanément.

Le mercredi 22 mars, vers une heure, sur la place du Nouvel-Opéra, c'est-à-dire en face et à 200 mètres du quartier général du Comité central, un grand nombre de citoyens, parmi lesquels beaucoup de gardes nationaux en costume, des gardes mobiles, des militaires, forment des groupes animés sur cette place et sur les boulevards. Un capitaine du 3ᵉ bataillon de la garde nationale élève à l'extrémité d'une canne un petit écriteau sur lequel sont inscrits ces mots :

On demande des citoyens
Amis de l'ordre
Sans armes

Peu à peu la foule devint plus considérable, et aux cris de : « Vive l'ordre ! vive la République ! vive le suffrage universel ! vive l'Assemblée nationale ! » elle se dirige vers la place de la Concorde par la rue de la Paix.

Une patrouille de gardes nationaux, qui s'était avancée jusqu'à l'extrémité de cette rue, faisant mine d'intercepter le passage, rétrograde devant la foule qui arrive jusqu'à la hauteur de la rue Neuve-des-Petits-Champs.

A cet endroit, la rue de la Paix est complètement barrée par plusieurs lignes de gardes nationaux ; les manifesteurs s'arrêtent, et du sein de la foule, qui grossit à chaque minute, s'élèvent les cris de : « Vive l'ordre ! vive la République ! vive l'Assemblée nationale ! »

Quelques-uns des gardes nationaux qui barrent la rue prennent une attitude menaçante et croisent la baïonnette. « La crosse en l'air ! la crosse en l'air ! » crie la foule. Et deux ou trois gardes nationaux qui exécutent ce mouvement pacifique sont applaudis avec enthousiasme.

A ce moment, un nouveau groupe de citoyens, parmi lesquels on remarque un assez grand nombre d'officiers de la mobile et de la garde nationale, débouche dans la rue de la Paix et s'avance au premier rang. Ils sont précédés de deux ou trois jeunes gens portant un immense drapeau tricolore.

Les cris, les acclamations continuent sans que cependant la manifestation perde rien de son caractère pacifique. Des colloques animés s'échangent entre les citoyens qui protestent énergiquement en faveur de l'ordre et de la vraie liberté, et les gardes nationaux qui ne paraissent pas émus outre mesure de ces protestations purement platoniques.

Cependant, à plusieurs reprises, les tambours se font entendre sur la place Vendôme. Ils battent la charge ; mais il ne vient à l'idée de personne de supposer que des hommes, des Français, portant l'habit de garde national· et se prétendant républicains, puissent faire feu sur leurs concitoyens.

L'amiral Saisset, qui dans toute cette affaire a joué le rôle d'un honnête homme, mais d'un homme par trop aisé à duper, marchait à la tête de la manifestation, espérant par l'annonce officielle des concessions faites par Versailles et indiquées dans sa proclamation ramener les esprits au sentiment de l'ordre ; mais il avait à peine prononcé quelques paroles, que des coups de feu éclatèrent.

Il ne dut la vie qu'au courage de la personne qui portait le drapeau tricolore. Ce courageux citoyen se précipita devant l'amiral qu'il couvrit de son corps en criant :

« Si vous voulez tuer quelqu'un, tuez-moi ! »

Plusieurs coups de feu partirent, mais le porte-drapeau, dont nous regrettons de ne pas savoir le nom, ne fut pas atteint et put gagner la place de la Bourse, où se réunissaient les bataillons du parti de l'Assemblée.

Une panique se produit dans la foule. On fuit, on se bouscule... Les uns se précipitent dans les deux rues latérales : la rue Neuve-des-Petits-Champs et la rue Neuve-des-Capucines ; le plus grand nombre s'enfuit dans la direction des boulevards par la rue de la Paix. Mais de nouvelles décharges se font entendre ; les gardes nationaux, qui avaient, dit-on, tiré en l'air leurs premiers coups, font feu sur cette foule désarmée et en fuite.

Une quarantaine de victimes tombent ; mais alors partent du sein de la manifestation indignée plusieurs coups de révolvers qui vont frapper les assassins, en blessent un certain nombre et en tuent deux. Effrayé de la gravité de la situation, appréhendant un retour offensif de l'amiral que l'on sait en possession de mitrailleuses et de munitions et investi de la confiance des bataillons de l'ordre, Bergeret, qui s'est donné le titre de général, et auquel le Comité a délégué le grade de commandant en chef, ordonne aux fédérés la cessation des hostilités qui prenaient la tournure d'un massacre contre la foule effarée.

Les fédérés ne permettent à personne d'approcher, même pour ramasser les morts et soigner les blessés ; parmi ces derniers, se trouvaient un des écrivains les plus sympathiques du journalisme parisien, M. Henri de Pène ; M. Hottinguer, financier très-connu ; un lieutenant, M. Folliver ; un professeur du lycée Descartes, M. le Meignan, et une quantité d'autres citoyens également honorés et estimés, et atteints de blessures auxquelles plusieurs ne devaient pas survivre.

Les cadavres gisant sur les trottoirs, entraînés sous les portes cochères ou enlevés sur des brancards, étaient au nombre d'une douzaine. On en remarquait un, que l'absence de papiers ne permit pas de reconnaître ; c'était un vieillard à longs cheveux blancs, décoré de la légion-d'honneur. La balle qui l'avait atteint l'avait foudroyé par derrière ; elle avait traversé le crâne et était sortie près du menton à gauche. M. Le Meignan dut subir l'extraction d'une balle à la jambe. Ses vêtements portaient en outre la trace de deux balles, dont l'une avait traversé le pantalon et l'autre le paletot. Un fragment de cervelle d'une victime frappée à ses côtés adhérait à son chapeau.

Les gamins, ces hideux et féroces gnomes de toutes les émeutes, ne manquaient pas à cette fête ! M. de Pène a raconté qu'il était en train lui-même de se retirer, après la première décharge subie par la foule, quand, ayant fait environ dix mètres dans la rue des Capucines, il se retourne, et voit un jeune homme, presque un gamin, auquel on passait des fusils chargés, et qui, sans interruption, fusillait tout devant lui. — L'assassinat organisé !

Au même instant, il est frappé. Il fait encore quelques pas, mais le sang l'inonde. Par bonheur, il aperçoit un de ses amis, il l'appelle et lui prend le bras. Tout ce qu'il peut faire est d'arriver jusqu'aux magasins de M. Giroux, qui s'empresse autour de lui. Heureusement sa blessure, quoique grave et douloureuse, ne devait pas être mortelle.

Les fédérés envahissaient la maison Paul Dupont, où s'imprimaient les affiches des autorités régulières, l'insurrection s'étant emparée de l'Imprimerie nationale. On exigeait la remise de tous les exemplaires des proclamations sous presse, et, sans avoir égard aux protestations du directeur de l'établissement, on enlevait cinq à six mille feuilles prêtes à être placardées. Des descentes analogues avaient lieu dans l'imprimerie Dubuisson et plusieurs autres, avec défense de prêter leur ministère à la réaction et aux représentants du Gouvernement que le Comité commençait à appeler dans le *Journal officiel* : « les insurgés de Versailles. »

Cependant les hommes d'ordre refusaient encore de croire le mal irrémédiable et s'efforçaint d'ouvrir la voie à une transaction. Le Comité central, trop habile pour démasquer ses batteries tant qu'il se sentait en présence d'un adversaire avec qui il fallait compter, affectait de son côté de se prêter à une entente.

En ce moment il perdait du terrain et la résistance du parti de l'ordre grandissait sensiblement. La garde nationale régulière se ralliait autour de l'amiral Saisset; se sentant un centre et un point d'appui, ses bataillons reprenaient possession de leurs mairies respectives. Ils occupaient sans conteste la place des Victoires, la mairie du premier arrondissement, la Bourse et tous ses environs, la gare de l'Ouest, une grande partie du septième arrondissement, où leurs bataillons avaient la majorité, la caisse des dépôts et consignations, le conseil d'Etat, la mairie de la rue Drouot et la majeure partie de cet important quartier, Passy tout entier, point considérable qui pouvait servir à maintenir les communications avec Versailles. Le quartier de l'Odéon, le faubourg Saint-Germain avaient une attitude excellente, et ce mouvement ne demandait qu'à grandir. Un rapport du lieutenant-colonel de Beaufort, chef d'état-major général, constate « qu'en « moins de trois jours cent dix mille citoyens et les « braves jeunes gens des Ecoles de droit et de méde- « cine, ayant à leur tête le très-sympathique J. Gar- « nier, se sont ralliés au drapeau du Gouvernement « élu du suffrage universel..... » Ce rapport, dont la sincérité ne saurait être attaquée, rend difficiles à comprendre et à expliquer les actes de l'amiral Saisset qui vont suivre.

On voit que la situation, loin d'être désespérée, offrait des chances sérieuses, et que si l'ordre ne pouvait être rétabli qu'au prix d'un conflit, ce conflit devait tourner en sa faveur, surtout en raison de la disposition de la population. Nous ne nous appuyons ici que sur des faits authentiques.

Les journaux, continuant leur rôle patriotique, encourageaient énergiquement ce mouvement, le *Journal des Débats* s'écriait :

Que tous les gardes nationaux, que tous les citoyens de Paris comprennent bien qu'aujourd'hui ils ne peuvent ni ne doivent faiblir ou hésiter, que devant le triomphe persistant de l'insurrection ils sacrifient leurs familles, leurs biens, leur honneur et leur pays. Il faut donc que tout citoyen honnête et patriote se sente convaincu qu'il ne peut plus compter que sur lui-même, et que son devoir l'oblige à se défendre énergiquement. Nous ne saurions douter du triomphe du droit et de la légalité, si nous restons unis et résolus autour du drapeau de l'Assemblée nationale, qui est le drapeau de la nation souveraine.

Ces appels trouvaient de l'écho. Dans le IIe arrondissement, les hommes d'ordre faisaient si bonne contenance, que les députés de Paris pouvaient s'y réunir et délibérer en toute liberté.

Sur beaucoup de points, les gardes nationaux eux-mêmes renversaient les barricades.

Ces faits ayant une grande importance, pour répondre aux accusations, dirigées à Versailles contre la population parisienne, de n'avoir prêté aucun concours à l'autorité légale et d'avoir obligé M. Saisset à un abandon qui devait entraîner de si terribles suites, nous continuons de puiser les preuves dans les grands journaux :

Nous apprenons à la dernière heure, disait le *Siècle*, que, dans divers arrondissements, un grand nombre de gardes nationaux, émus des arrestations arbitraires opérées dans la journée et de l'occupation des postes par des hommes étrangers à ces arrondissements, se sont réunis ce soir et ont arrêté des mesures énergiques pour la protection de leurs quartiers respectifs.

La *Liberté* constatait ainsi la même résistance :

L'agitation commencée dans l'après-midi autour de la Bourse prenait de grands développements. De nombreux groupes se formaient, où l'on s'encourageait à une résistance passive au prétendu gouvernement.

Vers quatre heures, une compagnie de Belleville vient relever les gardes du quartier qui sont postés autour de la Bourse; ceux-ci refusent de céder la place et de subir les ordres du Comité central. Après une heure de conversations vives et animées, les gardes de Belleville se retirent.

Nous pourrions multiplier à l'infini ces témoignages, nous terminerons par cet article de la *France* :

Le sanglant épisode d'hier (22 mars) n'a pas eu, Dieu merci, les suites que l'émotion répandue dans Paris, le premier moment, donnait à appréhender. Le cri de douloureuse indignation qui a éclaté d'un bout à l'autre de Paris, s'est converti en mot d'ordre, sans devenir un cri de représailles. Tout en se ralliant avec une énergie qui lui avait fait trop défaut jusque-là, le parti de la loi s'est abstenu de répondre à la violence par la violence. Nous n'avons donc point, heureusement, de nouveau conflit à enregistrer. C'est déjà trop des tristes détails par lesquels nous complétons notre premier récit de la tragédie de la rue de la Paix.

Mais ce retour à un calme relatif, alors qu'on pouvait craindre de voir la lutte s'engager d'une heure à l'autre, nous laisse encore bien loin d'un dénoûment. Une résolution des maires de Paris a réorganisé le commandement de la garde nationale, en maintenant à sa tête l'amiral Saisset, déjà nommé par le Gouvernement de Versailles; le nombre de bataillons acquis à la cause de l'ordre s'est considérablement augmenté, plusieurs des mairies, surprises par l'insurrection dans le premier moment de désarroi, ont été réoccupées, ainsi que divers postes qui se trouvaient dans le même cas, et notamment la gare de la rue Saint-Lazare.

Ce sont là autant de pas d'une importance réelle et d'autant plus grande qu'ils se sont accomplis d'une manière toute pacifique. Malheureusement, le Comité de l'Hôtel-de-Ville garde son attitude menaçante et multiplie ses préparatifs de combat, avec une affectation qui semble attester un parti pris absolu de pousser les choses à bout. Il est impossible qu'il ne sente pas de plus en plus son impuissance pour toute autre chose que pour une collision stérile. Sa voix est restée sans écho dans toute la France; la capitale se sépare à chaque instant davantage de lui; mais il ne veut pas avoir le démenti de son aveugle entreprise.

Cette résistance exaspérait les hommes de l'Hôtel-de-Ville, dont les bataillons commençaient à faire retentir les rues du cri de : « Vive la Commune ! »

Les exactions, les réquisitions, les violations de domicile et les exécutions sommaires redoublaient. La tyrannie du képi ne respectait déjà plus rien partout où la garde nationale de l'ordre n'apparaissait pas. Un énergumène, dont la profession civile ne s'exerçait pas dans un lieu honnête, suppôt de ces maisons qu'on ne saurait nommer non plus, Duval, investi d'un titre de général en chef, semblait avoir pris pour devise : « arrêter et fusiller tout le monde. » Un ancien lavoir du XIIIᵉ arrondissement (quartier des Gobelins) regorgeait de citoyens arrêtés capricieusement sous la qualification de suspects, et jetés du reste en bonne compagnie, car on y trouvait le général Chanzy, M. Turquet, ancien magistrat démissionnaire le jour de Sedan et député, M. Schonourk, américain, jeune et vaillant chef d'escadron, ayant vingt fois affronté la mort pour la France contre les Prussiens, un capitaine d'artillerie attaché au 9ᵉ secteur, des officiers de toute arme et de tout grade, y compris le général de Lambouriez.

La belle-sœur du général Chanzy, femme des plus gracieuses, inquiète de son beau-frère et sachant qu'on l'avait traîné de poste en poste, en femme courageuse, vient le visiter dans sa prison. Mais à sa sortie, on l'a retenue prisonnière à la mairie du XIIIᵉ, où elle dut passer la nuit.

Indépendamment de Duval, le Comité central possédait deux autres généraux de même création : Brunel et Eudes. Ce triumvirat commença par affirmer ses intentions par cette menace à l'adresse des hommes d'ordre, devenus pour ces messieurs des émeutiers :

« Citoyens,

« Ceux qui provoquent à l'émeute n'hésitent pas, pour arriver à leur but de restaurations monarchiques, à se servir de moyens infâmes : ils n'hésitent pas à affamer la garde nationale en séquestrant la Banque et la Manutention.

« Le temps n'est plus au parlementarisme ; il faut agir, et punir sévèrement les ennemis de la République.

« Tout ce qui n'est pas avec nous est contre nous.

« Paris veut être libre. La contre-révolution ne l'effraye pas : mais la grande cité ne permet pas qu'on trouble impunément l'ordre public.

Vive la République!

« *Les généraux commandants,*

« Brunel, E. Duval, E. Eudes.

En même temps on affiche à Montmartre un avis par lequel on invite la population à signaler au Comité toutes les personnes qui conspirent avec « l'immonde réaction. » En un mot, la loi des suspects est remise en vigueur.

Tous les chefs de bataillon de la garde nationale qui ne se sont pas ralliés au Comité sont condamnés à mort. Il en est jusqu'à trente qui se trouvent sous le coup de cette terrible condamnation.

Un commandant nommé Valigrane, que le Comité avait compté parmi ses adhérents, est fusillé, « convaincu de trahison. »

On fusille encore sur les buttes des individus, des volontaires garibaldiens, qui n'étaient autres, prétend le Comité, que des agents de police déguisés.

Parmi les documents insérés dans le *Journal officiel* du Comité central ne se trouve point une affiche, sur papier blanc, placardée dans le XVIII° arrondissement et signée de quatre commissaires délégués par la préfecture de police dans cet arrondissement, dans laquelle se lit la grande formule des inquisiteurs du moyen âge : « Qui n'est pas avec nous est contre nous » et se termine par ces mots : « La République ou la mort. » Le Comité, mis en demeure par les journaux, notamment l'*Avenir national*, de désavouer ce document, se garda bien d'en rien faire, car les quatre signataires étaient officiellement ses agents, ainsi que le prouve la déclaration suivante affichée sur les murs du boulevard de Clichy :

Le délégué du Comité central, chargé de l'administration du XVIII° arrondissement (Montmartre), informe le public que quatre commissaires (les nommés Schneider, Burlot, Dioncourt et Lemoussu) sont institués pour recevoir les dénonciations contre les citoyens suspects de complicité avec le gouvernement de guet-apens et de trahison qui est venu échouer aux buttes Montmartre.

La statistique des victimes de ces sept premiers jours de l'insurrection reste impossible, les assassins ayant alors en main trop de moyens de faire disparaître les traces de leurs crimes.

Sans parler des généraux Clément Thomas et Lecomte, onze anciens sergents de ville, huit gendarmes, deux soldats furent fusillés sans l'ombre de jugement.

Le premier moment d'effervescence populaire passé, le Comité s'empressa de se constituer en conseil de guerre. Les sentences de mort furent assez nombreuses, mais c'était plus pour effrayer la réaction que pour faire couler le sang. Trois furent exécutées.

Indépendamment de ce tribunal, la justice populaire suivait son cours. A Ménilmontant, trois civils furent fusillés sur l'effet produit par leur mise sur une patrouille de gardes nationaux ivres.

Le palais de justice compte deux victimes.

La Seine a servi de tombeau à deux sergents de ville et à un agent des mœurs.

Sans compter les victimes inconnues, les morts et les blessés de la place Vendôme, cela fait, de notoriété incontestable, trente-trois cadavres en une semaine.

La place du Carrousel eut le vendredi sa fusillade, pour faire pendant à celle du vendredi de la place Vendôme. À dix heures du soir, plusieurs détonations d'armes à feu se faisaient entendre sur la place du Carrousel, et un jeune homme de vingt-deux ans, M. Trémelot, tombait mortellement frappé d'un coup de feu dans le côté gauche. Onze personnes se trouvaient à quelques pas de la victime et ne furent pas touchées, grâce à la présence d'esprit de l'une d'elles, M. Paul Ray, employé du tir du Point-du-Jour, qui avait entendu le cliquetis des chiens de fusil qu'on armait. Il cria : « Couchez vous ! » Les assistants se jetèrent à terre; seul, M. Trémelot n'entendit pas ou ne comprit pas l'appel de M. Ray. Cinq coups de feu avaient été tirés sur la victime, un seul l'atteignit, la balle frappa la poitrine à un centimètre au-dessous du cœur et sortit par le dos.

Le désordre, dans tout ce qu'il a de hideux, agitait Paris consterné. Les boutiques étaient fermées, des bandes débraillées, ivres, hurlant des refrains sans suite, traînant des fusils et des sabres, obligeant les passants à s'associer à leurs cris, parcouraient rues, places et boulevards. Heureux les marchands de comestibles et de vin dont on n'envahissait pas les comptoirs. Les boulangers, sur le passage de ces réquisitionneurs, étaient dévalisés, et les établissements publics commençaient à recevoir leurs visites. C'était le prélude à un plus complet dépouillement.

La place Vendôme et celle de l'Hôtel-de-Ville, centre des forces fédérées, offraient l'aspect le plus étrange. Des gardes nationaux les encombraient au milieu d'un amas d'artillerie, campés là comme en plein champ, retranchés derrière des barricades dont les embrasures laissaient voir la gueule de mitrailleuses dirigées vers les grandes voies avoisinantes. Des tonneaux de vin déposés le long des trottoirs, des charrettes chargées de pain attendaient l'heure de la distribution, et les fonds ne manquaient pas, car dans les cabarets d'alentour les meneurs jetaient de l'or sur es comptoirs.

CHAPITRE X.

DU 25 AU 28 MARS.

La question des élections. — Pourparlers stériles. — Versailles continue son rôle de haine. — Les maires et les députés de Paris aux abois. — L'amiral Saisset se laisse tromper par le Comité central. — Les maires et les députés subissent le même sort. — La comédie des élections. — Tableau des élus. — Proclamation de la Commune en grand appareil. — Sa composition. — Fausse sortie du Comité central. — Tableau de quelques-uns de ses décrets. — Ce qu'il a coûté en dix jours.

Nous voici en pleine tragi-comédie.

Les élections, fixées d'abord au 22 mars par le Comité central, furent reportées au 26 par la proclamation suivante, dont le ton est assez significatif.

RÉPUBLIQUE FRANÇAISE.
LIBERTÉ, ÉGALITÉ, FRATERNITÉ.

COMITÉ CENTRAL.

Citoyens,

Votre légitime colère nous a placés le 18 mars au poste que nous ne devions occuper que le temps strictement nécessaire pour procéder aux élections communales.

Vos maires, vos députés, répudiant les engagements pris à l'heure où ils étaient des candidats, ont tout mis en œuvre pour entraver ces élections que nous voulons faire à bref délai.

La réaction, soulevée par eux, nous déclare la guerre.

Nous devons accepter la lutte et briser la résistance,

afin que vous puissiez y procéder dans le calme de votre volonté et de votre force.

En conséquence, les élections sont remises au dimanche prochain, 26 mars.

Jusque-là, les mesures les plus énergiques seront prises pour faire respecter les droits que vous avez revendiqués.

Une série de démarches, d'allées et venues s'engagea entre Paris et Versailles, pour arriver à une conciliation ; mais Versailles s'en tenait au parti pris de ne rien concéder à une révolte dont il continuait de ne pas apprécier l'importance. Les maires et adjoints de Paris s'étaient rendus le 22 auprès de l'Assemblée, pour demander avec leurs députés d'être autorisés à prendre les mesures que leur paraîtraient réclamer l'urgence et l'extrême gravité de la situation. Le Gouvernement déclara, dans la séance du 23, que pour des motifs d'une importance extrême, mais qu'il ne croyait pas devoir faire connaître, cette proposition était écartée.

Si cette assemblée a été remarquable par quelque chose, c'est, nous ne saurions assez le répéter, par sa haine pour Paris et les Parisiens. Une députation du XVe arrondissement et de plusieurs autres quartiers de Paris s'était rendue à Versailles, pour demander l'envoi à Paris d'un corps de cinq à six mille hommes, qui y auraient été placés sous le commandement du général en chef de la garde nationale, et auraient concouru au rétablissement de l'ordre avec les bataillons ralliés autour des municipalités qui refusaient de reconnaître le Comité central. Cette demande ne fut pas accueillie par le pouvoir exécutif. Il aurait été répondu à la députation qu'il importait que l'ordre fût rétabli à Paris sans conflit, et que le seul moyen d'atteindre ce but désirable était de laisser ce soin à la seule garde nationale.

Dans la séance du 25, les députés de Paris déposèrent une lettre dans laquelle ils exposaient que : « la crise devenant de plus en plus pressante, les maires et adjoints, de plus en plus convaincus de la nécessité d'y pourvoir sans retard et sous leur responsabilité, ont pensé qu'il n'était pas possible de laisser plus longtemps Paris sans un conseil municipal, que toute la population a réclamé pendant tant d'années et qu'elle demande aujourd'hui avec une incontestable unanimité. »

Ils conjuraient l'assemblée de reconnaître que les maires feraient acte de bons citoyens en prenant dans un esprit d'apaisement et de transaction le parti que leur imposait la plus alarmante des situations.

Cette lettre fut jointe au procès-verbal et n'obtint point l'honneur d'une discussion.

L'amiral Saisset, qui se trouvait au milieu des événements et qui en sentait mieux la gravité, ne se montrait pas aussi dédaigneux et consentait à entrer en pourparlers. D'accord avec lui, les maires se rendirent à la mairie de Saint-Germain-l'Auxerrois, où de son côté le Comité central envoya MM. Brunel et Protot, en qualié de délégués, pour régler les termes de l'arrangement.

Après une heure de délibération, les conditions suivantes furent arrêtées :

« Le Comité central acceptait le renvoi des élections municipales au jeudi 30 mars.

« Il s'engageait à rendre immédiatement l'Hôtel-de-Ville, les mairies, les Tuileries, l'Elysée.

« Il conservait, jusqu'à jeudi à midi, la place Vendôme, les ministères, les forts occupés par les dissidents, les canons et les barricades.

« Il promettait, dès que les élections seront commencées, de restituer tous les lieux occupés, ainsi que les canons, et de détruire les barricades. »

Puis les délégués se retirèrent enchantés, et fraternisèrent avec les gardes nationaux du II° arrondissement.

L'amiral Saisset obtint sur ses instances personnelles la mise en liberté du général Chanzy, qui eut lieu en effet immédiatement. Cette nouvelle, propagée instantanément dans Paris, causa une grande agitation; on annonçait qu'un accord définitif était établi et l'on commençait à respirer. Sur la place de la Bourse, des gardes nationaux, appartenant à des bataillons fédérés, stationnant sur la place Vendôme, fraternisèrent avec des bataillons aux ordres de l'amiral Saisset. Dans la soirée, toute la ville était sous l'impression d'un contentement marqué.

L'amiral Saisset, croyant avec une candeur rare que ce baiser Lamourette avait tout aplani, ne songea plus qu'à jouir tout de suite des avantages de cette paix inespérée. Il donna d'un cœur léger les ordres nécessaires pour l'évacuation des postes occupés par les bataillons de l'ordre, ne doutant pas que la fusion ne fût consommée au sein de toute la garde nationale.

Les journaux reçurent et publièrent les pièces suivantes :

Copie d'un ordre du vice-amiral Saisset adressé au colonel Trève de la garde nationale, et remis à M. Dupont par son aide de camp.

« J'ai l'honneur d'informer MM. les chefs de corps, officiers, sous-officiers et gardes nationaux de la Seine, que je les autorise à rentrer dans leurs foyers, à dater du samedi, 25, 7 heures du soir.

« Le vice-amiral commandant en chef la garde nationale de la Seine,

« *Signé* : SAISSET. »

« Pour copie conforme :

« *L'aide de camp de l'amiral*,

« A. CLÉMENT. »

« L'amiral est parti pour Versailles, où il va donner sa démission de commandant en chef, les maires de Paris l'y ayant invité.

« Je suis, etc.

« *Signé* : A. CLÉMENT. »

Ce fut le signal de la dispersion des bataillons de l'ordre et la dissolution de ce grand parti, dont le chef d'état major général, M. de Beaufort, attestait l'existence et la cohésion dans l'importante communication déjà citée par nous, et qui se terminait par ces lignes, où perçaient à la fois ses regrets et ses pressentiments :

En me séparant de cette brave et intelligente population française qui habite Paris, et qui est si négligée en ce moment par le Gouvernement, je dois constater publiquement la volonté qu'a cette grande cité de maintenir la tranquillité et la force qu'elle a pour le faire.

Au nom de la liberté et de l'ordre, je vous remercie tous du concours éclairé que vous nous avez prêté, et je vous invite à conserver le calme qui convient à votre force et à votre droit, surtout après les événements malheureux qui viennent de se passer. »

Cependant que se passait-il derrière les talons du débonnaire amiral qui croyait avoir tout gagné parce qu'on lui rendait son ami Chanzy?

Le Comité central se sentant délivré de ce personnage importun et s'étant assuré que les gens d'ordre, tranquillisés par lui, usaient du congé qu'il leur avait donné, le Comité se réunissait en toute hâte à l'Hôtel-de-Ville, et dans une séance secrète Assi, qui avait la présidence, s'exprimait ainsi :

« Citoyens, dans les circonstances actuelles, la guerre civile peut être un crime civique, elle est certainement une nécessité que nous pouvons dire fatale. Voici les conditions que nous offre le Gouvernement (suit la lecture des propositions contenues dans la première proclamation de l'amiral Saisset). Certes, je suis prêt à vous proposer de les accepter; mais en présence du retard demandé pour les élections et de l'attitude douteuse de l'Assemblée, je crois qu'il est sage de les rejeter.

« Si nous retardons les élections, le pouvoir, qui est le synonyme de la réaction, viendra peser de tout son poids sur les électeurs. Il dirigera le vote de telle façon que nous, les vainqueurs d'aujourd'hui, nous serons non-seulement les vaincus, mais les proscrits de demain.

« Nous sommes les maîtres de la situation ; nos adversaires, bien que décidés en apparence à la lutte, n'ont ni organisation ni communauté d'idées. Un seul jour de retard peut tout perdre. Si les maires et le Gouvernement ne veulent pas accepter la date de dimanche pour les élections, nous devons rompre les négociations. »

Bergeret parle après Assi. Il est d'avis de rompre les négociations et de se préparer à la lutte à outrance.

Après quelques mots du citoyen Billioray, l'assemblée nomme deux membres qui doivent se rendre à la mairie du II⁰ arrondissement.

Ces délégués doivent accepter au nom du Comité toutes les conditions proposées par l'amiral Saisset, mais les élections devront être faites au jour fixé par les représentants de la garde nationale. La séance est suspendue,

A minuit, les délégués reviennent annoncer que le Gouvernement de Versailles repousse les élections à bref délai, et renie le caractère officiel du mandat de MM. Brunel et Protot.

Le Comité, à l'unanimité, déclare les négociations entamées nulles et non avenues.

La séance est levée aux cris de : *Vive la République! vive la Commune!*

Le bruit de cette rupture, de cette violation audacieuse d'une convention déjà exécutée avec un excès de bonne foi par le parti de l'ordre, se répand vers minuit dans la ville que l'anxiété tient éveillée.

Le comité des maires, resté en permanence, proteste contre cette sorte de parjure. Des allées et venues ont lieu de Saint-Germain-l'Auxerrois à l'Hôtel-de-Ville. Ce n'est qu'à trois heures du matin que Ranvier, membre actif du Comité central, se présente au nom de ce comité, déclarant avant toutes choses que les élections devront avoir lieu le lendemain, dimanche, conformément à la précédente décision du Comité.

Les députés et les maires et adjoints présents comprennent qu'ils ont été dupes d'une odieuse rouerie. Le jour était venu depuis plusieurs heures et ils délibéraient encore, quand on leur apporta une épreuve du placard suivant qui s'affichait à profusion :

Citoyens,

Entraînés par notre ardent désir de conciliation, heureux de réaliser cette fusion, but incessant de tous nos efforts, nous avons loyalement ouvert à ceux qui nous combattaient une main fraternelle. Mais la continuité de certaines manœuvres, et notamment le transfert nocturne de mitrailleuses à la mairie du II⁰ arrondissement nous obligent à maintenir notre résolution première.

Le vote aura lieu dimanche 26 mars.

Si nous nous sommes mépris sur la pensée de nos adversaires, nous les invitons à nous le témoigner en s'unissant à nous dans le vote commun de dimanche.

Hôtel-de-Ville, 25 mars 1871.

Les membres du Comité central.

La guerre civile était imminente. Le conseil de Saint-Germain-l'Auxerrois recourt, comme tous les gouvernements acculés, à un compromis qui n'est qu'une adhésion aux volontés de la partie adverse. A onze heures du matin, il fait savoir à l'Hôtel-de-Ville qu'il accepte l'élection pour le lendemain, et de ce mariage *in extremis* éclôt cette affiche :

Les députés de Paris, les maires et les adjoints élus réintégrés dans les mairies de leurs arrondissements. et les membres du Comité central fédéral de la garde nationale, convaincus que le seul moyen d'éviter la guerre civile, l'effusion du sang à Paris, et en même temps d'affermir la République. est de procéder à des élections immédiates, convoquent pour demain dimanche tous les citoyens dans les collèges électoraux.

Les bureaux seront ouverts à huit heures du matin et seront fermés à minuit.

Les habitants de Paris comprendront que, dans les circonstances actuelles, le patriotisme les oblige à venir tous au vote, afin que les élections aient le caractère sérieux, qui seul peut assurer la paix dans la cité.

Vive la République!

Les Membres du Comité central fédéral,

Pour les députés de la Seine, les représentants de la Seine présents à Paris.

E. LOCKROY, FLOQUET, CLÉMENCEAU, TOLAIN, GREPPO, LES MAIRES ET ADJOINTS DE PARIS.

Nous renonçons à décrire la perturbation où ces

évolutions toutes aussi officielles les unes que les autres jetèrent l'opinion publique. Les journaux eux-mêmes, si parfaitement entendus depuis quatre jours, perdent la notion exacte de la situation et renoncent à se reconnaître dans cette confusion. Les uns s'abstiennent de tout conseil, les autres persistent droitement dans leur première attitude, déclarant avec logique que les motifs qui les avaient engagés à adopter la déclaration des trente subsistent tout entiers, plutôt aggravés qu'atténués par les circonstances survenues depuis le 22; enfin, une troisième fraction, la moins nombreuse, il est vrai, et dans laquelle figurent surtout les organes démocratiques, se rallie au compromis et presse chaudement les électeurs de voter.

C'est dans ces conditions inouïes, augmentées du désordre de la situation générale, que la population parisienne se trouve appelée à voter pour l'élection de *quatre-vingt-quatorze* conseillers. A midi, le 26, la moitié des électeurs ne connaissaient pas encore ce qui s'était passé. Impossibilité matérielle et morale pour les gens de l'ordre de s'entendre et de choisir des noms, tandis que le Comité central avait ses listes préparées de longue main, en prenant d'abord des candidats dans son propre sein, autant qu'il en pouvait contenir.

Le scrutin n'en fut pas moins ouvert le dimanche à l'heure dite. Il arriva ce qui était prévu par les meneurs. Tout leur monde vota comme un seul homme, tandis qu'une très-minime partie de leurs adversaires se décida à se présenter.

En somme, le nombre des votants fut environ de 200,000, sur lesquels 140,000 voix données aux listes du Comité central et 60,000 aux listes des anciennes municipalités. Lors du vote plébiscitaire du 3 novembre précédent, le chiffre des bulletins déposés avait été de 475,000; il était de 240,000 dans les élections municipales qui eurent lieu trois jours après.

Voici le tableau du conseil résultant de ce vote. Ici reparaissent tous les hommes du 31 octobre et du 22 janvier.

1ᵉʳ arrond. Adam, Méline, Rochard, Barré.
2ᵉ — Brelay, Loiseau-Pinson, Tirard, Cheron.
3ᵉ — Demay, A. Arnaud, Pindy, Murat, Dupont.
4ᵉ — Lefrançais, A. Arnould, Clémence, Gérardin, Amouroux.
5ᵉ — Régère, Jourde, Tridon, Blanche, Ledroit.
6ᵉ — Albert Leroy, Goupil, Varlin, Beslay, Dʳ Robinet.
7ᵉ — Dʳ Parisel, Ernest Lefebvre, Urbain, Brunel.
8ᵉ — Raoul Rigault, Vaillant, Arthur Arnould, Jules Allix.
9ᵉ — Ranc, Desmarest, Ulysse Parent, E. Ferry, André.
10ᵉ — Gambon, Félix Pyat, Fortuné Henry, Champy, Babick, Rastoul.
11ᵉ — Mortier, Delescluze, Protot, Assi, Eudes, Avrial. Verdure.
12ᵉ — Varlin, Geresme, Fruneau, Theisz.
13ᵉ — Léo Meillet, Duval, Chardon.
14ᵉ — Billioray, Martelet, Descamps.
15ᵉ — Vallès, Clément, Langevin.
16ᵉ — Le Dʳ Marmottan, de Bouteiller.
17ᵉ — Varlin, Clément, Gérardin, Chalain, Malon.
18ᵉ — Dereure, Theisz, Blanqui, J.-B. Clément, Th. Ferré, Vermorel, Paschal Grousset.
19ᵉ — Oudet, Puget, Delescluze, Cournet.
20ᵉ — Ranvier, Bergeret, Blanqui, Flourens.

Par suite de doubles élections et d'absences, il n'y eut jamais au maximum que quatre-vingt-cinq membres au lieu de quatre-vingt-quatorze.

La proclamation de cette municipalité eut lieu le 28 avec un grand apparat sur la place de l'Hôtel-de-Ville, toujours hérissée de barricades et couverte de canons. Le programme, sur la proposition du citoyen Gouhier, adoptée dans la séance du Comité du 27, devait rappeler la fête de la fédération de 89.

A voir cet appareil de guerre, on ne pressentirait pas qu'il s'agit de célébrer une réjouissance triomphale. Les curieux qui, naïvement, espèrent entrer sans ambages sur la place, commencent à se montrer aux abords. Mais de terribles « *cerculez*, citoyens, » leur font bientôt comprendre qu'ils ne sont pas de la fête.

Il en résulte un certain trouble. La foule s'amasse dans les rues et sur les quais adjacents, dont elle intercepte complétement les issues. Eloignée du sanctuaire, elle se borne à contempler de sa place les apprêts de la cérémonie. Le décor, d'ailleurs, ne pèche point par le défaut de pittoresque.

Henri IV est détrôné. On a voilé sa statue d'une draperie rouge à crépines d'or. Sur un fût de colonne se dresse le buste de la République entouré de drapeaux rouges ; le drapeau tricolore a été complétement oublié, encore deux jours, et il sera déclaré séditieux, réactionnaire, par un décret instituant le drapeau rouge seul drapeau national.

Au-dessous de la statue, une estrade garnie de fauteuils en velours rouge ; au centre, un siége plus large et plus élevé : c'est le *trône* du citoyen Assi. On arrive à cette estrade par quatre escaliers, dont deux communiquent avec l'intérieur de l'Hôtel-de-Ville ; les deux autres donnent accès sur la place. Une batterie de pièces de 7 est rangée sur le quai. Ces canons sont destinés à saluer la proclamation des votes. Ils sont servis par des marins, des mobiles et des artilleurs de la garde nationale.

A une heure commencent à arriver les bataillons du Comité. Leurs délégués, le bras ceint d'un ruban rouge, marchent en tête.

Trois heures sont remplies par ces préparatifs de solennité. On n'entend que roulements de tambours, fanfares de clairons, et les cris de : *Vive la République ! Vive la Commune !* poussés de toutes parts avec frénésie, font diversion à ce défilé monotone. Mais bientôt la place est trop petite. Force est aux nouveaux arrivants de s'arrêter dans les voies adjacentes. Les rues Saint-Antoine, du Temple, de la Verrerie, de Rivoli, le boulevard Sébastopol, les quais et la rue de Turbigo en sont encombrés, et c'est un flot toujours grossissant de têtes et de baïonnettes.

Voici quatre heures. La fête commence.

Un roulement de tambours annonce l'arrivée du Comité qui, magistralement, son président en tête, descend les degrés de l'Hôtel-de-Ville et prend place sur l'estrade. Le canon tonne, les vivats, les fanfares éclatent. L'émotion populaire est à son comble. Les képis s'agitent à la pointe des baïonnettes. Ces démonstrations bruyantes nuisent beaucoup au speech du citoyen Assi, dont les gestes ne parviennent point à calmer le bruit.

Après son discours, applaudi de confiance, les noms des élus sont proclamés. L'appel de chaque vote d'arrondissement est accueilli par l'air de la *Marseillaise*, que jouent toutes les musiques de la garde nationale. L'hymne de 92, que nos désastres semblaient avoir fait oublier, obtient un regain de succès. La proclamation des votes se prolonge jusqu'à cinq heures et demie. Viennent ensuite les discours de circonstance, discours où la population, congratulée autant qu'elle peut l'être, est portée aux nues par les orateurs du Comité; où la République est encensée avec non moins de profusion, et couronnée des immortelles de l'éloquence la plus étrangement fleurie.

Enfin, les orateurs se taisent, et le défilé des milices fédérées commence au bruit du canon. Chaque bataillon, en passant devant l'estrade, présente les armes aux membres de la Commune, dont les noms sont acclamés de nouveau. La foule s'écoule lentement, par les quais et les rues, et la place, vide de bruit et de spectateurs, reprend cet air maussade, hargneux, hérissé, qui rappelle si bien les jours tourmentés de la Ligue ou de la Fronde.

Nous passons sur les irrégularités constatées dans les scrutins, dans le recensement, et même sur ce point, qui eût entraîné en d'autres temps des annulations formelles : le Co nité, adoptant les dispositions électorales de la loi de 1849, avait décrété qu'un huitième des électeurs inscrits donnait une majorité suffisante; il n'en admit pas moins tous ceux de ses candidats qui étaient nécessaires pour former son *quantum* de municipaux, quoiqu'une partie fût loin de réunir le huitième exigé. — Nous n'en sommes plus à compter avec la légalité et la logique. Nous rappelons toutefois l'engagement pris par le Comité de se retirer en remettant ses pouvoirs aux mains de la Commune aussitôt la proclamation de celle-ci. Cette affiche se lisait partout.

« Citoyens,

« Notre mission est terminée; nous allons céder la place dans votre Hôtel-de-Ville à vos nouveaux élus, à vos mandataires réguliers.

« Aidés par votre patriotisme et votre dévouement, nous avons pu mener à bonne fin l'œuvre difficile entreprise en votre nom. Merci de votre concours persévérant; la solidarité n'est plus un vain mot : le salut de la République est assuré... »

Le Comité allait donc se retirer. Il l'avait répété sur tous les tons, et présentait même cette résignation comme un de ses plus beaux titres de gloire. Il l'avait décidé de nouveau et s'était déclaré dissout dans sa séance de ce même jour 28 mars. Il n'était pas d'ailleurs resté inactif, et son *Journal officiel*, auquel avait été délégué le citoyen Longuet, ne suffisait pas à enregistrer ses décrets. Nous croyons suffisant d'en indiquer quelques-uns, ils donneront une idée des autres, en notant bien une fois pour toutes que les décrets du Comité, comme ceux de la Commune, restèrent, — grâce à Dieu! — inexécutés deux fois sur trois, encore fût-ce beaucoup trop!

PRINCIPALES DÉCISIONS ARRÊTÉES PAR LE COMITÉ CENTRAL DU 20 AU 28 MARS.

L'état de siége est levé dans le département de la Seine.

Les conseils de guerre de l'armée permanente sont abolis.

Amnistie pleine et entière est accordée pour tous les crimes et délits politiques.

Il est enjoint à tous les directeurs de prisons de

mettre immédiatement en liberté tous les détenus politiques.

Le directeur général des télégraphes est autorisé à supprimer jusqu'à nouvel ordre la télégraphie privée dans Paris.

Interdiction formelle d'exporter les vins existant dans les entrepôts, spécialement à Bercy. Toute voiture chargée de fûts est arrêtée à la barrière, les factures sont examinées minutieusement. Si l'acheteur est à Paris, un garde national monte à côté du cocher et va livrer la marchandise; si, au contraire, l'acheteur est en province, le chargement est saisi et le propriétaire déféré au tribunal du Comité central. (*Nota*. Le tort fait au commerce des vins par ce décret, rigoureusement appliqué, fut évalué à plus d'un demi-million par jour.)

Nomination du citoyen Theisz à la direction générale des postes en remplacement de M. Rampont. (*Nota*. M. Rampont, obligé par une démonstration armée de céder la place, enleva en s'éloignant les fonds, les timbres-postes, tous les documents, et emmena son personnel. Il s'ensuivit une suspension momentanée des services pour Paris et une interruption complète des communications avec le dehors.)

Arrestation et mise en accusation des journalistes coupables d'avoir poussé à la révolte et au mépris de la souveraineté populaire.

Arrestation et mise en jugement du citoyen Clémenceau, maire du 18ᵉ arrondissement.

Nomination de Menotti Garibaldi au commandement supérieur des forces de la Commune de Paris.

Mise en jugement des membres du Gouvernement. Occupation énergique et par tous les moyens des arrondissements dissidents.

Suppression successive de tous les journaux coupables d'hostilité envers le Comité. (*Voir* plus loin le chapitre spécial que nous avons consacré à la presse.)

En face de l'attitude de la réaction et du Gouvernement de Versailles, il est bon d'assurer l'avenir de la République et de la Commune. Dans ce but, tous les gardes nationaux qui voudront conserver leurs armes et leur solde devront faire chez leur sergent-major et sur un livre spécial une déclaration d'adhésion au Comité.

Tous les réfractaires seront immédiatement désarmés. Des souliers et des effets d'habillement seront distribués à ceux qui en manquent. Les secours continueront à être payés aux gardes nationaux nécessiteux.

Les gardes nationaux adhérents au Comité seront seuls employés à la garde de la cité.

Les agents de police sont supprimés.

Les services spéciaux de sûreté générale et de mœurs sont supprimés temporairement, et ne pourront être rétablis que dans le but d'assurer la paix publique et avec de profondes modifications, la sûreté du pays ne devant pas entraver la liberté particulière.

Sur la proposition du citoyen Assi, le citoyen de Fonvielle (Wilfrid), coupable d'attentat contre la Commune, est décrété d'accusation et condamné à mort par contumace.

Le citoyen Rigault est chargé de la surveillance de la ville et de la sécurité de la République. En attendant que le conseil soit régulièrement installé, le citoyen Rigault restera aux ordres du Comité.

Le citoyen Duval a le droit de requérir la force publique pour tout ce qui concerne la sûreté publique. Il est autorisé à faire les perquisitions nécessaires pour s'assurer des gens hostiles à la République et à la Commune qu'il saurait être dangereux.

Saisie des caisses des receveurs de l'octroi; perception des revenus de la ville, y compris le produit de l'entrepôt des vins, au profit du Gouvernement insurrectionnel. Remplacement des employés de l'octroi par des fédérés. Occupation et exploitation de la manutention des tabacs, de la manutention militaire, de la caisse des dépôts et consignations, du timbre (avec rétablissement du timbre sur les affiches). En un mot, prise de possession de toutes les caisses publiques et application de leurs fonds à la fédération.

Condamnation à mort des *traîtres* Thiers, Picard et Jules Favre.

Condamnation à mort du traître Villemessant.

Perquisition, réquisition et apposition des scellés sur les caisses des compagnies d'assurances sur la vie *la Nationale, la Générale, le Phénix, l'Urbaine* et *l'Union*. (*Nota*. Le Comité s'était rappelé que l'impératrice avait fait une assurance en faveur de son fils, pour une somme de deux millions, à ces diverses sociétés, et il prétendait s'en faire reverser le capital. Heureusement l'éveil avait été donné aux administrateurs, et le butin se trouva très-mince pour une si grosse exaction.)

La question d'argent! c'était déjà le point critique de la nouvelle révolution. On était en plein réquisitionnement; on prenait partout. M. de Rotschild, taxé à 500,000 francs, s'était racheté pour 200,000; la banque avait dû verser 1 million, que la Commune allait successivement élever à 16. Pour ne pas lésiner, le Comité léguait en ce moment à la Commune une dette de 1 million à la banque de France; 600,000 francs aux diverses caisses de chemins de fer; 300,000 francs pour fournitures militaires livrées; 600,000 francs pour fournitures à livrer; 400,000 francs de bons de réquisitions diverses.

En ajoutant au bas mot 100,000 francs pour replacer les pavés dont on avait fait des barricades, et réapprovisionner l'Hôtel-de-Ville, etc., on arrive au total de TROIS MILLIONS. Nous ne porterons qu'à 500,000 fr., chiffre bien modeste, les vins, farines, conserves, etc., puisés par les fédérés dans les greniers administratifs.

L'ancienne armée française coûtait à peu près 1 million par jour; l'armée de Paris seulement coûtait alors plus de 350,000 francs par jour. La proportion était un peu forte; ce n'était rien pourtant: avec le régime communaliste, promis comme la perfection des gouvernements, nous verrons la dépense monter à 800,000 fr. par jour, sans compter les millions perdus en production et en crédit.

Le *Paris-Journal* faisait le désespoir des fédérés. Il possédait au sein du Comité un faux frère qui lui fournissait des comptes rendus des séances si exacts, que de très-rares rectifications purent être mises à l'*Officiel.* Dans un de ces comptes rendus, tous curieux, nous lisons:

« Le citoyen Billioray est d'avis de régulariser immédiatement la position des soldats errants en les incorporant dans la garde nationale.

« Le citoyen Rousseau objecte que l'on ne doit pas avoir grande confiance dans des hommes qui ont pris l'habitude de vendre leurs armes au premier venu. — Le citoyen Lullier prend chaudement la défense de l'armée. La discussion s'engage à ce sujet. Après une lutte oratoire d'une demi-heure, à laquelle prennent part les citoyens Assi, Lullier, pour ; Rousseau, Grollard, contre, la proposition mise aux voix est adoptée.

« Le citoyen Viard demande à ce que l'on envoie à Versailles des émissaires secrets, chargés d'instruire la troupe de ligne de ses véritables devoirs. Le citoyen Assi déclare que les émissaires sont partis depuis plusieurs jours. »

Les fédérés n'entendaient donc pas trop mal l'espionnage et la corruption qu'ils reprochaient si éloquemment aux autres.

Dans la séance qui précéda la proclamation du vote, on lit :

« Le citoyen Assi prend la parole. Il pense que la République est fondée et que la sécurité publique ne court aucun danger. D'ailleurs, dit-il, si tout être, quel qu'il soit, voulait attaquer par un moyen quelconque la République, *on ne lui doit qu'un coup de fusil.* »

C'est évidemment en conséquence de cette doctrine qu'un député, M. de la Rochethulon, qui siégeait à la droite dans l'Assemblée nationale, après s'être distingué au combat de Montretout à la tête d'un bataillon de mobiles, trouvait un matin collé sur sa porte ce placard : « *Bon à fusiller.* »

Nous n'insisterons pas sur les faits analogues, déjà multipliés à l'infini et qui avaient pour but et pour résultat de renouveler l'effroi des hommes de 93, dont les nouveaux terroristes mettaient leurs soins à se faire les pitoyables pasticheurs.

Nous voici arrivés au 29 mars. Le Comité opère ce qu'au théâtre on appelle une *fausse sortie*, et la Commune entre en scène.

CHAPITRE XI.

DU 30 MARS AU 20 MAI.

Composition de la Commune. — Irrégularités et insuffisance des votes. — Eléments de désunion. — Les manifestes, les actes marquants, la politique de la Commune. — Le ministère et les commissions. — Trop de programmes, pas de programme. — La situation du Gouvernement communaliste jugée par des écrivains républicains. — Le Comité perpétuel.

Ainsi que nous le faisions observer dans le précédent chapitre, à la suite des élections du 26 mars, la Commune de Paris, qui devait être composée de 94 membres, s'est trouvée en réalité constituée, en suite de doubles élections et d'absences, par 85 membres présents. Ces 85 membres étaient : MM. A. Adam, J. Allix, Amouroux, Ant. Arnaud, Arthur Arnould, Assi, Avrial, Babick, Barré, Beslay, Bergeret, Billioray, Blanchet, de Boutellier, Brelay, Brunel, Chalain, Champy, Chardon, Chéron, Clémence, J.-Baptiste Clément, Emile Clément, Victor Clément, Cournet, Delescluze, Demay, Dereure, Descamps, Desmarest, Clovis Dupont, Durand, Eudes, Ferré, Ferry, Flourens, Henry Fortuné, Frankel, Fruneau, Gambon, Ch. Gérardin, E. Gérardin, Géresme, Goupil, Grousset, Jourde, Langevin, Ledroit, Lefèvre, Lefrançais, Leroy, Loisean-Pinson, Malon, Marmottan, Martelet, Léo Meillet, Méline, J. Miot, Mortier, Murat, Nast, Ostyn, Oudet, Parisel, Ulysse Parent, Pindy, Protot, Puget, Félix Pyat, Ranc, Ranvier, Rastoul, Régère, Raoul Rigault, Robinet, Rochard, Theisz, Tirard, Tridon, Urbain, Vaillant, Vallès, Varlin, Verdure, Vermorel.

De ces 85 membres, MM. Adam, Barré, Beslay, de Bouteiller, Brelay, Chéron, Desmarest, Ferry, Fruneau, Goupil, Lefèvre, Leroy, Loiseau-Pinson, Marmottan, Méline, Murat, Nast, Ulysse Parent, Ranc, Robinet, Rochard, Tirard, ont donné successivement leur démission; M. Flourens a été tué sous Paris; M. Allix a été enfermé comme fou; M. Blanchet, dit Panille, incarcéré, a été forcé de se démettre comme indigne; M. Ch. Gérardin s'est enfui avec le colonel Rossel. Ainsi, sur 85 membres constituant la Commune à l'origine, 26 se sont démis ou ont cessé de siéger. Il ne resta donc bientôt plus à la Commune que 50 membres sortis du vote du 26 mars. Encore faut-il compter parmi eux quatre membres, sans compter bien entendu M. Allix, admis, bien qu'ils n'eussent pas le huitième des voix des électeurs inscrits, et un étranger, M. Frankel, Prussien d'origine, dont l'élection fut validée par la Commune. Il ne resta donc de la Commune primitive que 54 membres, c'est-à-dire un peu plus de la moitié seulement, représentant légitimement le choix des électeurs exprimé au scrutin du 26 mars.

La Commune essaya depuis de se compléter. Des élections complémentaires eurent lieu le 16 avril.

Voici le tableau comparatif des chiffres des électeurs inscrits et des votants dans cette double élection du 26 mars et du 16 avril :

		26 mars	16 avril
1ᵉʳ arr.	Inscrits	22,060	21,360
	Votants	11,056	3,271
2ᵉ arr.	Inscrits	22,858	...
	Votants	11,143	3,498
3ᵉ arr.	Inscrits	28,133	...
	Votants	9,000	5,017
6ᵉ arr.	Inscrits	24,807	...
	Votants	9,499	3,462
7ᵉ arr.	Inscrits	22,092	...
	Votants	5,065	1,939
8ᵉ arr.	Inscrits	17,825	...
	Votants	4,396	1,130

9ᵉ arr.	Inscrits	26,608	..
	Votants	10,340	3,176
12ᵉ arr.	Inscrits	19,990	incomplet
	Votants	11,329	2,968
16ᵉ arr.	Inscrits	10,371	8,402
	Votants	3,732	1,317
17ᵉ arr.	Inscrits	26,574	incomplet
	Votants	11,394	3,450
19ᵉ arr.	Inscrits	28,270	30,000
	Votants	11,282	7,053
20ᵉ arr.	Inscrits	28,000	..
	Votants	11,000	9,173

L'infériorité du chiffre des votants dans la dernière élection s'explique aisément par l'abstention des hommes d'ordre, qui avaient voté au 26 mars, sur l'invitation des anciens maires et des députés, dupes comme eux des protestations conciliantes des hommes de l'Hôtel-de-Ville. Cette insuffisance de bulletins n'arrêta pas un instant les nouveaux dictateurs. Violant sa propre loi avec le sans-gêne dont elle ne cessa de multiplier les exemples, le huitième des voix des inscrits fut déclaré inutile par la validation des candidats, et la Commune admit ceux qui avaient eu la majorité absolue sur le nombre des votants. De cette façon, la Commune adjoignait aux cinquante-neuf membres siégeant vingt-un membres validés avec les chiffres de voix les plus divers. Mais deux de ces candidats, MM. Briosne et Rogeard, refusèrent un mandat ainsi conféré. L'élu du XIXᵉ arrondissement, M. Menotti Garibaldi, étant absent et non acceptant, M. Cluseret se trouvait validé à la fois comme candidat dans le Iᵉʳ et le XVIIIᵉ arrondissement. La décision de la Commune réduisait donc en réalité à dix-sept le nombre de ses nouveaux membres.

Ces dix-sept nouveaux membres étaient MM. Andrieu, Arnold, Cluseret, Courbet, Dupont, Durand, Johannard, Lonclas, Longuet, Pillot, Philippe, Pothier, Sérailler, Sicard, Trinquet, Vésinier, Viard. M. Cluseret, l'un des dix-sept, était bientôt détenu et attendait son jugement. La Commune se trouvait donc composée tant bien que mal de soixante-quinze membres au lieu de quatre-vingt-quatorze qu'elle devait compter.

C'est en cet état qu'on arriva au 15 mai, où une minorité imposante, composée de vingt-deux membres, sentit que la Commune courait à sa perte en remettant le plus clair de ses pouvoirs à un Comité de salut public, investi d'une autorité en réalité absolue et sans contrôle, et en tombant définitivement dans la main du Comité central plus vivace et plus tyrannique que jamais.

Ces membres, les citoyens Beslay, Malon, Jourde, Theisz, Lefrançais, Eug. Gérardin, Vermorel, Clémence, Andrieu, Sérailler, Ch. Longuet, Arthur Arnould, Victor Clément, Avrial, Ostyn, Frankel, Pindy, Arnold, Jules Vallès, Tridon, Varlin, G. Courbet, publiaient en même temps une *Déclaration*, informant leurs électeurs que « la Commune de Paris ayant abdiqué son pouvoir entre les mains d'une dictature, à laquelle elle a donné le nom de Comité de salut public..., » ils se consacraient exclusivement au service de leurs municipalités, et entendaient ne plus se présenter désormais aux séances, devenues inutiles, que le jour où l'Assemblée se constituerait en cour de justice pour juger un de ses membres.

A dater de ce moment, il devient impossible de s'y méprendre, si la Commune régnait encore, elle n'avait plus, même en apparence, aucune existence légale. La majorité essaya d'un moyen suprême, elle décida d'insérer à l'*Officiel* les noms des absents à chacune de ses séances et de leur infliger un vote de blâme, comme coupables de contre-révolution, de réaction ou même de traîtrise.

Qui le croirait? cette menace produisit une impression sérieuse sur les récalcitrants, et ils se présentèrent à la séance suivante. Il est vrai que l'on explique aussi cette rétractation tacite par le sentiment qu'ils éprouvaient de la dislocation de leur œuvre et l'appréhension des conséquences qui devaient en rejaillir sur eux-mêmes.

Nous allons maintenant esquisser à traits larges, mais suffisants, les diverses phases de la Commune en ce qui se rattache à son existence et à sa constitution même. Les faits spéciaux et le tableau de ceux de ses actes caractéristiques et officiels complétera cette étude.

Ce ne furent pas les programmes qui manquèrent aux nouveaux dictateurs. Durant les deux mois de leur règne (du 18 mars au 21 mai), ils ne furent pas une semaine sans en publier au moins un. Ce fut encore une des causes de leur affaiblissement et du vide qui se forma autour d'eux dans l'opinion. En effet, la Commune comprenait tout ce que le parti le plus avancé comptait de sommités et de notoriétés. Il y avait là d'anciens officiers, des avocats, de nombreux écrivains politiques, des économistes, des chefs des coalitions ouvrières et de l'Internationale. Ils possédaient une autorité absolue, incontestée; disposaient de la capitale, de la population à leur entière volonté; pas une objection n'était possible contre leurs actes.

Jamais gouvernement n'arriva dans de plus belles conditions, et nous ne craignons pas de dire que cette malheureuse population parisienne, si épuisée, si éprouvée par les calamités sans égales d'une longue période, ne leur aurait point voulu de mal s'ils eussent apporté le moindre allégement à sa situation, ou seulement s'ils ne l'eussent pas empirée.

Mais c'est à cette épreuve qu'ils devaient succomber. L'opinion, accoutumée à les juger sur leurs paroles et sur leurs écrits, croyait trouver chez eux une certaine capacité et à tout le moins de l'honnêteté. Hélas! l'illusion ne fut pas longue. De mémoire d'homme on ne vit des gens prendre autant de soin pour se rendre odieux et arriver à l'exécration générale.

L'aspect de Paris, chaque jour plus vide, plus morne, plus effaré, avec toutes ses administrations désorganisées, ses communications interrompues, sa vie industrielle et commerciale totalement suspendue, aurait dû exercer son influence sur les hommes de la Commune que la culture de l'utopie n'avait pas rendus absolument inaccessibles au sentiment de la réalité. Il semblait impossible d'admettre un aveuglement allant

8.

jusqu'à ne pas voir que la capitale était en train de payer de sa ruine l'expérience à laquelle on la soumettait, et que prolonger cette expérience serait rendre, avant peu, la ruine irrémédiable.

Dans son organisation même, la Commune devait démontrer que ses chefs les plus capables et les plus écoutés arrivaient sans une ligne définie, sans aucune notion pratique d'administration. Elle avait d'abord pris l'arrêté organique que voici, sur la proposition de Delescluze :

1° Le pouvoir exécutif est et demeure confié, à titre provisoire, aux délégués réunis des neuf commissions, entre lesquelles la Commune a réparti les travaux et les attributions administratives;

2° Les délégués seront nommés par la Commune, à la majorité des voix;

3° Les délégués se réuniront chaque soir, et prendront, à la majorité des voix, des décisions relatives à chacun de leurs départements;

4° Chaque jour, ils rendront compte à la Commune, en comité secret, des mesures arrêtées ou discutées par eux, et la Commune statuera.

Le scrutin, appliqué en conséquence à la nomination des délégués aux ministères, donna la composition suivante :

MINISTÈRE DE LA COMMUNE. — *Guerre*, Cluseret; *Finances*, Jourde; *Subsistances*, Viard; *Relations extérieures*, Paschal Grousset; *Enseignement*, Vaillant; *Justice*, Protot; *Sûreté générale*, Raoul Rigault; *Travail et échange*, Léo Frankel; *Services publics*, Andrieu.

On procéda ensuite à la composition des commissions attachées à chacun de ces grands services,

COMMISSIONS DES GRANDS SERVICES.

Guerre. — Delescluze, Tridon, Avrial, Ranvier, Arnold.

Finances. — Beslay, Billiorey, Victor Clément, Lefrançais, Félix Pyat.

Sûreté générale. — Cournet, Vermorel, Ferré, Trinquet, Dupont.

Enseignement. — Courbet, Verdure, Jules Miot, Vallès, J.-B. Clément.

Subsistances. — Varlin, Parisel, V. Clément, Arthur Arnould, Champy.

Justice. — Gambon, Dereure, Clémence, Langevin, Durand.

Travail et échange. — Theisz, Malon, Serrailler, Ch. Longuet, Chalain.

Relations extérieures. — Meillet, Charles Gérardin, Amouroux, Johannard, Vallès.

Services publics. — Ostyn, Vésinier, Rastoul, Ant. Arnaud, Pothier.

Mais la Commune portait dans ses flancs des germes qui devaient rendre indéfiniment changeantes ses résolutions : la méfiance des membres et leur jalousie les uns vis-à-vis des autres. Ainsi, pour ne pas multiplier des faits devenus sans intérêt aujourd'hui, la Commission exécutive de la Commune se trouve chaque jour composée d'une manière différente.

Le 3 avril on y voit figurer Bergeret, Eudes, Duval, Lefrançais, Félix Pyat, G. Tridon, E. Vaillant.

Le 4 avril, elle se modifie comme suit : Bergeret, Delescluze, Duval, Eudes, Félix Pyat, G. Tridon, E. Vaillant.

Le 5 avril, elle est ainsi constituée : F. Cournet, Delescluze, Félix Pyat, G. Tridon, E. Vaillant, Vermorel.

Puis, après trois semaines de ces mutations quotidiennes, après avoir donné le spectacle de membres d'une Commission se faisant arrêter les uns les autres, elle aboutit à être remplacée par un Comité de salut public, nommé dans la séance de la Commune du 30 avril. Le *Mot d'ordre* de Rochefort en était scandalisé lui-même et s'écriait : L'Hôtel-de-Ville se défie du ministère de la guerre, le ministère de la guerre se défie de la marine, le fort de Vanves se défie du fort de Montrouge qui se défie du fort de Bicêtre, Raoul Rigault se défie du colonel Rossel, etc. »

M. Rochefort met sur le compte des mœurs républicaines cette défiance universelle; nous repoussons cette interprétation comme injurieuse pour la République, et nous croyons plutôt que le peu de confiance que se témoignent depuis quelque temps nos révolutionnaires vient de ce qu'ils connaissent mieux chaque jour leur mutuel savoir-faire.

Le COMITÉ DE SALUT PUBLIC élu par 34 voix contre 28 : Antoine Arnaud, Léo Meillet, Ranvier, F. Pyat, Gérardin, allait devenir, avec le Comité central, qui se tenait encore sur la réserve, la pierre d'achoppement de l'insurrection, lancée dans la voie des extravagances, pour aboutir promptement au terrorisme stupide et farouche.

Aucun des programmes de la Commune ne présente l'idée nette, l'exposé de principes arrêtés qu'on était en droit d'attendre d'individualités telles que les Delescluze, les Tridon, les Vermorel, Félix Pyat, Vaillant et quinze autres. Tout est diffus et confus. On sent des cerveaux violents et pas un esprit réglé. Le premier de ces programmes, celui du 30 mars, n'est qu'un plaidoyer duquel on ne peut même pas dégager une réponse à cette question primordiale : Voulez-vous constituer la Commune ou établir le communisme? Vainement essayèrent-ils de donner à l'opinion un éclaircissement; ils ne purent ou n'osèrent jamais dire s'ils prétendaient gouverner Paris ou régenter la France. De cette équivoque, qu'ils avaient d'excellentes raisons pour ne pas lever, résulta pour eux cette situation qu'ils ne pouvaient pas faire un acte qui n'en contredît plusieurs autres. On en jugera par les faits qui vont suivre et par l'aperçu authentique de leurs actes, que nous dresserons plus loin. Dans ce premier programme, ils proclament que la Commune de Paris est le seul pouvoir, sans indiquer les limites géographiques de ce pouvoir; là, ils annoncent, sans faire la moindre protestation, sans faire la moindre réserve, que les conférences pour la négociation du traité de paix définitif sont ouvertes à Bruxelles entre la Prusse et le gouvernement de Versailles. Enfin ils combattent énergiquement la centralisation, et ils n'osent pas répudier la tradition jacobine, qui est essentiellement centralisatrice.

Ce qui ne frappe pas moins, c'est qu'après avoir déclaré que la révolution du 18 mars était purement municipale et qu'elle avait pour but de restituer à la ville de Paris son autonomie et à ses habitants leur indigénat, par opposition au cosmopolitisme impérial, on reconnaît à des étrangers, qui ne sont ni Parisiens ni Français, le droit de faire partie de la Commune de Paris en qualité de représentants de la République universelle.

Quelques semaines plus tard, après une demi-douzaine d'autres programmes nébuleux et contradictoires, la Commune sent le besoin de lancer une déclaration de principes adressée au peuple français, ayant pour objet, comme on verra, d'empêcher que l'opinion ne soit divisée et la conscience publique troublée. Elle entreprend, pour arriver à cette fin si louable, de faire savoir à Paris et au pays tout entier « quelle est la « nature, la raison, le but de la révolution qui s'accom- « plit. »

Le fait est que cette nature, cette raison et ce but ont été jusqu'à présent assez difficiles à démêler, au milieu des perpétuelles contradictions dont les paroles et les actes sortis de l'Hôtel-de-Ville donnent, depuis un mois, le spectacle. Reste à voir si, après avoir lu le tardif exposé rédigé à son intention, le peuple français se trouvera mieux éclairé sur les bienfaits que « Paris « prépare encore une fois à la France entière par ses « combats et par ses sacrifices. »

Autant qu'il nous est possible de le comprendre, pour notre part, le programme de ce grand œuvre embrasse deux ordres d'idées complétement distincts : le premier, relatif à l'organisation de l'autonomie communale; le second, ne visant à rien moins qu'à une rénovation totale de la nation, tant au point de vue politique qu'au point de vue social.

Ce n'est donc plus seulement en présence de la question communale, déjà suffisamment compliquée par elle-même, mais en face du problème de la création d'une société nouvelle que nous place la Déclaration.

Entraînés par l'habitude des généralités nuageuses, qui leur servent depuis si longtemps à éblouir l'imagination populaire, les rédacteurs ont oublié qu'ils étaient, cette fois, aux prises avec la réalité et ne se sont point aperçus qu'ils obscurcissaient la situation au lieu de l'éclaircir, en accumulant les grands mots, alors qu'il s'agissait de formuler des conclusions pratiques.

Au moment où l'on nous promet en son nom « la « garantie absolue de la liberté individuelle, de la li- « berté de conscience et de la liberté de travail, » les prisons regorgent de détenus, les églises sont fermées, les ouvriers sont contraints par la force d'abandonner l'atelier pour aller faire le coup de feu.

On proclame « l'intervention permanente des citoyens « dans les affaires communales par la libre manifesta- « tion de leurs idées, la libre défense de leurs inté- « rêts ». — Une manifestation pacifique a été tentée le 22 mars, on l'a accueillie par la fusillade; des réunions publiques ont essayé de se tenir, on y a opposé des baïonnettes; les journaux ont voulu parler, on leur a imposé silence par la suppression et les arrestations.

On nous annonce « la fin du militarisme et du fonc- « tionnarisme. » — Paris n'est plus régi que par la loi militaire; les affiches comminatoires signées de mille et un fonctionnaires couvrent les murs; la personne et le domicile des citoyens sont à la merci du premier venu qui s'intitule délégué de la Commune.

L'arbre se reconnaît à ses fruits.

Au milieu des mesures mises à l'ordre du jour par les économistes du nouveau régime, il y en avait de cette force :

Le citoyen Maljournal demande la prise en considération d'une proposition ainsi conçue : « Vu l'urgence de se procurer l'argent nécessaire au renvoi des Prussiens de France, Paris devant donner l'exemple, une taxe est établie sur tous les individus ayant quitté Paris pendant le siége. Cette taxe sera calculée à 5 francs par garde que le délinquant aurait dû monter jusqu'à ce jour, 10 francs pour les jours de tranchée, et 100 francs pour les jours de batailles auxquelles il aurait dû assister. »

Le *Journal officiel*, dans son numéro du 27 mars, avait publié une apologie du tyrannicide et de l'assassinat des princes par le citoyen Vaillant, qui allait être délégué à l'Instruction publique, en le recommandant en ces termes :

« Nous reproduisons l'article suivant du citoyen Ed. Vaillant, article qui nous paraît répondre d'une façon satisfaisante à une des difficultés du moment. »

La Commune, mise en demeure de s'expliquer, répondait simplement, dans le numéro du 30. que l'esprit de parti exagérait la portée de cet article, exprimant « une opinion très-soutenable d'ailleurs. »

Ces erreurs, ces fautes, ces crimes de la Commune fournissaient à Henri Vrignault, l'un des vaillants publicistes le plus étroitement traqués par elle et le plus intelligemment républicain, l'objet d'un tableau où il résumait en ces termes sanglants la situation qu'elle s'était faite. Ceci parut dans le *Républicain* du 17 mai, journal qui n'eut que quatre numéros, cet article ayant exaspéré les tyrans de Paris.

« .... Voilà les œuvres de la Commune. Voilà les bienfaits de ce gouvernement qui devait donner aux travailleurs le bonheur parfait. A-t-il ouvert un atelier ? A-t-il organisé une usine ? A-t-il perfectionné les lois sur les associations ? Rien, rien, rien.

« Il a confisqué les usines des patrons au profit des ouvriers ; mais comme il confisquait en même temps les ouvriers au profit de la garde nationale, cela n'a servi à rien. Et d'ailleurs, spolier n'est pas organiser.

« Il a, pour toute œuvre, décrété les dégagements gratuits et empêché les boulangers de travailler la nuit.

« Il n'a pas même su organiser ses fournitures de confections militaires. Elles sont l'objet d'un privilége en faveur de l'Association des tailleurs, la plus aristocratique et la plus absorbante qu'il y ait, et les ouvriers meurent de faim.

« Rien, rien, rien. Voilà la devise, de quelque côté qu'on se tourne : arrêter des prêtres, poursuivre des religieuses, faire enlever des crucifix, établir des clubs dans les églises, ce n'est pas de la politique, cela, ce n'est pas de la philosophie, c'est du voyoucratisme, du goujatisme et de la sottise. Cela est tellement inepte qu'on se demande quel prix sont payés ces hommes par l'Empire, pour s'efforcer ainsi de faire haïr et mépriser la République.

« Une autre preuve de décrépitude : le tyran qui va mourir voit partout des traîtres, des assassins, des complots. Comme Harpagon, il ne lâche plus sa cassette ; il arrête tout le monde ; il s'arrête lui-même. Le décret sur les cartes d'identité, n'est-ce pas cela ? l'arrestation générale. La République prêche la fraternité : Aimez-vous les uns les autres. — Arrêtez-vous les uns les autres, dit la Commune.

« Et la rage dernière ! comme on la sent dans les mesures prises dans ces barricades formidables placées avec intention près des plus beaux monuments ; puis pouvoir dire : Versailles a tiré sur ceci, détruit cela. Et ces lignes du *Cri du Peuple*, journal de M. Jules Vallès, membre de la Commune, où nous apprenons que Paris sautera avec les soldats versaillais. Sardanapale communeux se prépare un splendide bûcher.

« Écrit-on ces choses, dit-on ces choses, fait-on ces choses, quand on est fort ? Non, ce sont œuvres séniles, cruautés bouffonnes de vieillard. La Commune meurt de vieillesse ; oui, de vieillesse.

« Tout cela, citoyens, n'est pas nouveau ; c'est une reprise avec de vieux costumes et des trucs mal raccommodés ; nous avons vu tout cela : clubs dans les églises, lois des suspects, cartes de civisme, démolition de maisons, renversement de statues, violation de tombeaux, arrestation de prêtres ; toute cette défroque sort du cabinet des accessoires. On n'y a rien ajouté, pas même un mot (1). »

---

(1) Dans la nuit qui suivit la publication de cet article, l'imprimerie Dubuisson fut occupée militairement. On recherchait les ré-

Vrignault avait raison, l'heure de la nouvelle Commune était venue; le Comité de salut public et le Comité central allaient signer sa condamnation, dont les soldats de Mac-Mahon ne seraient plus que les exécuteurs.

Un autre écrivain, non suspect assurément de réaction, M. Georges Duchesne, dans une feuille dont le titre même indique l'opinion, la *Commune*, traçait ainsi, emporté par l'honnêteté de son républicanisme, le plan du Gouvernement de l'Hôtel-de-Ville :

« L'arrêté de convocation des électeurs au 26 mars et au 16 avril se réfère à la loi de 1849, qui exige, au premier tour de scrutin, un minimum de voix du huitième des inscrits. Les décisions du 31 mars et du 21 avril déclarent après coup cette condition inutile.

« 29 mars, abolition de la conscription par toute la France; 8 avril, enrégimentation forcée à Paris de tous les citoyens valides, depuis 19 jusqu'à 40 ans.

« Au premier arrondissement, le général Cluseret licencie les bataillons dissidents et désarme les réfractaires; au sixième, M. Lacord entend tout incorporer par voie de réquisition.

« Ce dernier est désavoué à l'*Officiel* dès le lendemain pour son escapade; le 16 avril, la Commission exécutive prescrit « des perquisitions méthodiques par rues et maisons, et déclare les concierges passibles d'arrestations s'ils font des déclarations mensongères. »

« Le 29 mars, un arrêté fait remise aux locataires dans Paris de trois termes; le 12 avril, les poursuites pour échéances commerciales sont suspendues; le 19, un décret augmente le nombre des huissiers pour cause d'insuffisance.

« La Commission donne d'une main et retient de l'autre : elle réclame « l'intervention permanente des citoyens dans les affaires communales par la libre manifestation de leurs idées, la libre défense de leurs intérêts; » puis, par une restriction empruntée aux vieux

---

dacteurs du *Républicain*. Les rédacteurs se trouvant absents, les gardes nationaux emmenèrent le prote de nuit et le concierge de la maison.

régimes, elle proclame la Commune « seule chargée de *surveiller* et d'assurer LE JUSTE et libre *exercice* du droit de réunion et de publicité, » justifiant ainsi à sa manière la saisie du *Constitutionnel*, le communiqué au *Paris-Journal* et ses deux catégories de suppressions de journaux.

« Le conseil se défend « de poursuivre la destruction de l'unité française ; » et il proclame l'absolutisme de la Commune quant à « la fixation et à la répartition de l'impôt ; » quant à « l'organisation de la magistrature ; quant à l'organisation, non-seulement de la défense urbaine, ce qui est de droit, mais « de la garde nationale. »

« Autre originalité sans précédents : les membres du pouvoir, qui sont en même temps fabricants et marchands de journaux, se permettent de promulguer la veille, par primeur et préoccupation d'achalandage, des décrets surprenants, rendus, disent-ils, en conseil de la Commune, et dont l'*Officiel* du lendemain (le vrai *Officiel*) ne parle jamais.

« Le manifeste met en première ligne « la garantie absolue de la liberté individuelle. »

« Néanmoins, un décret du 7 avril prescrit des mesures pour arrêter l'abus des incarcérations illégales. Le 16 avril, la note suivante de l'*Officiel* prouve que l'arbitraire continue d'être la loi de la force.

Le délégué à la guerre apprend que des officiers, des postes, des gardes nationaux portent atteinte à la liberté individuelle, en arrêtant arbitrairement, sans mandat régulier, dans des domiciles particuliers, dans les lieux publics ou sur la voie publique, des individus suspectés à plus ou moins bon droit.

« Les décrets se succèdent pour prescrire l'obligation des procès-verbaux, l'interrogatoire sous vingt-quatre heures des incarcérés.

« Un commissaire se permet, dans un but de vengeance personnelle, d'empoigner un honnête homme. Les officieux déclarent que la victime a été relâchée et le prévaricateur *destitué*. Ce n'est pas cela : le Code pénal prescrit les travaux forcés.

« La confusion est partout : un décret du 6 avril supprime le *grade* de général, et les généraux en gardent la *qualification*.

« Les tracasseries au sujet des laissez-passer vont jusqu'à compromettre l'approvisionnement ; il faut qu'un décret du 16 avril enjoigne d'accorder un laisser-sortir aux bouviers, bergers et autres convoyeurs de marchandises.

« 11 avril, institution des conseils de guerre ; 14 avril, projet de Protot sur le jury d'accusation ; 16, constitution de la Cour martiale.

« Destruction de la guillotine par le peuple ; maintien de la peine de mort par le conseil.

« 10 avril, décret sur les pensions : les frères, les sœurs sont classés parmi les ascendants : il n'est rien dit des enfants légitimes ; la rente, limitée à 600 francs pour les veuves, pourra s'élever jusqu'à 800 francs pour les collatéraux.

« La déclaration proclame et reconnaît aux citoyens « le droit permanent de *contrôle* et de *révocation* des magistrats ou fonctionnaires communaux de tous ordres. » Le conseil a longtemps délibéré dans l'ombre ; il signe la plupart de ses affiches de cette entité impersonnelle : LA COMMUNE. L'*Officiel* nous donne des procès-verbaux dépourvus de précision, et sur les mesures les plus graves, nous n'avons pas la liste nominative des votants *non*, des votants *oui*. Dès lors, comment *contrôler ?* à plus forte raison *révoquer ?*

« Le manifeste parle encore de la liberté du travail ; cependant la Commune fait fermer les ateliers où de trop rares labeurs retiennent le garde national loin de son devoir civique ; puis elle met l'embargo et le séquestre sur les ateliers déserts.

« Jamais pouvoir n'a entassé en aussi peu de temps un pareil fatras de contradictions. »

Après ces éloquentes démonstrations, nous pourrions nous arrêter, la cause est entendue. Nous tenons cependant à bien démontrer l'insigne mauvaise foi du

Comité central qui, après les déclarations que l'on connaît, après avoir crié qu'on le calomniait en lui attribuant l'intention de se perpétuer même à titre de sous-comité spécial à la garde nationale, reparaît tout d'un coup impudemment dans la première quinzaine d'avril et s'affirme en ces termes qui le déclarent impérissable :

Des journaux ont publié que le Comité central, ayant rempli sa mission, s'est dissous ; cette nouvelle est complétement fausse.

Le Comité, comme la garde nationale, dont il est l'émanation, ne peut disparaître qu'avec la liberté.

Le siège du Comité central est rue de l'Entrepôt, 2 (derrière la caserne du Château-d'Eau).

Les arrondissements qui ne sont pas représentés complétement au Comité central par trois membres, sont invités à envoyer dans le plus bref délai leurs représentants, munis des procès-verbaux de leur élection.

Pour le Comité central et par délégation.

AUDOYNAUD, CUMET, PRUDHOMME.

Mais ce qui, plus que tout, pèsera éternellement sur la mémoire des hommes de la Commune, c'est la résistance qu'ils opposèrent invariablement à toute idée, à toute tentative de fusion et de conciliation avec le Gouvernement de l'Assemblée nationale. Refusant de reconnaître les comités, les ligues qui essayèrent de se constituer dans ce but, et supprimant méthodiquement tous les journaux qui osèrent élever la voix dans ce sens : La guerre civile à outrance, tel fut le dernier mot de leur politique !

CHAPITRE XII.

LES AGISSEMENTS DE LA COMMUNE.

Plan de destruction arrêté et prémédité au grand jour. — Dénonciations, arrestations, vols. — Pillage des églises. — La semaine sainte des fédérés. — Clubs dans les églises. — Les amazones de la Commune. — L'échafaud remplacé par le chassepot. — La tyrannie du képi. — Les cartes d'identité. — Enrôlements forcés. — Les Vandales de Paris, les monuments condamnés. — Chute de la colonne. — Rochefort, Georges Duchêne, Courbet, Pyat, collaborateurs de ruines et de pillages. — Traits de mœurs, les décorations égalitaires.

Le plan mûrement arrêté des gens de l'Hôtel-de-Ville était d'anéantir Paris le jour où, après l'avoir épuisé, ils seraient contraints de céder la partie. Ils ne s'en cachaient nullement, exploitant au contraire ce nouveau mode de terreur pour rançonner et tyranniser à merci l'infortunée cité. Ainsi qu'on le verra plus loin par leurs actes officiels, ils préparaient l'incendie de la ville en dissolvant le magnifique régiment des sapeurs pompiers, ils incorporaient de force les hommes isolément dans les rangs des fédérés, après quoi ils réquisitionnaient à outrance et sous les peines les plus sévères les pétroles et toutes les matières inflammables et explosibles. Leurs journaux avaient soin d'expliquer le but de ces réquisitions. Le hideux *Père Duchêne* y revenait tous les jours, et Jules Vallès, membre de la Commune, publiait des notes telles que celle-ci dans le *Cri du peuple :*

« On nous avait donné, depuis quelques jours, des

renseignements de la plus haute gravité dont nous sommes aujourd'hui complétement sûrs.

« On a pris toutes les mesures pour qu'il n'entre dans Paris aucun soldat ennemi.

« Les forts peuvent être pris l'un après l'autre. Les remparts peuvent tomber. Aucun soldat n'entrera dans Paris.

« *Si M. Thiers est chimiste, il nous comprendra.* »

Puis le lendemain, ou le surlendemain, revenant sur ce projet favori, il disait :

« Le *Cri du peuple* l'affirme de nouveau : l'armée de Versailles peut tenter l'assaut et démolir les remparts.

« Mais qu'elle sache bien que Paris est décidé à tout, et *que les précautions sont prises.*

« Paris vaincra, ou, s'il succombe, il engloutira les vainqueurs dans une catastrophe épouvantable. »

On sait jusqu'à quelle réalité effroyable ces menaces se sont réalisées. Mais, ce qui ne témoigne pas moins de la scélératesse de ces misérables et de leur parti, longuement mûri et arrêté, de commettre un forfait capable d'étonner le monde et de rendre la catastrophe irrémédiable, c'est qu'en même temps qu'ils dispersaient le corps des sapeurs pompiers, ils mettaient toutes les pompes hors de service, ainsi qu'on s'en aperçut malheureusement trop tard lorsqu'éclatèrent les explosions et les incendies. Il fallut recourir aux pompes de la banlieue et des villes voisines ; on en fit venir même d'Orléans et de Rouen par le chemin de fer ; mais pendant ces retards, le feu marchait toujours.

Le quartier de l'Élysée et le faubourg Saint-Germain entier étaient minés, au moyen de torpilles et de matières explosibles dispersées avec un art diabolique de place en place dans les égouts, et reliées par des fils électriques. Tout devait sauter au moment de l'arrivée des troupes, que l'on prévoyait devoir descendre et qui descendirent, en effet, par cette direction. Un garde national, qui avait été enrôlé de force parmi les fédérés et qui suivait de près leurs manœuvres, put donner l'alarme à temps, les fils furent coupés et un désastre épouvantable évité.

Le système de l'espionnage et des dénonciations s'épanouit rarement avec plus d'ardeur. Indépendamment de la préfecture de police, de l'état-major, de l'Hôtel-de-Ville, etc., etc., il y avait dans chaque mairie un registre destiné à tenir note des renseignements ténébreux fournis et obtenus par les espions et les délateurs. Il nous a été donné d'avoir entre les mains celui de la mairie du huitième arrondissement, saisi au moment de la prise de cette mairie par un sergent-major de la ligne, et nous avons gardé copie de plusieurs pages. Voici le *texte littéral* de quelques-unes de ces notes prises au hasard :

« Le citoyen Migeon, chargé du recensement du huitième arrondissement, *demeure* rue du Roger, est venu informer que le nommé (*ici le nom en blanc*), tenant le café du Châlet, au Rond-Point, *a* refusé, sur sa demande, de signer la feuille de recensement. Il y *a* dans cette maison un personnel de sept ou huit jeunes gens, dont le plus âgé peut avoir environ trente ans. Vu la nullité des affaires dans ce quartier, il y a urgence de voir pourquoi un personnel aussi nombreux. — Informer. (En marge est écrit : *Voir à six heures du soir.*)

« *Autre*. — Rolland, valet de chambre, rue *Matignon*, n° 29, âgé de trente ans, se moque de la garde *nationale*. — Voir de minuit à six heures. »

« *Autre*. — Galichet, domestique, 13, rue Cambacérès. On le dit caché depuis quatre mois. — Voir à minuit ou à deux heures de l'après-midi. »

« *Autre*. — Le citoyen Cormier, 45, rue du Rocher, est venu prévenir qu'à l'ambulance du presbytère de Saint-Augustin il existe avec Versailles des relations journalières entre les sœurs et dames de cette ville. — Informer. »

C'est ici la place des arrestations et des exécutions. La nomenclature des victimes et le récit de leurs épreuves seraient trop longs ; nous serons plus sobre de détails, que les sauvages de 1871 de crimes. Leur rage de suspicion, de dénonciation et d'arrestation ne se produisit pas seulement au dehors, dans leur propre sein on les vit se surveiller, s'emprisonner et se condamner à l'envi : Lullier, Bergeret, Cluseret, Rossel, Brunel, Emile Clément, Blanchet, Assi, Mégy, Allix, Mortier, Clémence, Lebeau (directeur du *Journal officiel*), Lemasson, chef d'état-major au ministère de la guerre, et autres, goûtèrent tour à tour des douceurs de la Conciergerie, de Mazas et du Cherche-Midi. Il est vrai que plusieurs de ces *purs* l'avaient doublement mérité par les actes d'escroquerie et autres méfaits attestés dans leurs dossiers découverts tardivement à la préfecture. Emile Clément fut arrêté au moment où il volait les pièces compromettantes du sien ; Allix, en s'enfuyant avec cent mille francs de titres et de valeurs qu'il venait de dérober dans le logis d'une vieille femme décédée. Il avait saisi ce trésor sous les yeux du serrurier de la rue Roquépine, n. 13, appelé pour ouvrir les portes.

On n'épargnait même pas les républicains les plus sincères ; M. Schœlcher, ayant commis l'imprudence de venir de Versailles pour juger de l'état de Paris, dont il était le représentant, fut emprisonné et n'obtint qu'après de grandes difficultés son élargissement.

Les plus crânes furent Lullier et Rossel. Lullier, en s'évadant, envoya aux journaux une lettre dans laquelle, racontant sa captivité, il déclare que, loin de quitter Paris, il y restera et s'y montrera, mais en force : « A cette heure, dit-il, j'ai deux cents hommes déterminés qui me servent d'escorte, et trois bons révolvers chargés dans mes poches.

« J'ai eu trop longtemps la simplicité de voyager sans armes et sans amis ; aujourd'hui je suis bien décidé à casser la tête au premier venu qui viendra pour m'arrêter. Je ne me cache pas, je circule librement et ouvertement sur les boulevards. »

Rossel avait écrit à la Commune, en lui jetant à la face, comme on dit, un paquet de vérités, et en l'engageant à lui préparer une cellule à Mazas. La cellule lui fut vite accordée, mais il s'en échappa plus vite encore, en compagnie de son ami Gérardin.

Une arrestation odieuse entre toutes fut celle du

brave gouverneur des Invalides, qui motiva cette courageuse protestation :

« Si une arrestation illégale est révoltante, celle-ci est infâme ; car, outre l'illégalité, il s'y ajoute une inhumanité barbare. Le gouverneur des Invalides, qu'une attaque d'apoplexie, résultat de la plus active et laborieuse carrière, *a paralysé, depuis plusieurs années, du bras et de la jambe gauche*, s'il n'avait été respectable par ses longs services, eût dû l'être par son état d'infirmité aussi digne qu'honorable.

« Sans aucun égard pour cet homme qui a consacré quarante-cinq ans de sa vie à son pays, qui compte vingt-neuf campagnes effectives, une blessure ; qui a été chef d'état-major général de l'armée de Crimée, de l'armée d'Italie, on l'a jeté brutalement en prison, où il suffira de vingt-quatre heures de privation des soins qu'exige sa santé pour que ce soit un arrêt de mort. »

Jusqu'aux approches de Pâques, on n'avait pratiqué qu'isolément le pillage des maisons religieuses et l'arrestation du clergé et du personnel des églises, des communautés et des écoles tenues par des religieuses ou par des frères. Les deux premières semaines d'avril allaient voir ce système s'exercer en grand. Toutes les églises, chapelles et établissements suspects d'avoir des attaches avec le catholicisme furent condamnés. Pas un n'échappa ; on pilla tout, on enleva tout, l'argent des troncs, les vases sacrés, les reliquaires de métal précieux, les ex-voto, les objets d'art de quelque valeur. La Commune possédait des connaisseurs, tels que les citoyens Courbet, Félix Pyat, Vaillant, Beslay et autres. Le trésor de Notre-Dame, enlevé une première fois, puis restitué en partie sous la pression de la clameur publique, fut enlevé bientôt de nouveau et définitivement. Ces richesses historiques étaient envoyées à la Monnaie, où le temps manqua pour tout anéantir. Mais combien disparurent au fatal creuset et dans la poche des bandits à képi !

Le premier monument profané fut Sainte-Geneviève. En s'en emparant, on scia les bras de la croix qui sur-

9.

monte le dôme, et sur le montant on arbora le drapeau rouge (4 avril).

Un personnage ceint d'une écharpe rouge vint à deux heures de l'après-midi arrêter l'archevêque. Ce personnage était accompagné par des individus qui menaçaient, le pistolet au poing, quiconque ferait la moindre résistance. Pendant toute la nuit, on vit sortir de la cour des voitures chargées des objets pillés dans les appartements de l'archevêché, sans distinction de ce qui était la propriété personnelle du prélat ou la propriété de la ville de Paris : objets de culte, ornements, argenterie, furent mis pêle-mêle dans les paniers.

Ce déménagement insolite dura jusqu'à six heures du matin, et la respectable sœur du prélat, Mlle Darboy, eut le sort de son frère et fut maintenue en prison. Tout le personnel de l'archevêché fut également arrêté ; on ne laissa que la femme du concierge consignée dans sa loge. M. Darboy fut transféré de la Conciergerie à Mazas, enfermé dans une des cellules destinées aux criminels, soumis à leur régime, prévenu qu'on le détenait à titre d'otage, menacé d'être fusillé, par les agents de la Commune et du Comité central, chaque fois qu'ils éprouveraient un échec.

Le curé de la Madeleine, l'abbé Deguerry, fut arrêté avec le même déploiement de force, mais pendant la nuit du lendemain, 5 avril, à deux heures du matin. Une douzaine de gardes nationaux, conduits par un jeune officier, se présentèrent à la porte de la maison attenant à l'Assomption, et qui sert de presbytère. Après avoir agité en vain la sonnette, ils sommèrent la concierge d'ouvrir, et n'ayant pas obtenu de réponse, ils se mirent en devoir d'enfoncer la porte à coups de crosse. Comme l'opération ne réussissait pas, « Allons chercher un canon ! » fit l'un d'eux, en entraînant deux de ses compagnons vers la place Vendôme. Ils ne rapportèrent pas un canon, mais une pince, et aussitôt les coups redoublèrent sur la porte, entremêlés de jurons et de cris de colère. Les carreaux de la maison volaient en éclats. Les battants s'ouvrirent enfin... Mais, dans le vestibule, obscurité complète ; on dut aller quérir une lanterne, et l'on se mit en devoir d'enfoncer la seconde porte. Elle céda bientôt, et l'on trouva derrière une vieille femme, plus morte que vive, qui cependant refusa de fournir aucun renseignement sur son maître. Les gardes nationaux se répandirent alors dans la maison, dont les fenêtres s'éclairèrent subitement, et procédèrent au déménagement des objets précieux. Les ornements du culte, l'argenterie, le linge furent successivement emballés et placés dans une voiture réquisitionnée à cet effet. Les perquisitions se continuèrent jusqu'à six heures et demie du matin, du grenier à la cave. A cette heure, le vénérable curé de la Madeleine fut amené dans la rue. Ce grand vieillard aux longs cheveux blancs, qui portait si gaillardement ses soixante-quatorze ans, jeta un regard de tristesse vers sa maison dévalisée, puis monta silencieusement avec deux gardes nationaux dans une voiture qui s'éloigna aussitôt. Les passants commençaient à s'attrouper dans la rue Saint-Honoré, et à protester contre ces actes. Les gardes nationaux sortirent peu à peu de la maison et fermèrent la porte tant bien que mal. Cependant, les preuves de l'effraction ne pouvaient être effacées complètement, et toute la matinée les groupes, où l'on remarquait de pauvres femmes qui vivaient de la charité de M. Deguerry, manifestaient hautement leur indignation.

Du 1er au 18 avril seulement, c'est-à-dire durant la période des fêtes de Pâques, on vit fermer, sans compter les chapelles, les oratoires, les communautés, etc., les églises suivantes :

Sainte-Geneviève (le Panthéon), Notre-Dame, Saint-Leu, Saint-Laurent, Notre-Dame-de-Lorette, La Trinité, Saint-Philippe-du-Roule, Saint-Pierre-de-Montmartre, Saint-Martin, Saint-Jean-Saint-François, Saint-Eloi, Saint-Médard, Saint-Étienne-du-Mont, Saint-Jacques-du-Haut-Pas, Saint-Roch, L'Assomption, Saint-Bernard de la Chapelle, Saint-Denis de la Chapelle, Saint-Ferdinand des Ternes, l'Annonciation de Passy, Saint-Pierre du Petit-Montrouge, Saint-Honoré,

Notre-Dame de Plaisance, Notre-Dame des Blancs-Manteaux, Notre-Dame de Clignancourt, Saint-Vincent-de-Paul.

Vinrent ensuite : Notre-Dame-des-Victoires, Saint-Augustin, la Madeleine et toutes les autres jusqu'à la dernière. Puis, comme il fallait les utiliser, on agita fréquemment à la Commune la question de les vendre aux meilleures conditions possibles, et, en attendant, on les transforma en clubs et en campements pour les fédérés. Les citoyennes de la garde volontaires montaient dans les chaires et vomissaient des propos à faire rougir les murailles. C'est ainsi qu'on crut devoir tenir compte de la motion qu'avait présentée le citoyen Mortier, et que nous relevons dans l'*Officiel* :

« Le citoyen Mortier. — Si la sûreté générale faisait évacuer ou fermer toutes les églises de Paris, elle ne ferait que prévenir mes désirs. Ce que je pourrais lui contester, ce serait la fermeture complète de ces maisons, car je désire les voir ouvertes pour y traiter de l'athéisme, et anéantir par la science les vieux préjugés et les germes que la séquelle jésuitique a su infiltrer dans la cervelle des pauvres d'esprit. »

Au 20 avril, le nombre des prisonniers de cette seule catégorie, archevêque, grands-vicaires, curés, prêtres divers, religieux, séminaristes, s'élevait à cinq cents, et les arrestations continuaient. On les retenait principalement à la Conciergerie, à Mazas et à la Santé.

Raffinement hideux : Mademoiselle Darboy fut enfermée à Saint-Lazare, cette prison des femmes les plus viles !

Des magistrats, de grands industriels, des citoyens respectés, appartenant à toutes les classes de la société, mais suspectés d'être *riches!* étaient également arrêtés chez eux, chez leur amis, sur la voie publique. Il y eut une période où l'on n'osait plus sortir de chez soi, et surtout passer devant certains postes.

Les décrets sur le prompt examen des arrestations se multipliaient, mais il n'y a pas d'exemple qu'on les ait observés. Il suffit d'ouvrir un journal de cette époque pour y trouver les réclamations et les appels désespérés des victimes de cet arbitraire indéfiniment prolongé. Par compensation, et pour avoir de la place, on avait élargi et incorporé dans les fédérés les condamnés trouvés dans les prisons.

« Les deux prisons militaires de la rue du Cherche-Midi, dit la *Gazette des tribunaux*, ne renferment plus aujourd'hui un seul prisonnier. Ils étaient *onze cents*. »
Cette opération eut lieu en deux fois, le 19 et le 21 mars.

On avait, dans une cérémonie tristement burlesque, brûlé sur la place fraîchement baptisée place Voltaire, les bois de l'échafaud; mais la peine de mort figurait en tête des décrets les plus solennels des nouveaux terroristes; seulement le fusil remplaçait la guillotine, c'était moins encombrant et plus expéditif. Les exécutions se succédaient imperturbablement, souvent aux remparts, souvent dans les cours de l'Hôtel-de-Ville, de Mazas, de la place Vendôme, du Cherche-Midi. Il n'était tenu aucun registre. On emportait les cadavres, la nuit, dans un fourgon, on les jetait dans un trou au cimetière le plus proche, et c'était fini. De temps en temps, au comptoir d'un marchand de vin, il arrivait à un des bourreaux, en uniforme de garde national, de dire : « Ah! cette nuit, nous avons encore fusillé trois individus à l'Etat-Major. » Ou bien : « Ce matin, le commandant nous a fait fusiller, à la porte Maillot, deux individus qui avaient toute la mine d'espions de Versailles. » Et les comptes rendus officiels témoignent que, quand un de ces faits était communiqué en séance à l'Hôtel-de-Ville, le bourreau en chef recevait une mention flatteuse.

Un exemple donnera à lui seul une idée exacte de ce qui se passait et se disait dans les églises transformées en clubs. Nous l'empruntons, sans y changer une virgule, au *Journal Officiel :*

CLUB NICOLAS-DES-CHAMPS.

(6,000 *citoyens présents.*)

Les propositions suivantes, votées avant-hier (14 ou 15 mai) par le club Eustache, ont été présentées hier soir au club Nicolas-des-Champs, qui les a adoptées à l'unanimité :

1. Considérant que les travaux des barricades exigent en ce moment une grande rapidité, propose le décret suivant :

Tous les bataillons de la garde nationale sédentaire, les bataillons de guerre comptant au moins deux jours de repos, doivent achever dans les quarante-huit heures toutes les barricades en voie de construction; ils doivent dans trois jours fortifier, à un kilomètre des remparts, toute la partie qui s'étend de la porte Saint-Ouen jusqu'à la porte de Montrouge.

Tous les jeunes citoyens de douze à dix-huit ans prendront part à ces travaux.

2. Toutes les femmes des sergents de ville, gendarmes, employés des différentes administrations qui ont fui, sont déclarées bouches inutiles et expulsées dans les vingt-quatre heures.

3. Demander aux Versaillais un état nominatif des prisonniers, avec indication de l'endroit où ils sont détenus, et des blessés morts des suites de leurs blessures à Versailles.

4. Tous les propriétaires ou leurs représentants doivent délivrer dans les vingt-quatre heures quittance des termes échus, des termes de juillet et d'octobre prochain.

Remise entière est faite aux locataires dont le loyer est inférieur à 500 fr.; au-dessus de cette somme, remise d'un tiers.

La citoyenne Pauline Minck, qui arrive de province, a affirmé par différentes pièces, et parlant d'après ce qu'elle a personnellement vu, que le mouvement communal prend un très-grand développement jusque dans les campagnes, où il existe beaucoup de sympathie et d'admiration pour Paris. Dans plusieurs endroits, les femmes sont encore plus dévouées que les hommes.

Un des citoyens délégués au 11e arrondissement a proposé la formation d'un comité central des clubs de Paris, qui réunirait les propositions faites dans les différentes assemblées, pour les discuter et les soumettre à la Commune. Cette fédération des clubs amènerait des communications plus rapides entre les diverses réunions, et établirait un lien qui donnerait une force encore plus imposante à ces manifestations des sentiments du peuple.

En même temps que l'*Officiel* publiait cette résolution de faire travailler les enfants de douze ans aux barricades, des affiches pleines de pudeur et d'humanité, comparant le trafic de certaines maisons honteuses à la traite des noirs exercée sur les *blanches*, prescrivait, dans le IX° arrondissement, la fermeture de ces établissements et l'apposition des scellés sur leurs portes. Un autre arrêté avait supprimé, depuis six semaines, la surveillance exercée sur les femmes perdues de ces bouges et sur la prostitution en général. Mais il fallait occuper cet intéressant personnel. Rien n'embarrassait les administrateurs de l'Hôtel-de-Ville et du ministère de la guerre. On créa instantanément des bataillons de femmes, et nous vîmes défiler sur les boulevards, habitués à leur voir balayer l'asphalte avec leurs robes à traîne, ces drôlesses transformées en amazones, et portant triomphalement leur fusil en bandoulière. Ce fut le citoyen Gambon qui eut l'honneur d'armer ces dames à l'Hôtel-de-Ville, où elles se présentèrent en bataillon, un drapeau rouge à leur tête. (Voir l'*Officiel* du 16 mai.)

Mais quel service spécial allait-on donner à des personnes aussi aguerries et auxquelles assurément les hommes ne faisaient pas peur ? Voici la solution de ce problème, nous l'empruntons dans son texte au *Vengeur*, journal de Félix Pyat, membre de la Commune :

« Le colonel de la 12° légion, le citoyen Jules Montel, forme une 1re compagnie de citoyennes volontaires, qui marcheront à l'ennemi avec la légion.

« Afin de stimuler l'amour-propre des lâches, tous les réfractaires seront désarmés publiquement devant le front de leur bataillon, et conduits en prison par les citoyennes volontaires.

« La première exécution de ce genre aura lieu prochainement, avenue Daumesnil. »

Cette fois nos pasticheurs de 93 avaient dépassé leurs modèles.

Les recensements réitérés, les perquisitions à domicile, les *presses* à l'anglaise pratiquées dans les rues pour obtenir des soldats, ne donnant que de médiocres résultats, on organisa un nouveau système de contrôle, en obligeant les concierges à remplir les états dressés par les mairies, et en les rendant responsables de toute inexactitude. L'arrêté communaliste les prévient qu'ils seront *déférés à la Cour martiale*, et les affiches officielles ont soin de rappeler à toute occasion que la Cour martiale n'a qu'une peine : LA MORT.

Un de ces placards, affiché le 17 mai, assigne aux gardes nationaux réfractaires du VIIIe arrondissement *un délai de vingt-quatre heures pour se présenter*, passé lequel ils seront traduits devant la Cour martiale, pour subir la peine encourue par eux. CETTE PEINE, C'EST LA MORT (textuel).

Cette cour fonctionnait, en effet, et ne ménageait point ses sentences, toujours suivies d'une prompte exécution. Au moment même où nous lisions l'arrêté ci-dessus, une escorte de cent fédérés conduisait en grand appareil, par les boulevards, pour le fusiller dans les environs de la Bastille, un officier versaillais, qui, disons-le, marchait crânement au milieu de ses bourreaux et semblait les défier par son attitude.

Le *Journal officiel* de la Commune publie le 15 mai un décret du délégué à la guerre, qui donne le commandement militaire supérieur des arrondissements qui confinent à leurs zones militaires aux trois généraux en chef des trois corps d'armée de la Commune. Ce décret, si nous en comprenons bien la portée et l'étendue, n'est qu'une sorte de mise en état de siége de ces arrondissements. Les délégués à ces mairies ne seront rien désormais, l'autorité militaire sera seule omnipotente. Cette situation est celle de tout Paris. Si, en effet, l'un des premiers actes du Comité de la garde nationale a été de déclarer levé l'état de siége à Paris, la Commune a rendu tous les citoyens justiciables de la cour martiale, c'est-à-dire de la juridiction militaire.

Désormais chaque citoyen sera tenu d'avoir sur lui une carte d'identité délivrée par les commissaires de police. Toute personne qui serait rencontrée sans cette carte, sera arrêtée et son arrestation maintenue jusqu'à ce qu'elle ait établi son identité. Les gardes nationaux ont tout pouvoir pour arrêter dans les rues les citoyens et pour exiger d'eux l'exhibition de cette carte. Le Comité de salut public explique cette libérale mesure par ce fait que le Gouvernement de Versailles cherche à introduire à Paris des agents secrets, dont la mission est de faire appel à la trahison.

Cette mesure inexécutable et qui mettait les plus honorables citoyens à la merci des vexations du premier chenapan coiffé d'un képi, souleva un tolle universel. Personne ne se méprit à l'idée qui l'avait inspirée. Il s'agissait toujours de ce diable de recrutement qui ne produisait rien, et l'on espérait atteindre dans ce traquenard tous les citoyens de 19 à 40 ans échappés à l'enrôlement.

Il eût manqué un crime au dossier de la Commune si elle n'eût porté la main sur les monuments publics et sur les propriétés privées. Nous mentionnons plus loin les décrets prescrivant la destruction de la colonne Vendôme, de l'église Bréa, de la maison de M. Thiers et de la Chapelle expiatoire. Beaucoup d'autres destructions eurent lieu sans autant de formalité, celle de la statue d'Henri IV à l'Hôtel-de-Ville.

Voici en quels termes le *Vengeur*, organe de M. Félix Pyat, annonçait le décret sur la colonne :

« Enfin ! on va donc la *dévisser* une bonne fois cette colonne Vendôme, trophée ridicule et monstrueux, érigé sur la commande d'un despote aveugle pour perpétuer le souvenir de ses conquêtes insensées, de sa gloire coupable.

« Monument d'ailleurs dépourvu de toute valeur artistique : — cantate de bronze, *croûte léchée* sur le métal au lieu de l'être sur la toile : — en somme, mauvaise copie de la colonne Trajane.

« L'art ne perdra rien à sa destruction; le bon sens, le patriotisme y gagneront : car il n'est pas bon de laisser sous les yeux des ignorants et des simples la glorification bête d'un passé maudit.

« Cette colonne Vendôme !... je n'ai jamais pu la regarder sans que le cœur me levât d'indignation et de dégoût. Du temps de l'empire, il y avait toujours, pendues à la grille et se dépiotant à la pluie, d'innombrables couronnes d'un jaune criard ou d'un blanc sale : *Souvenirs, Regrets, Gloire, Victoire.*

« Sans le factionnaire qui veillait sur ce bric-à-brac avec un soin jaloux, on eût dit l'échoppe traditionnelle qu'on voit près du cimetière, à côté de la boutique du marbrier. »

Ce fut le 16 mai, dans l'après-midi, après un travail de plus de quinze jours, que les citoyens Félix Pyat et Courbet, délégués à cette œuvre, eurent la joie de la voir s'accomplir.

A trois heures, les toiles de l'échafaudage furent enlevées. Ensuite un garde national se montre sur la balustrade au sommet de la colonne, agitant un drapeau tricolore, sans doute pour indiquer « que la chute de la colonne doit entraîner celle du drapeau sous lequel combattent les Versaillais. »

A trois heures et demie, l'échafaudage est démoli; les ouvriers s'éloignent de la colonne. On donne un premier tour de cabestan; les câbles se tendent, mais le monument n'est pas ébranlé. Un craquement se fait entendre : c'est le cabestan qui se brise. Pendant qu'on est allé chercher un nouvel appareil, cinq ou six ouvriers escaladent le piédestal, et, de la pioche et de la pince, ils entament plus profondément le fût de la colone, encore trop solide.

A quatre heures et demie, on attache un câble de renfort à la balustrade du sommet. A cinq heures, le nouveau cabestan commence à fonctionner; enfin, à cinq heures trente-cinq minutes, on voit le monument s'incliner un peu, puis s'abattre tout à coup sur le sol, d'où s'élève un épais nuage de poussière.

Grâce au lit épais de sable, de fagots et de fumier préparé pour recevoir cette masse énorme de pierre et de bronze, le sol a été à peine ébranlé, et le bruit de la chute a été presque nul. Pourtant la colonne s'était brisée en tombant. La couche de métal, relativement très-mince, qui recouvrait le fût de pierre, est crevée en plusieurs endroits; la pierre même s'est émiettée. Quant à la statue, elle s'est démis l'épaule droite et cassé la tête. La petite *victoire* que le « bonhomme de bronze » tenait à la main *a disparu*. Le *Rappel* suppose qu'un « amateur intelligent, » craignant qu'elle ne fût volée, l'a ramassée « pour l'offrir au musée du Louvre. »

Pendant les préparatifs de la cérémonie finale et au moment même de la chute du monument, des bandes de musique jouaient des airs patriotiques. Après la chute, divers orateurs prononcent des discours enthousiastes du haut du piédestal, sur lequel les ouvriers s'étaient empressés d'élever un trophée de drapeaux rouges.

Puis une députation se rend à l'Hôtel-de-Ville, où elle est reçue par deux membres de la Commune, Miot et Ranvier, ce dernier faisant partie du *Comité de salut public*. Voici les paroles de Miot :

« Le peuple est patient, il se résigne à supporter le joug et l'humiliation ; mais sa vengeance n'en est que plus terrible, le jour où elle éclate. Malheur à ceux qui le provoquent et excitent jusqu'au bout son légitime courroux !

« Jusqu'ici notre colère ne s'est exercée que sur des choses matérielles, mais le jour approche où les représailles seront terribles et atteindront cette réaction infâme qui nous mine et cherche à nous écraser. »

Voici les paroles plus significatives encore du membre du *Comité*, Ranvier :

« La colonne Vendôme, la maison de Thiers, la Chapelle expiatoire, ne sont que des exécutions matérielles. Mais le tour des traîtres et des royalistes viendra inévitablement, si la Commune y est forcée ! »

L'église Bréa, dont certains membres de la Commune s'impatientaient de ne pas voir hâter la destruction, leur rappelait, en effet, le souvenir désobligeant du lâche assassinat commis, par leurs frères et amis de juin 1848, sur le général en mémoire duquel elle fut élevée sur le lieu même du crime. Malgré ces impatiences, elle ne put subir le sort de la colonne.

Il en est de même de la chapelle de la rue d'Anjou, élevée sur la place où furent enterrés les corps de

Louis XVI et de Marie-Antoinette. Cet édifice n'était que partiellement entamé lorsqu'arriva la délivrance de Paris, et, par un singulier hasard, il servit précisément de refuge et de redoute à un noyau de fédérés, qui s'y maintinrent quarante-huit heures contre la troupe de ligne.

Quant à l'hôtel de M. Thiers, sa destruction fut complète, à la grande satisfaction de M. Rochefort qui en avait fait son objectif, comme MM. Pyat et Courbet pour la colonne. C'est bien à M. Rochefort que revient la gloire d'avoir poussé à cet attentat, et pour qu'on n'en doute pas, voici comment il parlait dans son journal, le *Mot d'ordre*, du 4 avril.

« M. Thiers possède, place Saint-Georges, un merveilleux hôtel plein d'œuvres d'art de toutes sortes. M. Picard a sur ce pavé de Paris qu'il a déserté, trois maisons d'un formidable rapport, et M. Jules Favre occupe rue d'Amsterdam une habitation somptueuse qui lui appartient. Que diraient donc ces propriétaires hommes d'Etat, si à leurs effondrements le peuple de Paris répondait par des coups de pioche, et si à chaque maison de Courbevoie touchée par un obus, on abattait un pan de mur du palais de la place Saint-Georges ou de l'hôtel de la rue d'Amsterdam? »

Après avoir signalé la valeur du mobilier de M. Thiers, ce qui eut pour effet logique et prévu de faire piller ce mobilier, le même M. Rochefort, dans le même *Mot d'ordre*, signala les diamants de la couronne comme bons à vendre. La Commune trouva l'avis à son gré; mais si la volonté ne lui manqua pas, il faut avouer que les acheteurs lui firent défaut. Les diamants de la couronne sont catalogués, signalés, connus de tous les joailliers du monde. On n'en trouva pas le placement, c'est une marchandise trop compromettante.

Digne émule de son confrère Rochefort, le rédacteur de la *Commune*, Georges Duchêne, cherchait et découvrait d'ingénieux procédés pour alimenter la caisse sans fond de l'Hôtel-de-Ville. Il trouvait surtout dans cet ordre d'idées deux raisons à l'appui de la destruction de la colonne Vendôme. « La première, disait-il, c'est qu'il existe, à ce sujet, un décret de la Commune *qui doit être exécuté;* la seconde, c'est qu'il y a dans ce monument une quantité considérable de bronze *qu'il faut utiliser.* Avec la matière qu'on en retirera, l'administration de la guerre aura de quoi fondre des pièces de gros calibre. »

Le même journal interpelle le délégué à la guerre et la Commune pour savoir « s'ils ont décidé de se servir contre les Versaillais du feu grégeois, dont on a fait l'expérience il y a quelques jours. L'épreuve a réussi, nous le savons; reculera-t-on devant l'emploi de ce moyen de destruction? Voilà ce que nous voudrions savoir.

« Pour nous, il nous paraît que la question d'humanité doit céder le pas au succès de notre cause. »

Tout commentaire nous paraît superflu.

Nous ne consacrerons plus qu'un mot aux amazones de la Commune. L'idée de ces viragos soulève le cœur. Paris eut, durant ces deux mois, le spectacle de harpies se promenant en bande, et allant manifester de l'Hôtel-de-Ville à la place Vendôme un drapeau rouge en tête. Il y eut des affiches sanguinaires, portant l'entête de la Commune, imprimées sur papier officiel, appelant les femmes aux armes et aux massacres. Dans l'une d'elles on lisait : « L'arbre de la liberté ne croît qu'arrosé par le sang de ses ennemis. »

Les énergumènes de l'Hôtel-de-Ville les encourageaient dans cette voie en décernant une haute paye aux bataillons de citoyennes volontaires, et aux femmes *légitimes ou non* des fédérés. (Voir plus loin les documents officiels.) Ce furent ces mégères qui tinrent les dernières au ministère des finances, et qui, fidèles à leur consigne, y mirent le feu, dans la matinée du lundi 22 mai, avant de l'évacuer.

On remarquera aussi plusieurs décrets tendant à modérer l'appétit des fédérés pour les titres et les distinctions. Les questions de galon et d'insignes soulevèrent de gros orages. Les membres du Comité central se paraient d'une écharpe rouge à frange d'argent et portaient une décoration ayant la forme d'un triangle, attachée à un ruban rouge et noir. Les membres de la Commune portaient à la boutonnière une rosette rouge sur un ruban pareil garni de franges d'or. L'écharpe pareille à celle du Comité était à glands d'or.

Depuis longtemps, on a remarqué que les hommes de révolution ne sont pas du tout ennemis des effets théâtraux. Seulement, ils n'ont pas toujours des peintres comme David pour leur dessiner des costumes et leur tracer des programmes. Voici, à ce propos, la description d'une cavalcade qui fixa l'attention des passants dans la rue de Rivoli, lors de la première sortie officielle du gouverneur de l'Hôtel-de-Ville. Le cortége s'était formé dans la cour de l'aile gauche du palais communal. Le citoyen Assi passa son écharpe rouge avant de monter à cheval. L'escorte se composait de l'ordonnance, qui avait abandonné la casquette rouge pour la remplacer par un bonnet d'astrakan avec flamme bleue, la bouche ornée d'une magnifique pipe; venaient ensuite un capitaine d'état-major, six garibaldiens, le manteau au vent. Un garde national et un autre garibaldien ouvraient la marche à cinquante pas de distance. Le citoyen Assi s'entretenait en italien avec sa suite. Le cortége se rendit place Vendôme. Quelques délégués eux-mêmes trouvaient cet appareil quelque peu original.

CHAPITRE XIII.

LE BUDGET DE LA COMMUNE.

Ce que coûtait la garde nationale par jour. — Ressources avouées et ressources inavouables. — Relations diplomatiques du citoyen Paschal Grousset. — Un tyran tombé dans le grotesque.

Il est à regretter que l'établissement complet du budget de la Commune ne puisse être présenté, mais on s'en fera du moins une idée d'après les comptes déposés, dans la séance du 6 mai, par le délégué aux finances Jourde, et qui comprennent les six semaines du 20 mars au 30 avril. Ce tableau est très-clair et permet de se rendre compte des ressources de nature diverse auxquelles la Commune a eu recours et de l'emploi qu'elle en a fait.

Le total des recettes, pendant cette période de quarante jours, s'élève à............ 26.013.916.70
Le total des dépenses, à......... 25.138.089.12
Excédant des recettes sur les dépenses................... 875.827.58

Il résulte de ces chiffres que la Commune, depuis qu'elle existe, dépense en moyenne 600,000 fr. par jour; ce qui représente, pour un an, un budget de 200 millions. A ce compte, nous n'aurions pas un gouvernement économique. Et pour peu que la France s'avisât d'en faire autant, son budget annuel atteindrait le chiffre de 7 milliards de francs. Il est juste de dire que la Commune est en état de guerre; d'où il résulte pour elle des dépenses exceptionnelles. Mais il faut dire, d'autre part, qu'elle néglige en ce moment la plupart des services municipaux proprement dits, auxquels elle ne pourrait se dispenser de pourvoir en temps ordinaire. Il faut ajouter qu'elle a la prétention de maintenir sur pied, même en temps ordinaire, une armée de gardes nationaux qu'elle devrait peut-être solder et tout au moins équiper, armer, exercer. Les dépenses de la guerre ne disparaîtraient donc pas complétement le jour où la Commune aurait fait la paix avec la République française.

Les ressources avouées de la Commune, celles auxquelles sont pris ces millions, sont les encaisses des grands services publics, l'accaparement de toutes les branches des finances, des postes, de l'octroi, des tabacs, de l'entrepôt des vins, des impôts, etc., etc., et le délégué aux finances se garde bien d'ajouter qu'aucun des produits, dont le prix est consommé en entier, n'est remplacé, tel que les tabacs, etc.

Mais prenons ces chiffres comme on nous les donne et passons à l'examen des diverses natures de dépenses. Le chapitre de la guerre est le plus lourd. Ce chapitre ne s'élève pas à moins de 20 millions pour quarante jours, soit cinq cent mille francs par jour. Il est regrettable qu'un aussi gros chiffre nous soit donné en bloc, sans aucun détail sur la manière dont il se décompose. Il ne suffit pas de nous dire qu'il a été versé, en quarante jours, une somme totale de 20 millions au ministère de la guerre; il serait intéressant de nous faire connaître les diverses affectations entre lesquelles cette somme a été répartie. Comme M. Jourde paraît être un comptable exact et régulier, nous devons supposer que, s'il ne nous a pas fourni ces détails, cela tient à ce que lui-même ne les avait pas, le ministère de la guerre ne les lui ayant pas fournis. C'est fâcheux.

Il y a peu de remarques à faire sur les autres chapitres relatifs aux dépenses. Signalons cependant en passant la modestie du crédit alloué au ministère de l'instruction publique : *mille francs!* Le ministère des affaires étrangères, au contraire, a dépensé la somme relativement considérable de 112,000 francs. La commission de sûreté générale, dans les attributions de laquelle se trouve comprise la préfecture de police, a dépensé 235,000 francs. Ce n'est pas beaucoup, si l'on songe au nombre de gens qu'elle a arrêtés, poursuivis, persécutés.

Maintenant, ajoutons la réquisition exercée sur les chemins de fer (près de 900 mille francs), celle de toutes les grandes institutions de crédit, chèrement taxées, obligées de s'exécuter pour ne pas tout perdre, et même, comme la Compagnie générale des chèques, obligées de laisser attester par *l'Officiel*, sans pouvoir protester contre ce mensonge, qu'on avait levé les scellés d'abord mis sur leurs caisses et leurs valeurs, sans rien prélever. La Banque de France dut se racheter cinq fois. Les quatre premières lui coûtèrent sept millions et demi, la dernière devait, à elle seule, lui eu coûter DIX, mais il lui fut accordé de se libérer à raison de 400 mille francs par jour; et la délivrance étant survenue, elle en fut quitte pour environ trois millions seulement. La Compagnie du gaz, qui, taxée à 183 *mille* francs, avait commencé à payer, se ravisa et rentra adroitement en possession de son argent. Elle aurait dit : « Si vous emportez ma caisse, je ne pourrai plus payer mes ouvriers, et ne pouvant plus payer mes ouvriers, je n'éclairerai plus Paris. »

L'Hôtel-de-Ville n'osa passer outre et, pour cette unique fois, rendit l'argent volé.

Le 2 avril, on saisissait la recette des *facteurs* de la halle aux volailles, ce qui faillit encore une fois compromettre l'arrivée des approvisionnements et rendit les expéditeurs très-restreints.

On s'emparait de 150 mille francs laissés pour les besoins urgents dans la caisse de l'Assistance publique. — La halle aux cuirs était aussi sous séquestre, avec ses marchandises réquisitionnées. — L'administration des pompes funèbres, qui est une compagnie particulière, était envahie par les gardes nationaux du Comité; un délégué de l'Hôtel-de-Ville était chargé de recevoir toutes les sommes versées pour les convois.

Dans la nuit du 13 au 14 avril, à minuit, une compagnie du 215ᵉ bataillon fit une perquisition dans les appartements du n° 54, rue Saint-Lazare, pour y saisir fusils et réfractaires. Déçus dans leurs recherches, les gardes s'emparèrent des épées, des pistolets, souvenir du père et du frère de M. Rosa de Mandres. Les prières, les larmes de M. Rosa ne purent fléchir le cœur de ces honorables visiteurs. Ils poussèrent le scrupule de leur investigation jusqu'à s'emparer d'un porte-monnaie appartenant à une bonne; il renfermait 14 francs 90 centimes, argent destiné aux achats du ménage. Nous n'en finirions pas s'il fallait énumérer tous les faits de vol par violence et à main armée commis dans les maisons particulières, sans compter les centaines de mille francs extorqués à M. de Rothschild.—Chez M. D., agent d'affaires, rue de Luxembourg, on revint trois fois à la charge, faute d'avoir pu briser les caisses renfermant l'argent et les titres de la clientèle, et l'on se retira enfin en enlevant d'une caisse forcée par un serrurier onze à douze mille francs. Tous les comptables et caissiers des établissements envahis qui refusaient de livrer leurs fonds étaient arrêtés, et cette mesure s'étendait jusqu'aux chefs de gare.

La Commune s'emparait avec soin de l'argenterie des Tuileries et des ministères, et l'envoyait fondre à la Monnaie, ainsi qu'il résulte de ce document :

Ministère des finances. — Cabinet du ministre.

Citoyens Grelier et Viard,

Je vous envoie les citoyens Mailhe et Perrichon pour enlever l'argenterie que vous avez trouvée et la transporter à la Monnaie, où elle sera confiée à Camélinat pour être transformée dans le plus bref délai.

Signé : E. VARLIN, délégué aux finances.

Les trésors des églises, dépouillées sans exception les unes après les autres, très-méthodiquement, suivaient la même voie; la seule perquisition opérée à Saint-Philippe-du-Roule rapporta près de deux cent mille francs.

On voit que les honnêtes citoyens de la Commune n'étaient pas en peine pour se créer des ressources.

Un détail fort piquant, c'est qu'on vendait des timbres-poste pour des lettres qu'on ne faisait pas partir.

Le père Gaillard, le barricadier officiel de M. Delescluze, signait des bons de réquisition dont on peut retrouver les spécimens dans les journaux. Une lettre de ce misérable est adressée à un négociant de la rue la Fayette, auquel Gaillard donne la liste des articles qu'il aura à fournir sur la présentation de bons de réquisition comme aux ordinaires. Le prix des marchandises réclamées est de 1,100 francs environ. Faute de livrer, le négociant sera tenu de fournir une somme équivalente en argent, plus, 10 pour 100 à titre d'amende.

L'histoire des relations diplomatiques de la Commune de 1871 forme un chapitre court, mais piquant. Pendant que les Cluseret, les Courbet, les Pyat, les Varlin, les Vaillant, les Vermorel et consorts écrasaient le fragile édifice sous l'odieux, le citoyen Paschal Grousset, pitre de cette lugubre farce, prenait soin de la couvrir d'un ridicule indélébile. Voici le document qui suffirait à l'immortaliser, c'est une note adressée par ce pseudo-ministre des affaires extérieures aux représentants des puissances présents à Paris :

Le soussigné, membre de la Commune de Paris, délégué aux relations extérieures, a l'honneur de vous notifier officiellement la constitution du Gouvernement communal de Paris.

Il vous prie d'en porter la connaissance à votre Gouvernement, et saisit cette occasion de vous exprimer le désir de la Commune de resserrer les liens fraternels qui unissent le peuple de Paris au peuple ***.

Agréez, etc.

PASCHAL GROUSSET.

Paris, le 5 avril 1871.

Pour que la farce fût complète, il se trouva un mystificateur qui se présenta comme ministre de la République de l'Equateur, et déclara reconnaître le

Gouvernement de la Commune. Grande joie à l'Hôtel-de-Ville et mention solennelle de cet événement dans l'*Officiel*. Joie de courte durée, hélas, car l'*Officiel* était obligé le lendemain d'insérer la lettre suivante :

Citoyens,

Je lis à l'*Officiel* d'hier que, dans votre séance du 27 courant, vous annoncez avoir reçu le ministre de la République de l'Equateur.

Je m'empresse de vous dire qu'il n'y a, en ce moment, aucun ministre de ladite République en Europe.

C'est donc, sans doute, une erreur de sténographe que je vous serais obligé de vouloir faire rectifier à votre prochaine séance.

Veuillez agréer, Citoyens, l'assurance de ma considération distinguée,

Pour le Consul général de l'Équateur,

F. DE BRUTAMANTE, vice-consul.

M. Paschal Grousset eut encore d'autres relations avec les puissances ; ainsi il s'avisa d'inviter le général Fabrice, commandant les forces prussiennes sous Paris, à lui faire savoir si le Gouvernement de Versailles avait payé à la Prusse le premier demi-million d'indemnité. Le général Fabrice, n'entendant évidemment rien aux choses diplomatiques, se contenta de transmettre cette lettre curieuse à M. Jules Favre. En revanche, il fit à M. le délégué aux affaires extérieures l'honneur de lui rappeler deux ou trois fois, à propos des écarts des fédérés sur ses domaines, qu'il couperait les vivres à Paris si rien de pareil se renouvelait. La chronique ajoute que ce fut également lui qui notifia à la Commune que, si elle s'avisait d'exécuter sa loi sur les otages, et notamment de fusiller l'archevêque, comme elle y paraissait résolue, il aurait l'honneur de faire bombarder la Villette, Belleville et Montmartre, patrie de ladite Commune.

M. Paschal Grousset comprit, et les otages, dont on avait annoncé la décuple exécution pour un seul jour, à propos de prétendues violences exercées contre une citoyenne cantinière, furent sauvés.

C'est tout, si l'on ajoute la protection réclamée des Prussiens, contre les tyrans de l'Hôtel-de-Ville, par les communes de Pantin, des Prés-Saint-Gervais et des Lilas, et enfin le fait de l'invasion de la légation belge.

La Commune croyait savoir que les journalistes traqués par elle étaient recueillis dans les légations. Elle fit envahir par ses fédérés, rue du Faubourg-Saint-Honoré, l'hôtel de la légation de Belgique, et violer effrontément, avec les droits sacrés de l'hospitalité due par la France à tous les étrangers, les immunités diplomatiques respectées par tous les peuples civilisés. Ajoutons bien vite qu'elle en fit promptement la plus complète et la plus humble amende honorable, et qu'elle n'y revint pas.

CHAPITRE XIV.

LES JOURNAUX SOUS LA COMMUNE.

Comment la Commune comprenait la liberté de la presse. — Les délégués journalistes. — L'*Officiel*. — Suppression des journaux. — Physionomie de la presse. — Liste des journaux créés sous la Commune.

Les hommes de l'Hôtel-de-Ville débutèrent, comme c'est la règle de toutes les insurrections triomphantes, par proclamer la liberté de la presse. Voici la première note publiée par l'*Officiel* sur cet objet :

Les autorités républicaines de la capitale veulent faire respecter la liberté de la presse, ainsi que toutes les autres; elles espèrent que tous les journaux comprendront que le premier de leurs devoirs est le respect dû à la République, à la vérité, à la justice et au droit, qui sont placés sous la sauvegarde de tous.

Mais bientôt à cette note succédait celle-ci :

La Commune, considérant qu'il est impossible de tolérer dans Paris assiégé des journaux qui prêchent ouvertement la guerre civile, donnent des renseignements militaires à l'ennemi, et propagent la calomnie contre les défenseurs de la République, a arrêté la suppression des journaux..... (Suit la nomenclature des victimes.)

Nous ne donnerons pas le texte de tous les arrêtés pris dans ce sens. Les tyrans de Paris ne pouvaient supporter la discussion ; la moindre contradiction les mettait hors des gonds. Ces tribuns, qui avaient passé leur vie à attaquer, à injurier, à calomnier les autres, poussaient des cris de paon, dès qu'on s'avisait de ne pas être en admiration devant eux. En réalité, ce qu'ils poursuivaient, c'était l'anéantissement de la liberté de penser, de parler et d'écrire, comme celui de toutes autres, au profit de leur domination absolue. Aussi, exaspérés par l'intrépidité de ces publicistes qui les bravaient, les harcelaient, les dévoilaient, prirent-ils, le 19 mai, une résolution suprême. Le décret suivant extermina tout ce qui subsistait de journaux désagréables, et alla au-devant de nouveaux ennemis en défendant qu'on en créât d'autres feuilles. C'est une pièce à conserver, et la voici dans son entier :

Art. 1er. Les journaux la *Commune*, l'*Écho de Paris*, l'*Indépendance française*, l'*Avenir national*, la *Patrie*, le *Pirate*, le *Républicain*, la *Revue des Deux-Mondes*, l'*Écho de Ultramar* et la *Justice* sont et demeurent supprimés.

Art. 2. Aucun nouveau journal ou écrit périodique politique ne pourra paraître avant la fin de la guerre.

Art. 3. Tous les articles devront être signés par leurs auteurs.

Art. 4. Les attaques contre la République et la Commune seront déférées à la cour martiale.

Art. 5. Les imprimeurs contrevenants seront poursuivis comme complices, et leurs presses mises sous scellés.

Art. 6. Le présent arrêté sera immédiatement signifié aux journaux supprimés par les soins du citoyen Le Moussu, commissaire civil délégué à cet effet.

Art. 7. La sûreté générale est chargée de veiller à l'exécution du présent arrêté.

Hôtel-de-Ville, le 28 floréal an 79.

Le Comité de salut public :

ANT. ARNAUD, E. EUDES, BILLIORAY,
F. GAMBON, G. RANVIER.

Ainsi la *Commune*, de Maroteau, la *Justice*, de Floquet, ne trouvèrent même pas grâce.

Les feuilles dévouées à la Commune et appartenant

presque toutes à ses membres ne tarirent pas un instant de dénonciations contre les autres journaux et ne cessèrent d'en réclamer la suppression jusqu'à ce qu'il n'en restât plus un.

Lissagaray, l'ancien général improvisé par Gambetta, inaugurait, le 3 avril, son premier numéro de l'*Action* par cet article :

> Nous demandons la suspension sans phrase de tous les journaux hostiles à la Commune. Paris est en état de siège réel. Les Prussiens de Paris ne doivent pas avoir de centre de ralliement, et ceux de Versailles des informations sur nos mouvements militaires.
>
> Lissagaray.

Lissagaray appelait Prussiens de Paris des collègues qui s'étaient battus pendant le siége contre les Prussiens, tandis que lui, M. Lissagaray, général de génération spontanée, organisait en province, où il s'était rendu avant le blocus, des camps fantaisistes. Lissagaray — qui est jeune — demandait encore à la Commune de prendre de jeunes généraux. Ce Lissagaray était de ceux qui avaient la nostalgie du galon.

Le *Vengeur*, de Félix Pyat, avait une autre manière; lorsqu'un mandat notifié par le citoyen Le Moussu, commissaire de la Commune, supprima d'un coup une demi-douzaine de ses confrères, il annonça le fait par la facétie que voici :

> Il y a au moins des journaux qui ont plus de pudeur, et qui préfèrent *suspendre leur publication*, comme le *Constitutionnel*, les *Débats* et le *Paris-Journal*, qui n'ont pas paru ce matin.

Nous connaissions, en matière de presse, les avertissements, les procès, les suspensions administratives ou judiciaires, etc.; mais nous ne connaissions pas encore les suspensions *volontaires*... par ministère du commissaire de police. Il était réservé au régime de l'indépendance sans limites de nous révéler cette innovation, comme tant d'autres.

Le *Cri du peuple*, de Jules Vallès, dont les bureaux donnaient sur le même palier que ceux du *Messager de Paris*, journal financier d'une modération politique extrême, dénonça son confrère en de tels termes, que le rédacteur en chef, Eugène Rolland, l'un des hommes sympathiques et aimés de la presse parisienne, dût recourir à des expédients désespérés pour se soustraire aux bandits qui l'eussent fusillé. Son gendre, Édouard Hervé, l'éminent et énergique directeur du *Journal de Paris*, faillit payer pour son beau-père, et le rédacteur principal du *Messager*, Henri Duguiès, écrivain distingué, camarade dévoué, arrêté par provision, ne dût son élargissement qu'à de pressantes et nombreuses démarches.

Nous avons trop de dégoût pour le *Père Duchesne* et ses hideux auteurs; nous ne reproduirons pas leurs dénonciations journalières toujours suivies d'effet; car il fut très-remarqué que chaque motion de ces ignobles gueux se trouvait immédiatement réalisée par leurs compères de l'Hôtel-de-Ville. C'est par eux en grande partie que fut amenée l'incarcération de Gustave Chaudey, rédacteur du *Siècle*, dénoncé comme ayant, en sa qualité d'adjoint, présidé à la défense de l'Hôtel-de-Ville le 22 janvier, et par suite l'assassinat féroce de ce généreux citoyen.

Les plus immondes bandits exerçaient droit de basse justice à l'égard des journaux. Voici le texte d'un certificat de saisie opérée à la gare du chemin de Paris à Versailles :

« Le comité de légion au XVIIe arrondissement déclare aux rédacteurs de *Paris-Journal* et la *Chronique illustrée*, que le porteur du présent a été saisi de journaux dimanche matin, au train de 10 heures 85, et invite la rédaction à ne pas publier avec légèreté les faits qu'on lui rapporte et qui sont erronés.

« *Le Délégué du comité de la* 17e *légion,*

« DANKLIN. »

« 100 *Paris-Journal.*
« 50 *Chronique illustrée.* »

Un paragraphe est dû ici à la traque exercée contre le jeune et vaillant directeur du *Bien public*, Henri Vrignault. Ce fut une véritable chasse à l'homme, dans laquelle lui, son frère Charles et leurs collaborateurs jouèrent vingt fois leur tête. L'exaspération des condottiers de la Commune ne se décrit pas. De sa retraite, Vrignault les mitraillait des vérités les plus dures ; son républicanisme honnête et sincère le leur rendait surtout dangereux. Le *Bien public* se multipliait, et supprimé sous ce titre reparaissait successivement dans la même forme et avec la même énergie sous ceux de la *Paix*, de l'*Anonyme* et du *Républicain*. Les typographes hardis et frappés du courage du jeune publiciste le secondaient, et ne demandaient qu'à partager son péril et sa lutte. Celle-ci ne finit que par le décret qui interdisait, sous peine de la loi martiale, la création d'aucun journal, encore les compositeurs offrirent-ils de s'installer dans une cave, si Vrignault y consentaient. C'eût été faire courir à de si braves gens un péril disproportionné avec le but à obtenir, mais on eut beaucoup de peine à les convaincre.

La *France* reparut aussi, avec la signature de son courageux et éminent rédacteur en chef, E. Masseras, sous le titre du *Spectateur*, arrêté au troisième numéro.

Les rédacteurs du *Temps* substituèrent à celui-ci le *Bulletin du jour*, rapidement supprimé.

Le *Journal de Paris*, qui réussit, malgré la rigueur de sa polémique, à se maintenir à la dernière quinzaine, essaya de devenir l'*Écho du soir* ; à son troisième ou quatrième numéro, ses ateliers furent envahis et saccagés.

Le *National*, grand et petit format, dont l'opposition était cependant très-modérée, ne pouvait pas échapper. Il essaya successivement des titres du *Journal Populaire*, *Corsaire*, *Pirate*, qui furent supprimés dès leurs premiers numéros.

La *Politique*, journal de création toute récente, supprimé presqu'à son apparition, essaya de s'appeler la *Discussion* et ne vécut pas davantage.

Quelques journaux suspendirent d'eux-mêmes leur publication, ce furent la *Presse*, le *Journal des Villes et Campagnes*, et le *Mot d'ordre* de Rochefort. Rochefort, ainsi qu'il résulte d'une lettre saisie à Versailles, avait projeté de quitter la partie, au moment où elle devenait par trop critique. Il espérait se trouver à Bruxelles vers le 20 mai. C'est à cette date, en effet, qu'il annonça en ces termes qu'il cessait sa publication :

Monsieur le rédacteur,

Je vous serais vivement obligé si vous vouliez bien annoncer à vos lecteurs qu'en présence de la situation faite à la presse, le *Mot d'ordre* croit de sa dignité de cesser de paraître.

Salut fraternel, HENRI ROCHEFORT.

On ne peut s'empêcher de remarquer, après avoir pris lecture de cette lettre, combien le *Mot d'ordre* était plus soucieux de sa dignité que la *Lanterne* ou la *Marseillaise*. Autres temps, autres mœurs.

Quelques-uns, à mesure qu'on les persécutait, allèrent se faire imprimer extra-muros : à Versailles, à Corbeil, à Saint Germain, etc.

Les premiers atteints par la persécution furent le *Figaro* et le *Gaulois*, dont la verdeur mordante incommodait les coryphées du Comité central. Mais, en même temps qu'on défendait à M. Dubuisson d'imprimer le *Figaro*, on le sommait, par réquisition, d'imprimer la *Commune*, appartenant à l'un des chefs du prétendu nouveau Gouvernement. Ce fut une compagnie entière de la garde nationale qui vint intimer cet ordre, et cette compagnie, munie de pouvoirs en règle, remit le mandat *régulier* signé du « *général* Lullier. »

Les citoyens Lullier, Cournet, Rigault, Ferré se signalèrent successivement dans cette guerre aux journaux. Mais on chercherait inutilement à l'*Officiel* le texte de tous les arrêtés. Cela se faisait avec le plus parfait arbitraire, on insérait ou l'on n'insérait pas, suivant le caprice du tyran; parfois la notification n'avait que deux lignes, comme celle-ci :

Le délégué à la sûreté générale, à la requête du procureur de la Commune, arrête :
Le journal le *Siècle* est et demeure supprimé.
Signé : FERRÉ.

Parfois elle entrait dans des développements politiques et philosophiques, tels que ceux-ci, qui accompagnaient entre autres la suppression de la *France* et de six de ses confrères, à la date du 5 mai, sous la signature de Cournet :

« Considérant qu'il serait contraire à la moralité publique de laisser continuellement déverser par ces journaux la diffamation et l'outrage sur les défenseurs de nos droits, qui versent leur sang pour sauvegarder les libertés de la Commune et de la France ;

« Considérant que le gouvernement de fait qui siége à Versailles interdit dans toutes les parties de la France, qu'il trompe, la publication et la distribution des journaux qui défendent les principes de la révolution représentés par la Commune, etc., etc. »

Un nommé Le Moussu, s'intitulant commissaire délégué (la délégation était le tic de ces maniaques frénétiques), procédait la plupart du temps à ces exécutions. Il y avait droit par son ignorance crasse, qui lui rendait naturellement odieux tout ce qui était intelligent et éclairé. Voici le texte authentique et précieux de l'arrêté notifié en son nom à la *Patrie :*

COMMUNE DE PARIS.   Paris, 19 mai 1871.

Cabinet du commissaire de police

Nous, commissaire des délégués au Comité de salut public :
Conformément au décret de ce jour, *nottifions* aux imprimeurs et rédacteurs du journal *la Patrie* la suppression de ladite feuille, ainsi que l'article *deûme* (Sic) *défendent* la création de *tous nouveaux* journal.
Pour le citoyen LE MOUSSU,
Le Secrétaire : (Signature illisible).

Le Moussu eut aussi parmi ses aides un certain Pilotell, caricaturiste excellant dans le genre obscène... Pilotell fut comme Le Moussu commissaire et délégué; mais un coup de maître, qu'il ne réussit qu'à moitié, lui attira des ennuis. Ce bohême devait pas mal d'argent, à titre d'avance, à M. Polo, directeur de l'*Eclipse*. Pour s'acquitter, il prit une poignée d'argousins à képi, envahit le domicile de son créancier, notifia l'interdiction du journal qui lui avait donné souvent du pain, et emmena son directeur en prison. L'esclandre fut tel, que M. Polo fut élargi, — exception rare! et que l'*Officiel* annonça que le citoyen Pilotell était mis en disponibilité pour « des négligences de formes qui n'entachent en rien l'honorabilité de ce citoyen. » Ces irrégularités, bien excusables, en effet, aux yeux des gens de la Commune, consistaient dans la *distraction* d'une somme qui se trouvait chez M. Polo avant la visite du délégué de la Commune, et qui ne s'y trouvait plus après.

Nous ne saurions entrer dans le détail de toutes ces persécutions; il nous faut nous borner à la liste du martyrologe des journaux tués par le prétendu Gouvernement dont le libéralisme devait étonner le monde. Mais une mention est due au *Journal officiel*, sur lequel ils mirent la main dès leur début. Le citoyen Lullier, en sa qualité de général et d'omnipotent, y délégua d'abord son ami Lebeau, qui eut pour collaborateurs Longuet, Barberet et Vésinier. Lebeau ne péchait point précisément par la modestie, car dans une lettre du 29 mars adressée à la *Cloche* il nous révèle ceci entre autres choses piquantes :

Lors de la prise de l'Hôtel-de-Ville, mon ami Lullier me fit appeler et me demanda à quel poste je voulais être délégué. Je réfléchis un moment, et ensuite je lui demandai l'*Officiel*, en lui déclarant qu'avec ce journal et mes profondes études sur les diverses révolutions, je pourrais soulever la province contre le gouvernement Thiers.

Il mit aussitôt trois compagnies à ma disposition pour aller prendre possession du *Journal officiel*.

Pendant deux jours, j'eus pour collaborateurs les citoyens Barberet et Vésinier, surtout ce dernier. Le citoyen

Longuet m'engagea à les renvoyer, en me disant que Vésinier avait écrit *les Nuits de Saint-Cloud.*

Eux partis, il devait immédiatement venir.

Il n'en fit rien, et pendant trois jours je fus seul à *l'Officiel.*

Vendredi soir, le citoyen Longuet vint avec une délégation le nommant rédacteur en chef. Lui, rédacteur en chef! Je ne vous souhaite pas, Monsieur le directeur, d'en avoir un pareil, car, pour écrire deux phrases, il met un temps incroyable; et encore, après les avoir écrites, ne les donne-t-il pas au journal...

Bref, à la suite d'arguments *frappants*, Lebeau, meurtri et dépossédé, céda la place en écumant de rage à Longuet, qu'il menaça de révélations intitulées : « De l'art d'avoir une certaine réputation, tout en étant un parfait imbécile. » Cet opuscule hélas! n'a point paru.

Voilà donc Longuet directeur sans conteste, et voici un échantillon de la prose officielle sous son règne; nous n'y changeons pas une virgule :

ÇA ET LA

On assure que le Gouvernement rural aurait reçu d'Algérie une dépêche annonçant que le général Lallemand se serait rendu complètement maître du soulèvement.

Si les Prussiens consentaient à obéir au Gouvernement susdit, *l'Allemand* serait maître partout.

Très-joli le mot... *d'ordre (non-réactionnaire).*

Les huissiers vont être forcés, pour vivre, de se porter à la députation dans nos campagnes.

Leurs études étaient closes... les petits vieux de Versailles votent la loi sur les échéances, et les protêts, dénonciations, saisies, etc., etc., pleuvent...

La Commune annule tout cela!

On nous assure que les huissiers vont former un bataillon qui va marcher sur Versailles...

— Pour protester naturellement!

Parlant à sa personne ou à un *tiers* à son service.

La vérité est parfois bonne à dire :

> Mercredi, le conseil, en séance à Versailles,
> Reçut la démission de l'homme des batailles.
> La Chambre s'en émeut, Thiers en est affecté.
> Le Flô qui l'apporta recule épouvanté.

Mais le citoyen Longuet, tout en s'efforçant de mettre le *Journal officiel* à la hauteur du *Père Duchêne*, éprouvait des tiraillements et des embarras, notamment lorsqu'il s'agissait d'insérer les comptes rendus des séances de la Commune. Ces mêmes gens qui avaient tant de fois crié contre la faculté laissée à des orateurs illustres de faire des corrections littéraires à leurs discours, altéraient, falsifiaient, écourtaient sans scrupule leurs procès-verbaux; mais ce n'était pas ce qu'ils supprimaient qui gênait Longuet, c'était ce qu'ils laissaient. Le compte rendu du 30 avril contient là-dessus de très-curieux détails.

Le citoyen Longuet. — Je suis heureux qu'on parle de l'*Officiel* lorsque je suis ici. Je vais vous faire toucher du doigt la singularité des choses qui se disent sur l'*Officiel*. (Interruptions.)

Le citoyen Chalain. — Citoyens, je tiens très peu à ce que mon nom paraisse à l'*Officiel*. Seulement, je demande pourquoi les noms des citoyens qui ont pris part à la discussion du projet Miot n'ont pas été insérés à l'*Officiel*; pourquoi, en un mot, toute la question du Comité de salut public a-t-elle été supprimée. Ce ne sont pas des reproches que j'adresse aux secrétaires-rédacteurs, qui font très-bien leur devoir; mais je demande pourquoi, quand la Commune ne s'est pas déclarée en comité secret, la séance toute entière n'est pas publiée au grand jour. Je suis un de ceux qui ont combattu la publicité de nos séances; mais puisque la question a été décidée, il faut que tout soit publié.

Le citoyen Longuet. — A l'*Officiel*, on m'apporte des comptes rendus assez mal faits pour que, de ma propre initiative, je sois obligé de retrancher quelques mots malheureux. Mais si je n'ai eu qu'une valeur négative à l'*Officiel*, on ne peut pas me la refuser. D'ailleurs, j'ai conservé les procès-verbaux, que je pourrai vous montrer. Maintenant je crois que le citoyen Miot est d'accord avec moi.

Mais la question de l'*Officiel* avait été soulevée l'autre jour, et, à ce propos, j'avais fait une proposition; je l'avais faite officieusement. Avant de rentrer plus au fond de la situation, que je trouve intolérable... (Bruit.)

Le citoyen Parisel. — Je n'ai rien à ajouter au procès-verbal qui vient d'être lu, mais bien à celui qui a été inséré à l'*Officiel.* J'ai donné ma démission de la Commission des subsistances, et non du travail et d'échange, parce que j'étais chargé d'une délégation très-importante.

Le citoyen Président. — En effet, il ne faut pas que nous ayons l'air de donner notre démission parce que nous ne voulons rien faire.

Le citoyen Miot. — On a supprimé toute la partie de la séance relative à ma proposition, c'est ce dont je me plains.

Le citoyen Président. — Comme sténographie, la séance est très-bien prise, et dans son entier; mais ce sont les secrétaires qui en ont escamoté une partie dans l'*Officiel*. (Vives réclamations.)

Au citoyen Longuet succéda, le 13 mai, Vésinier, dont les titres n'ont pas besoin d'être énumérés. Quand on a écrit *Les Nuits de Saint-Cloud*, on doit mourir au bagne ou dans le ruisseau; Vésinier a obtenu le ruisseau.

LISTE DES JOURNAUX CRÉÉS OU REPARUS
SOUS LA COMMUNE.

L'*Affranchi*, par Paschal Grousset. Grand in-fol., 2 pages, n'eut que quelques numéros, ce qui se comprend facilement, le citoyen délégué aux affaires étrangères ayant tant à faire dans son emploi !

Extrait de l'*Affranchi :*

Les gens de Versailles assassinent les prisonniers républicains et mutilent d'une manière horrible les cadavres. — Œil pour œil, dent pour dent. — Les portes de Paris sont fermées. — Nul ne peut sortir de la ville. — Nous avons en main des otages. — Que la Commune rende un décret, que les hommes de la Commune agissent. — A chaque tête de patriote que Versailles fera tomber, qu'une tête de bonapartiste, d'orléaniste, de légitimiste de Paris roule comme réponse. — Allons! soit! Versailles le veut. — La terreur ! OLIVIER PAIN.

L'*Ami du Peuple*, par Vermorel, d'abord in-4°, puis in-fol. N'eut que quelques numéros contenant surtout *l'éreintement* de Félix Pyat, qui avait appelé Vermorel, dans le *Vengeur*, *Bombyx à lunettes*. Dam! entre collègues...

L'*Anonyme*, une des transformations du *Bien public*, du courageux publiciste Henri Vrignault. Eut peu de numéros.

L'*Avant-Garde*, par Secondigné. Grand in-fol., 2 pages, paraissant tous les jours. Se donna la tâche toute spéciale d'inventer des calomnies quotidiennes sur l'armée de Versailles.

Bon Sens (le), journal des honnêtes gens. 4 pages grand in-fol. Bureaux, 55, rue des Grands-Augustins. 3 numéros seulement. — Prédications conciliatrices; excellentes intentions, mais offrant peu d'intérêt.

Bulletin du jour, par les rédacteurs du *Temps*. 2 pages in-fol. 1 numéro. Journal dirigé contre la Commune.

La Commune, par des rédacteurs du *Combat* et du *Vengeur*. 2 pages grand in-fol., paraissant tous les jours. — Ce journal, qui compta parmi ses rédacteurs G. Daubès, H. Brissac, L. Dagé, Capdevielle, C. Clodoud, Émile Clerc, marcha constamment à la remorque de Félix Pyat : c'est-à-dire que le mensonge, l'excitation la plus brutale, l'appel aux mauvaises passions, furent ses œuvres permanentes.

Le Corsaire, transformation du *Petit National*.

La Discussion, grand in-fol., 2 pages. N'eut que quelques numéros. La Commune n'aimait pas qu'on discutât.

Écho du soir, transformation du *Journal de Paris*.

L'Estafette, par Secondigné. Grand in-fol., 2 pages, paraissant tous les jours.—Ce journal avait la spécialité des nouvelles à sensation : il annonçait chaque matin une victoire des fédérés qui avait coûté 20,000 hommes aux troupes de Versailles.

L'Étoile, une des transformations du *Soir*. N'eut que 2 ou 3 numéros.

Le Fédéraliste, par Odysse Barot. Grand in-fol., 2 pages. Dévoué à la Commune.

Le Figaro, par H. de Villemessant, 4 pages gr. in-fol., 1 seul numéro, le 20 mars. — Ce journal, supprimé violemment alors que le Comité central affichait effrontément son prétendu respect de la liberté de la presse, tenta de reparaître lorsque les élections constitutives de la Commune furent accomplies ; mais il fut frappé de nouveau par ces hommes qui se plaignaient qu'on leur reprochait d'être des inconnus, parce qu'ils craignaient que la feuille de M. de Villemessant ne les fît trop connaître.

Le Fils Duchêne, 8 pages in-8, paraissant deux fois par semaine avec une caricature enluminée à la première page. — Cette feuille, tout en paraissant soutenir la Commune, lui décochait de vives railleries à l'emporte-pièce.

Le Grelot, in-fol., 4 pages, paraissant le samedi, avec une caricature. Journal spirituel et bien fait qui se moquait agréablement des citoyens communeux.

L'Indépendance française, gr. in-fol., 2 pages, paraissant tous les jours. Couleur peu tranchée.

La Justice, par Ch. Floquet. N'eut que quelques numéros.

Journal populaire, transformation du *National*.

La Mère Duchêne, 8 pages in-8. N'eût que quelques numéros. Pastiche du *Père Duchêne*.

Le Moniteur du Peuple, ancien *Moniteur de la guerre*, gr. in-fol., de 2 pages, paraissant tous les jours. Journal dévoué à l'insurrection, rédigé par un certain G. Sol, qui fut expulsé autrefois du *Courrier français*, pour avoir été reconnu pour l'enseigne de marine du même nom, forcé de quitter la carrière maritime à la suite d'un vol qu'il commit au préjudice d'une fille de mauvaises mœurs.

La Montagne, par G. Maroteau. Grand in-folio, 2 pages, paraissant tous les jours. Dévoué à la Commune et prêchant le pillage et l'assassinat. Profession de foi de la *Montagne*.

Quand ils sont à bout de mensonges et de calomnies, quand leur langue pend; pour se remettre, ils se trempent le nez dans l'écume du verre de sang de Mlle de Sombreuil.

Ils sortent de sa tombe le général Bréa, agitent le suaire de Clément Thomas.

Assez !

Vous parlez de vos morts; mais comptez donc les nôtres !

Compère Favre, retrousse ta jupe pour ne pas la franger de rouge, et entre, si tu l'oses, dans le charnier de la Révolution.

Les tas sont gros.

Voici prairial et thermidor; voici Saint-Merry, Transnonnain, Tiquetonne...

Que de dates infâmes et que de noms maudits !

Et sans remonter si haut, sans fouiller la cendre des ans passés, qui donc a tué hier et qui tue encore aujourd'hui?

Qui donc a enrôlé Charette et Failly? qui donc a battu le rappel en Vendée, lancé sur Paris la Bretagne?

Qui donc a mitraillé au vol un essaim de fillettes à Neuilly?

Bandits !

Mais aujourd'hui c'est la victoire, non la bataille, qui marche derrière le drapeau rouge. La ville entière s'est levée au son des trompettes; nous allons, vautours, aller vous prendre dans votre nid, vous apporter tout clignotants à la lumière.

La Commune vous met ce matin en accusation; vous serez jugés et condamnés. Il le faut !

Heindreich, passe ton couperet sur la pierre noire.

Oui !

En fondant la *Montagne!* j'ai fait le serment de Rousseau et de Marat : *Mourir s'il le faut, mais dire la vérité.*

Je le répète : il faut que la tête de ces scélérats tombe!

GUSTAVE MAROTEAU.

Le Mot d'Ordre, par H. Rochefort. Grand in-folio, 2 pages, paraissant tous les jours. — Ce journal, fondé le lendemain de la signature de l'armistice avec la Prusse, avait pris le régicide pour *mot d'ordre*. Son rôle, plein de duplicité, sous la Commune fut indigne : il partagea avec le *Père Duchêne* le rôle de dénonciateur.

La Nation souveraine, rédacteur en chef, Alexandre Rey. Grand in-folio, 4 pages, paraissant tous les jours. 20 numéros. Nous ne pouvons que donner nos éloges sans restriction à cette feuille courageuse, qui lutta audacieusement contre le pouvoir tyrannique de la Commune.

Paris-Libre, par Vésinier. Grand in-folio, 2 pages, paraissant tous les jours. — Ce journal donnait tous les jours la liste des mouchards : cette liste n'était autre chose que la nomenclature des gens coupables d'avoir demandé des emplois publics sous l'Empire et que l'on désignait de la sorte aux vengeances des fédérés. Publia un feuilleton intitulé : *les Pauvres B......* La critique la plus hardie se refuse à l'analyse de cette œuvre immonde.

Le Père Duchêne, 4 pages in-8°, paraissant tous les jours. — Cette feuille infecte, rédigée par Vermersch, A. Humbert et M. Vuillaume, en un style qu'on ne rencontre même pas dans les plus mauvais lieux, se donnait le rôle d'espion public. Chaque numéro était une dénonciation et un appel à la violence. On sait que c'est *le Père Duchêne* qui provoqua l'arrestation de l'infortuné Gustave Chaudey.

Numéro du 5 avril.

C'est la première fois que le Père Duchêne fait un post-scriptum à ses articles bougrement patriotiques.

Mais foutre de foutre !

C'est aussi que jamais le Père Duchêne n'aura été si joyeux ! Oui, nom de nom !

Comme les affaires de la Sociale vont bien !

Et comme les jean-foutres de Versailles sont foutus plus que jamais !

Enfin tous les vœux du Père Duchêne sont comblés.

Et il peut dès à présent mourir !

Les battements de son cœur auront, pour la seconde fois en moins de quinze jours, salué la Révolution sociale triomphante !

Et savez-vous pourquoi le Père Duchêne est si content, bien qu'il y ait eu aujourd'hui une centaine de bons bougres de ses amis de tués?

C'est que, malgré toutes les excitations des mauvais jean-foutres, nous avons été attaqués les premiers par les hommes de Versailles.

Ce sont eux — j'en appelle à ta justice, Histoire de l'an 79 de la République française! — ce sont eux qui ont ouvert la guerre civile!

Il y a, il est vrai, des patriotes qui sont morts aujourd'hui pour le salut de la nation.

Gloire à eux,

La Nation est sauvée,

Et l'honneur de la race future est sauf comme le nôtre.

Nous baiserons vos plaies, ô patriotes qui êtes morts pour la nation et pour la Révolution sociale,

Et nous nous souviendrons que la couleur du drapeau rouge a été rajeunie dans votre sang!

Le Père Fouettard, 8 pages in-8°, paraissant tous les jours. Pastiche du *Père Duchêne*

Le Pirate, transformation du *Corsaire*.

La Politique, transformation de la *Discussion*.

Le Prolétaire, par Paul Durand. N'eut que quelques numéros.

La République, grand in-fol., 2 pages, paraissant tous les jours. Couleur mal définie.

Le Salut public, par Gustave Maroteau, grand in-fol., 2 pages, paraissant tous les jours. Dévoué à la Commune.

La Sociale, grand in-fol., 2 pages, paraissant tous les jours. — Ce journal ne fut qu'une compilation des articles virulents des autres feuilles communardes.

Le Spectateur, par M. Masseras, grand in-fol., 2 pages, n'a eu que 2 ou 3 numéros.

Le Tribun du Peuple, par Lissagaray, grand in-fol., 2 pages, paraissant tous les jours. Dévoué à la Commune.

Le Vengeur, par Félix Pyat, grand in-fol., 2 pages, paraissant tous les jours.—Cet organe du fougueux révolutionnaire se distingua par la virulence de ses attaques et la mauvaise foi de ses articles. Voici un spécimen du style.

On m'a conté que dans la nuit, la veille des anniversaires, des tombereaux chargés d'immortelles, venant du quai des Orfèvres, apportaient à la gloire impériale *le tribut de reconnaissance du peuple*. Derrière ces voitures marchait pesamment une brigade de la centrale, qui, sous la direction de son officier de paix, renouvelait l'ornementation de la colonne, absolument comme une femme de chambre change la garniture d'un vase à fleurs.

C'est ainsi que Napoléon III savait organiser l'enthousiasme!

On va la déboulonner, cette colonne. Mais il ne faut pas s'en tenir là. Il faut qu'aucun vestige n'en subsiste; il faut la mettre au creuset, la fondre, en faire des sous, beaucoup de sous, qu'on jettera à poignées dans le tablier noir des veuves, dans la casquette fanée des orphelins que fait, à l'heure présente, le bombardement.

Comme cela, au moins, ce tuyau de cheminée sculpté, coiffé d'un bonhomme en pain d'épice, aura servi à quelque chose.   HENRI BELLENGER.

L'Union française, par Émile de Girardin, grand in-fol., 2 pages, paraissant tous les jours.—C'est dans cette feuille que le versatile publiciste émit l'idée de partager la France en quinze groupes fédératifs.

LISTE DES JOURNAUX QUI FURENT ÉPARGNÉS PAR LE DÉCRET DE SUPPRESSION DU 19 MAI 1871.

Le Rappel. — *Le Vengeur*. — *Le Cri du Peuple*. — *Le Réveil du Peuple*.—*Le Père Duchêne*.—*Paris-Libre*.—*Le Tribun du Peuple*. — *Le Salut public*. — *Le Journal officiel*. — *La Vérité*. — *Le Journal populaire*. — *Le Bulletin du Jour*. — *La Politique*.— *La Constitution*. — *L'Avant-Garde*. — *L'Estafette* et le *Fédéraliste* d'Odysse Barot.

CHAPITRE XV.

LES TENTATIVES DE CONCILIATION.

L'Union républicaine. — La Ligue pour la défense des droits de Paris. — La Commune ne veut pas de conciliation. — Attitude digne de M. Thiers. — Ses déclarations. — Faux-fuyants de la Commune. — L'armistice de Neuilly. — La Franc-Maçonnerie. — Le conspiration des brassards.

Ce tableau de l'histoire de Paris, sous le règne de la Commune de 1871, serait incomplet si nous passions sous silence les efforts faits dans le but d'amener une entente, une conciliation entre Paris et Versailles. Cependant, nous serons bref sur ce chapitre, parce qu'à part la tentative du 8 avril, les réunions, les proclamations et les démarches qui prirent tour à tour pour enseigne la *Ligue de l'Union républicaine des droits de Paris*, ne furent que des comédies au profit de la Commune, jouées par des compères, des naïfs et des individualités sans mandat.

Nous avons raconté comment les gens de l'Hôtel-de-Ville interdirent brutalement et cyniquement la réunion projetée par le parti républicain conservateur, dans le but d'étudier les voies et moyens d'une conciliation. L'arrêté, digne du *Père Duchêne*, était ainsi formulé :

COMMUNE DE PARIS.

La réaction prend tous les masques, aujourd'hui celui de la conciliation ;

La conciliation avec les chouans et les mouchards qui égorgent nos généraux et frappent nos prisonniers désarmés.

La conciliation, dans de telles circonstances, c'est trahison.

Considérant qu'il est du devoir des élus du peuple de ne pas laisser frapper par derrière les combattants qui défendent la cité ;

Que nous savons, de source certaine, que des Vendéens et des gendarmes déguisés doivent figurer dans ces réunions dites conciliatrices, arrête :

Art. 1. La réunion annoncée pour ce soir à six heures, salle de la Bourse, est interdite. — Art. 2. Toute manifestation propre à troubler l'ordre et à exciter la guerre intérieure pendant la bataille sera rigoureusement réprimée par la force. — Art. 3. Toute contravention au présent arrêté est déférée au délégué à la guerre et au commandant de la place.

Signé : F. COURNET, DELESCLUZE, FÉLIX PYAT, TRIDON, E. VAILLANT, VERMOREL, *membres du Comité d'exécution.*

Cet arrêté disait assez que la Commune ne voulait pas de conciliation, et qu'elle repousserait tout ce qui y ressemblerait. En effet, un tiers des journaux dont nous donnons le martyrologe furent supprimés pour avoir prêché cette idée.

Cependant, on vit se former bientôt, sous le nom de *ligues*, des associations se prétendant neutres entre les deux camps et animées du seul désir de les réconcilier. Ces associations n'eurent qu'une existence éphémère, manifestée par les placards de toutes couleurs qui tapissèrent les murailles. Une seule, constituée plus adroitement et plus solidement, survécut et opéra réellement, surtout à cause de l'appui que lui prêtèrent deux journaux qui jouèrent un rôle pareil à celui du bon M. Tartufe : la *Vérité* du citoyen Portalis, et le *Siècle*, que ses louvoiements ne purent à l'heure de la crise décisive sauver du naufrage.

La Ligue d'Union républicaine prétendit, en raison de sa neutralité, s'instituer intermédiaire entre le Gouvernement de Versailles, qui refusait d'entrer en pourparlers directs avec les gens de la Commune, considérés avec raison par lui comme des insurgés, et la Commune elle-même. Elle désigna MM. A. Desonnaz, A. Adam et

Bonvallet pour aller en délégation auprès de M. Thiers, et voici le programme dont ces messieurs furent chargés de demander la ratification :

Paris élit son conseil communal, chargé de régler seul le budget de la ville. La police, l'assistance publique, l'enseignement, la garantie de la liberté de conscience relèvent uniquement de lui.

Il n'y a d'autre armée à Paris que la garde nationale, composée de tous les électeurs valides. Elle élit ses chefs et son état-major suivant le mode réglé par le conseil communal, de telle façon que l'autorité militaire soit toujours subordonnée à l'autorité civile.

Paris fournit sa quote-part des dépenses générales de la France et de son contingent en cas de guerre nationale.

L'armée régulière n'entre point à Paris, et il lui est fixé une délimitation qu'elle ne peut franchir, comme à Rome autrefois, comme à Londres aujourd'hui, et comme à Paris même sous la Constitution de l'an III.

Paris élit ses fonctionnaires et ses magistrats.

A moins d'être aveugle, les contradictions et l'outrecuidance d'un tel programme devaient sauter aux yeux. Quand ses rédacteurs prétendaient « que Paris ne se séparait pas de la France, » ils pouvaient être de bonne foi; mais ils étaient non moins certainement dans la plus étrange des erreurs. Paris, avec les institutions qu'ils lui attribuaient, devenait par la force des choses une cité à part, qui non-seulement cessait de pouvoir jouer à un degré quelconque le rôle de capitale, mais que son organisation particulière mettait rapidement en dehors de la vie nationale, surtout avec les excentricités que ne manqueraient pas d'y introduire avant peu les vicissitudes du scrutin populaire.

Cependant, les délégués furent reçus par M. Thiers, qui leur fit une réponse de nature à satisfaire tous ceux qu'armait la seule et sincère revendication des droits de Paris. Le chef du pouvoir exécutif, obligé de maintenir intacte entre ses mains l'autorité que la France lui avait confiée par l'intermédiaire de l'Assemblée, ne pouvait ni subir des conditions, ni prendre des engagements, qui, en humiliant cette autorité, eussent du même coup porté la plus déplorable atteinte au grand principe de l'unité nationale. Il fit connaître loyalement ses intentions, et alla, sous ce rapport, jusqu'à la limite qu'un chef d'État, de quelque nom qu'il se nomme, ne doit pas franchir.

Mais, si mesurée qu'elle fût, la réponse de M. Thiers n'en renfermait pas moins ces quatre choses ainsi stipulées :

« 1° L'affirmation de la République;

« 2° La reconnaissance complète, absolue, des droits municipaux de Paris qui, sortant enfin du régime exceptionnel auquel il a été soumis si longtemps, jouira des mêmes franchises que toutes les autres villes de France;

« 3° La promesse d'une amnistie générale pour tous les faits de guerre, sous la seule réserve des crimes commis contre le droit commun;

« 4° Dès à présent, une suspension d'armes de fait qui résultera de l'attitude pacifique de la garde fédérée elle-même. »

Le rapport des trois délégués constatait, en outre de ces quatre points capitaux, ceux que voici :

M. Thiers déclare qu'il ne peut ni ne veut traiter d'un armistice; mais il dit que, si les gardes nationaux de Paris ne tirent ni un coup de fusil, ni un coup de canon, les troupes de Versailles ne tireront ni un coup de fusil, ni un coup de canon, jusqu'au moment indéterminé où le pouvoir exécutif se résoudra à une action et commencera la guerre.

M. Thiers ajoute : « Quiconque renoncera à la lutte armée, c'est-à-dire quiconque rentrera dans ses foyers en quittant toute attitude hostile, sera à l'abri de toute recherche.

« M. Thiers excepte seulement les assassins des généraux Lecomte et Clément Thomas, qui seront jugés si on les trouve.

« M. Thiers, reconnaissant l'impossibilité, pour une partie de la population actuellement privée de travail, de vivre sans la solde allouée, continuera le service de cette solde pendant quelques semaines. »

Tel était le programme du Gouvernement légal. On attendait celui de la Commune, mais on l'attendit vainement. Les hommes de l'Hôtel-de-Ville ne voulaient ni entente ni conciliation. Au surplus, voici un très-important document, qui le témoigne assez, et qui contient en outre la seule réponse que les diverses ligues et associations de conciliation aient jamais obtenue d'eux. Les maires, adjoints et conseillers municipaux de la Seine s'étaient réunis le 22 à Vincennes, et leur délégation, ayant été reçue le 23 à Versailles par M. Thiers, rendit compte de ses démarches à la Commune. Voici son rapport :

Les membres de la commission ont remis le 26, à la Commune de Paris, les déclarations de M. Thiers. Le 27. la commission, introduite près du citoyen Paschal Grousset, chargé de la recevoir au nom de la commission exécutive, a recueilli les paroles suivantes :

« La commission exécutive donne acte, par écrit, de sa communication à la délégation des municipalités de la Seine; mais c'est la seule réponse qu'elle puisse y faire.

« En dehors des termes de cette réponse officielle, — a repris le citoyen Paschal Grousset, — je vous ferai remarquer que votre désir fort honorable de conciliation se trouve entravé, dès le début, par cette déclaration de M. Thiers « qu'on n'aperçoit pas de moyens de conciliation possibles entre lui et des coupables. »

« Versailles se refuse donc à toute conciliation. La Commune de Paris est prête, au contraire, à la conciliation; mais elle ne peut avoir lieu que par la reconnaissance des droits que nous défendons et que nous avons reçu mission de défendre par les armes, si nous ne pouvons en obtenir la consécration par un arrangement.

« La Commune de Paris n'a pas la prétention d'imposer sa loi à la France. Elle entend se borner à lui servir d'exemple. Nous n'aspirons qu'à faire cesser l'effusion du sang. Mais Paris veut que sa révolution communale s'achève, et la Commune la fera triompher au nom du droit, car la Commune de Paris se regarde comme un pouvoir plus régulier que celui de Versailles, qui ne représente qu'un pays foulé par l'étranger, ayant voté sous l'empire de sentiments difficiles à apprécier. »

Après les réponses qui précèdent, recueillies à Versailles et à Paris, il est constant que le terrain de conciliation, que la Commission des municipalités de la Seine avait pour mission de rechercher, échappe, quant à présent, à ses efforts.

Les membres de la Commission,

COURTIN, DEHAIS, GENEVOIX, JACQUET, LECOSNIER, *Président;* LEPLANQUAIS, LETELLIER, MINOT, *Secrétaire;* PRUDON, ROUGET DE L'ISLE.

Il est assez clair que la Commune, résolue en principe à ne rien céder, à ne rien entendre et à se maintenir à l'état de pouvoir absolu, se moquait des conciliateurs, et que, si elle tolérait désormais leurs démarches, c'était à condition que leurs propositions consisteraient à dire à l'Assemblée : « Mettez-vous à genoux devant la Commune, et demandez-lui pardon de tout le mal qu'elle vous a fait et qu'elle a fait à la France.»

Le besoin d'apaisement était si grand, on pressentait de si terribles malheurs, que chacun cependant cherchait un expédient, sans se rebuter du parti pris des tyrans de l'Hôtel-de-Ville de ne rien entendre et de ne rien faire.

Plusieurs nouvelles délégations de la Ligue de l'Union républicaine firent le voyage de Versailles. L'une d'elles, composée de MM. Georges Lechevalier, Paraf-Javal et le Dr Villeneuve, emportait l'adhésion des 58 chambres syndicales de l'Union nationale, de 24 chambres syndicales ouvrières, de la Société pour l'instruction élémentaire, et, prétendait-on, de la Franc-Maçonnerie. Nous expliquerons tout à l'heure au juste le rôle de cette dernière. Mais le résultat de toutes ces allées et venues était tracé d'avance. M. Thiers répétait son programme, et la Commune ses fins de non-recevoir.

Le plus net de tout cela, c'est que la Ligue d'Union républicaine, appuyée par *le Siècle* et *la Vérité*, qui la préconisaient à l'envi et exagéraient son importance, rendait à la Commune de déplorables services. Elle l'aidait à tromper le peuple de Paris sur la véritable situation des choses et sur les véritables causes de la guerre civile ; elle l'aidait à ébranler l'autorité légitime du suffrage universel, régulièrement représenté par l'Assemblée nationale.

Le journal *le Temps* mit à son tour en avant une proposition qui ne dut l'attention qu'elle obtint pendant deux jours, qu'à cette soif d'apaisement et de délivrance qui possédait la population inquiète et terrifiée.

1° Une trêve de vingt-cinq jours ;
2° L'élection d'une Commune nouvelle, dans les formes de la loi votée par l'Assemblée, avec mandat de traiter avec Versailles, sur les bases du maintien de la République, des libertés municipales et d'une amnistie complète et générale.

Cette proposition ne supportait pas l'examen. D'abord elle n'avait aucune chance de tirer la Commune de son silence systématique, ensuite elle laissait dans un vague plein de dangers les points les plus essentiels à régler, et sans le règlement desquels la situation présente risquait constamment de se reproduire d'un moment à l'autre. Pour qu'il y eût pacification durable, il fallait qu'il y eût au moins un commencement d'explications sur la manière dont seraient comprises et exercées, d'une part, l'autonomie de la Commune ; de l'autre, celle de la garde nationale.

Cependant, comme si elle prenait à tâche d'entasser les démarches nulles et d'aller au-devant des refus, la Ligue d'Union républicaine, saisissant cette idée, formula la proposition suivante :

La Ligue, convaincue que si une trêve était consentie entre les combattants, il en résulterait une période d'apaisement pendant laquelle les véritables conditions qui doivent mettre fin à la lutte pourraient se faire jour ;

Au nom de l'humanité, demande au Chef du pouvoir exécutif et à la Commune de Paris une trêve de vingt jours, dont les conditions seront fixées par des intermédiaires proposés par nous et acceptés des deux parts.

Il ne pouvait rien sortir de là et il n'en sortit rien, qu'un nouveau prétexte à déclamations contre le mauvais vouloir de Versailles. M. Thiers et l'Assemblée étaient placés en face d'une situation de violence telle qu'il leur était interdit d'accepter une base quelconque d'une négociation en règle, sous peine d'anéantir à tout jamais en France, non-seulement le principe d'autorité, mais le principe de la loi elle-même. Pour eux, il y avait fatalement, à l'Hôtel-de-Ville et sur les remparts de Paris, des coupables que l'on pouvait amnistier, mais avec lesquels on ne pouvait traiter. La Ligue le savait mieux que personne.

Nous ne mentionnons que pour mémoire une trêve de huit heures destinée à permettre aux habitants de Neuilly, exposés depuis plusieurs jours à un bombardement croisé entre Paris et les troupes versaillaises, de quitter leurs maisons, ou plutôt les caves où ils se tenaient blottis. Encore le ton insolent avec lequel Cluseret annonça cette trêve était-il capable de la compromettre.

Enfin, nous assistâmes, le 30 avril, sur la place du Louvre, et, le 1ᵉʳ mai, au Cirque-National, à deux scènes d'une comédie de haute intrigue. Des affiches à fracas avaient invité les citoyens des départements, présents à Paris, à se réunir pour aviser à « mettre un terme à la lutte, en affermissant la République et les franchises municipales. » Grande fut la surprise, parmi la plupart de ceux qui étaient venus sur la foi de ce programme, dans une intention patriotique, de se voir imposer un vote d'adhésion pure et simple à la Commune. Menée grand train par un bureau arrangé d'avance, sous la présidence de citoyens de la Commune même, la séance n'avait d'autre but que d'enlever un simulacre de ratification publique en faveur d'une déclaration tenue toute prête et dont les dix-neuf vingtièmes des auditeurs n'avaient pas même entendu la lecture. Aussitôt ce vote de surprise obtenu, les citoyens présidents s'empressèrent de congédier l'assemblée, pour entraîner à l'Hôtel-de-Ville un groupe de délégués qui eussent été fort embarrassés de justifier de l'origine de leur mandat, mais qui n'en étaient pas moins censés représenter la population des départements. Là, un touchant échange de protestations entre les citoyens Millière, Lefrançais, Beslay et Gérardin — tous membres de la Commune — scella l'alliance improvisée de la province et de Paris.

Le jeu était du reste assez habilement conduit. Les communalistes espéraient créer ainsi une série de mouvements fictifs, capables de faire illusion à distance, et dans lesquels ils se flattaient d'entraîner, à Paris même, un certain nombre d'esprits hésitants ou crédules. Mais le public ne s'y laissa pas reprendre, et la manifestation dite des Francs-Maçons fut le dernier acte de cette comédie.

La Franc-Maçonnerie, institution essentiellement humanitaire, qui inscrit formellement en tête de ses règlements le respect des opinions politiques et des croyances religieuses de chacun, et défend expressément l'immixtion de ses membres, en tant que Maçons, dans les affaires politiques, s'était préoccupée aussi d'une tentative de conciliation entre Paris et Versailles.

Cette démarche devait avoir le sort des autres pour les mêmes raisons.

Mais la Commune vit là une excellente occasion de recruter des défenseurs.

Elle s'empara de la manifestation du 30 avril, où les Francs-Maçons, en plantant leurs étendards, obtinrent un armistice qui ne put devenir une conciliation, par suite de la mauvaise foi des membres de la Commune, voulant toujours une abdication de l'Assemblée nationale, le seul et vrai pouvoir régulier et légal du pays.

Des réunions furent tenues au bal Dourlans et au cirque Napoléon. Le citoyen Landeck, franc-maçon et membre de la Commune, démontra que puisque Versailles ne voulait pas s'incliner devant la Franc-Maçonnerie, il était du devoir de tout franc-maçon de prendre les armes en faveur de la Commune.

Il faut avouer que cette conclusion était au moins singulière : la Franc-Maçonnerie, en tentant une conciliation, mais en restant absolument neutre entre les deux camps, était dans son rôle; elle ne pouvait, elle qui défend à ses membres de répandre le sang humain, leur ordonner de combattre, soit dans un camp, soit dans l'autre.

Les Francs-Maçons sérieux virent le piége qui leur était tendu : ils se retirèrent tous, et les réunions prétendues maçonniques qui suivirent ne se composèrent que de ces hommes rejetés des loges depuis longtemps, pour la plupart, de partisans de la Commune; ils se virent en nombre si petit qu'ils firent appel aux membres des compagnonnages.

L'autorité dogmatique, le Grand-Orient et le Suprême-Conseil du trente-troisième degré, protesta énergiquement contre ces manœuvres; les présidents de la plupart des loges de Paris se joignirent à cette protestation et l'immense majorité des francs-maçons firent de même.

Cependant, on put voir parmi les fédérés des hommes revêtus d'insignes maçonniques. Mais la Maçonnerie n'a pas besoin de s'en justifier : cet ordre n'a rien de commun avec les voleurs, les incendiaires, ni les assassins; il est, au contraire, une institution toute de fraternité et d'humanité, dont sont devenus indignes ceux qui ont pris les armes contre leurs frères défendant l'ordre et la liberté.

On aurait droit de s'étonner que les hommes d'ordre n'eussent tenté aucun effort pour se retrouver, se compter et s'organiser, en apercevant l'abîme où l'amiral Saisset, et avec lui les maires et les députés signataires des appels au vote du 26 mars, les avaient abandonnés. Ce reproche serait injuste, et si le parti de l'ordre ne fit pas autant de bruit et de démonstrations que la Ligue républicaine, il faut se rappeler que la Ligue était l'alliée au moins indirecte, sinon la complice de l'Hôtel-de-Ville, tandis que le parti de l'ordre était l'objectif de ses fureurs et de ses violences. Qu'on ne perde jamais de vue la terreur qui régnait, la possession de toutes choses par les fédérés, le régime des perquisitions, de la cour martiale et des otages.

Cependant, dès les premiers jours d'avril, un groupe

de citoyens dévoués se mettait en rapport avec Versailles, prêt à tout risquer, à tout tenter pour faire cesser le hideux état de choses sous lequel gémissait Paris, et pour préparer à l'intérieur les moyens de seconder et d'assurer les mesures militaires prises au dehors.

A la tête de ce mouvement, il y avait le colonel Domalain, de la légion bretonne, et le colonel A. Charpentier, de la garde nationale de Paris. Munis de pleins pouvoirs par M. Thiers et M. Ernest Picard, et d'accord avec le ministre de la marine et la commission des quinze, ces deux chefs s'occupèrent surtout de paralyser dans Paris l'action communaliste sur la garde nationale. Des chefs de groupes, désignés par eux, eurent bientôt conquis à la cause de l'ordre une armée de 20,000 gardes nationaux environ.

En même temps, on s'entendait avec le commandant en second des Tuileries, avec l'inspecteur général des barricades, et avec un certain nombre de chefs de l'insurrection, et le *Figaro* a donné à ce sujet des détails intéressants et précis, auxquels nous puiserons, en raison de leur origine authentique.

L'un des griefs qui motivèrent l'arrestation de Cluseret par ses propres commettants, fut le soupçon d'intelligence avec Versailles. Le fait était presque vrai. Seulement, Cluseret ne s'était pas entendu, Il ne voulait pas se rallier, il voulait se vendre, et tellement cher que cela dépassait toute invraisemblance (10 millions pour livrer les portes).

C'est le refus de ses offres et le rejet de ses propositions extravagantes qui le poussèrent lui-même, irrité, à faire des révélations qui amenèrent à la fois et son arrestation par la Commune et la découverte d'une réaction intérieure armée.

Ce fut ce que la Commune appela le *complot des brassards*, étant parvenue, en effet, à mettre la main sur quelques papiers et sur un grand nombre de drapeaux et de brassards tricolores, qui devaient être distribués aux affiliés, et leur servir de signe de ralliement.

Presque le même jour, un partisan isolé, qui s'occupait avec un zèle louable de la délivrance de Paris, d'accord avec l'état-major de la guerre, mais sans rapport avec l'état-major de la garde nationale, dont les services, à Versailles, étaient centralisés par le colonel Corbin, se faisait arrêter. En même temps, un autre fait se produisait. Le commandant de la caserne du Prince-Eugène, un nommé Picard, s'était rencontré avec un de ses créanciers, officier de la légion bretonne, et lui avait proposé de livrer, à un moment donné, la caserne aux troupes de l'ordre, moyennant une somme de 10,000 francs.

L'officier demanda à réfléchir, à consulter ses chefs et accepta un rendez-vous donné par Picard, pour traiter définitivement, au grand café Parisien, place du Château-d'Eau. Quand l'officier se présenta, Picard, qui avait pris la précaution de lui emprunter 200 francs d'avance, la veille, le fit arrêter.

Cette arrestation se fit dans des conditions assez pittoresques. Le grand café Parisien était rempli de gardes nationaux, qui attendaient, pour se ruer sur le « Versaillais, » un mot d'ordre. Ce mot, Picard devait le dire.

A un certain moment, celui-ci se leva en criant : « Garçon, un paquet de tabac. »

A ce signal, tous les fédérés se levèrent, et l'officier breton fut conduit d'abord à Mazas, puis devant le Comité central, puis à l'Hôtel-de-Ville, puis à Mazas... Il parvint à s'évader le 25 mai, et ce fut lui qui fit arrêter et fusiller Picard qui avait voulu le livrer.

On n'avait pas cru devoir fusiller cet officier ; on le gardait comme otage et on avait établi dans sa maison, rue Condorcet, une souricière sous prétexte d'arrêter ses complices.

C'est à ce moment que le colonel Domalain envoyait à M. Thiers la lettre suivante :

Monsieur le Président,

Il est absolument nécessaire que nous soyons prévenus vingt-quatre heures à l'avance, attendu que nous ne pouvons tenir constamment nos hommes sur le qui-vive. Il est déjà difficile de tenir sous la main des hommes campés dans un même endroit ; à plus forte raison est-ce difficile pour des hommes que l'on ne peut prévenir qu'avec les plus grandes précautions.

J'ai aussi l'honneur de vous prévenir que, de concert avec   , je prendrai énergiquement l'initiative pour ce qu'il y aurait à faire à l'intérieur de Paris, en ce qui regarde les positions à prendre ou à occuper, car, au moment de l'action, il ne nous faudra ni indécision, ni hésitation.

Daignez agréer, etc.

A. Domalain.

En même temps, on faisait imprimer hors Paris et on tenait prête à être placardée une proclamation faisant appel aux bons citoyens.

Le plan consistait en ceci : avec le concours de l'inspecteur des barricades, le sieur T..., on prenait l'avenue Victoria, la place de l'Hôtel-de-Ville ; on établissait autour de la place des Victoires une redoute terrible, armée de mitrailleuses et d'artillerie ; on désarmait les principales barricades de Paris. Grâce au commandant en second des Tuileries, le sieur V..., on arrêtait tous les commandants du château, dont on se rendait maître sans coup férir. Tous les groupes de gardes nationaux se formaient dans Paris au premier signal ; mais....., on le sait, ce signal ne put être donné, l'attaque ayant été faite à l'improviste.

L'action intérieure ne put se concerter avec l'action si brillamment conduite par M. le maréchal Mac-Mahon. Il est bon cependant que l'on sache, et, pour l'honneur de la population parisienne, que l'on dise : que tout était prêt pour seconder l'action extérieure, et que le hasard seul est cause que les groupes si bien préparés n'ont pu se former et se réunir au moment de l'assaut.

Du reste, plusieurs groupes ont donné et l'on connaît la mort héroïque du commandant Durouchoux, du capitaine Verdier, 228e, du commandant Poulizac et de Verner, tué aux Batignolles.

CHAPITRE XVI.

LES OPÉRATIONS MILITAIRES DE LA COMMUNE.

Situation militaire de la Commune et de Versailles. — Tentative du 3 avril. — Première déroute. — Bergeret, Eudes, Cluseret, Dombrowski. — Echecs successifs. — Organisation pour détruire Paris. — La délivrance. — Combats dans Paris. — Otages fusillés. — Les incendies.

Le Comité central de la garde nationale, en s'emparant du pouvoir, le 18 mars, crut que le mouvement parisien allait s'étendre par toute la France; il avait d'autant plus raison de le croire que des sections de l'Internationale fonctionnaient dans toutes les villes. En effet, des troubles éclatèrent successivement à Lyon, à Marseille, à Toulouse, à Limoges, etc. Mais ces troubles furent promptement réprimés, et l'insurrection de Paris, malgré les illusions dont elle se berçait, ne dût plus compter que sur elle-même.

Cependant sa situation était imposante et pouvait inspirer des craintes sérieuses au Gouvernement de l'Assemblée nationale. Le Comité central pouvait compter, il l'affirmait, sur deux cent-quinze bataillons, représentant au moins 200,000 hommes; il possédait les forts du sud, toute l'enceinte fortifiée et une artillerie formidable.

De tels éléments entre des mains habiles pouvaient singulièrement compromettre la cause de l'ordre et l'avenir de la France; mais nous devons nous féliciter qu'il n'en ait point été ainsi.

L'armée de Versailles était à l'état embryonnaire, et malgré les proclamations du pouvoir exécutif, elle renfermait tout au plus 12,000 hommes sur lesquels on pût compter.

La Commune résolut donc de marcher en avant : elle espérait que ses 200,000 fédérés balayeraient facilement les troupes nationales, et qu'après avoir expulsé le Gouvernement de Versailles, elle promènerait la révolution par toute la France.

Des troupes furent massées à Neuilly, Courbevoie, et le dimanche 2 avril, elles se dirigeaient sur Versailles en passant le long du Mont-Valérien. La sombre forteresse, muette jusqu'alors, prit la parole tout à coup en tirant d'abord plusieurs bordées à blanc, puis en lançant ensuite quelques obus. Le désarroi s'empara de la colonne fédérée, dont une partie s'enfuit dans les champs et l'autre sur Paris, au milieu d'un désordre inexprimable qui gagna de proche en proche, depuis la porte Maillot jusqu'à l'Hôtel-de-Ville même. La Commune, avec cette impudence dont elle ne se départit jamais, fit afficher des placards dans Paris, où elle annonçait en gros caractères que les troupes de Versailles avaient attaqué, ce qui était absolument le contraire de la vérité.

En même temps, par des dépêches télégraphiques, elle annonçait que Flourens et ses troupes étaient à peu de distance de Versailles, et que Bergeret *lui-même* était à Neuilly.

La Commune pouvait bien mentir à ses adeptes et au public ; mais elle ne put se dissimuler que ses opérations militaires débutaient par un échec sérieux. Elle résolut de prendre sa revanche immédiatement, et le lendemain, 3 avril, l'armée fédérée fut divisée en trois colonnes qui, ayant Versailles pour objectif, partirent de la porte Maillot, d'Issy et de Châtillon.

Jamais déroute ne fut plus complète, nous renonçons à la décrire ; il nous suffira de constater que les fédérés lâchèrent pied au premier coup de canon, au milieu d'une confusion inexprimable.

Nous ne voulons pas raconter par le menu les opérations militaires de la Commune : il semblerait que, par l'impéritie, l'incapacité, l'ineptie, l'orgueil, la sotte prétention des chefs qu'elle avait choisis, elle eût en vue de justifier les généraux du siége de Paris des accusations qu'elle n'avait cessé de leur lancer.

Chaque jour était un échec pour les fédérés, et chaque jour les troupes régulières gagnaient du terrain : les quartiers de Paris avoisinant les lieux où se livrait le combat étaient le théâtre quotidien de paniques et de déroutes; chaque jour aussi les troupes fédérées fondaient à vue d'œil.

Cependant la Commune et les chefs militaires ne marchandaient pas le mensonge pour enflammer le courage de leurs soldats. Les proclamations se succédaient plus chaudes les unes que les autres, se contredisant parfois; mais on n'y regardait pas de si près.

On se rappelle les dépêches de Dombrowski, le fabricant de faux billets de banque :

« Nous sommes au pont de Neuilly, » disait-il le premier jour.

« Nous continuons d'avancer; nous sommes à cent mètres du pont de Neuilly, » disait-il le lendemain.

Le surlendemain, il continuait ses succès : « Nous avançons toujours; nous ne sommes plus qu'à cinq cents mètres du pont de Neuilly. »

Ne prétend-on pas que l'écrevisse avance de cette façon?

Cluseret, le général américain, qui pendant la guerre évitait soigneusement les Prussiens, mais qui offrait son épée à toutes les insurrections, Cluseret, disons-nous, cultivait le mensonge avec une naïveté grossière qui était une injure pour le public. Tout le monde a vu sur les murs de Paris cette dépêche par laquelle il annonçait que du fort d'Issy il avait vu les Versaillais se battre entre eux pendant trois quarts d'heure.

Le commandement militaire subissait chaque jour de nouveaux changements : Cluseret succédait à Bergeret, Rossel remplaçait Cluseret, et enfin Delescluze devenait l'autorité suprême militaire.

L'armée fédérée, malgré tous les efforts faits pour

la recruter, diminue constamment : elle ne comprend plus dans ses rangs que l'écume de la grande ville, un ramassis d'étrangers et de repris de justice, et des malheureux que la violence ou la misère forcent à marcher pour le compte de l'insurrection.

La Commune cependant espère toujours : mais la prise du fort d'Issy et de celui de Vanves lui porte un coup, et en comité secret l'incendie et la ruine de Paris sont décidés. Les monuments doivent brûler; l'électricité fera sauter les égouts qui formeront de vastes fossés, dans lesquels s'engloutiront les maisons ébranlées à leur base. Et puis, sans doute, on n'aura plus qu'à jeter de la chaux sur les cadavres, et la question sociale sera résolue.

On se croirait le jouet d'un mauvais rêve : rien n'est plus réel.

Les journaux de la Commune parlent ouvertement du projet de miner Paris en cas de défaite de l'insurrection; des barricades monstrueuses hérissent tous les points de la ville; des mines sont pratiquées de toutes parts; le pétrole et toutes les substances inflammables sont réquisitionnées sous des peines sévères; des compagnies de fuséens et d'électriciens sont formées; des femmes, rebut des mauvais lieux, des gamins, boue du pavé de Paris, sont recrutés pour jouer un rôle dans le dénouement du drame.

Une science vraiment infernale préside à ces arrangements; mais en attendant l'heure suprême, les crimes isolés continuent à se produire.

On n'aura jamais tout dit sur le système de vols et de pillages, non plus que sur les crimes de toute nature dont les hommes à képi de 1871 se sont souillés. Les habitants de la banlieue surtout furent éprouvés et dépouillés par ces brigands modernes. Tout leur était bon pour en faire de l'argent. Ils pratiquaient le vol et l'effraction sur une échelle jusqu'alors invraisemblable, en plein jour, en requérant les ouvriers pour forcer les serrures et les passants pour charger les voitures dont ils étaient accompagnés. Les habitants d'Asnières, de Clichy, de Courcelles, de Courbevoie, de Neuilly, de trente autres localités en rendront longtemps le triste témoignage.

Un fait, entre mille, parce qu'il est à notre connaissance personnelle. Dombrowski avait établi, à un certain moment de la fin d'avril, son quartier général à Neuilly, et avait planté son drapeau rouge sur une des plus belles habitations, appartenant à M. D***. Cette faveur valut à la maison de servir de point de mire aux obus versaillais, et d'être entièrement détruite. Mais ce que les Versaillais détruisirent, ce furent uniquement les murs; le mobilier avait été enlevé jusqu'à la dernière pièce, les glaces des fenêtres même furent détachées avec un art qui prouvait qu'il y avait des hommes de l'état parmi les fédérés. Ce n'était pourtant là qu'une bagatelle en comparaison de ce qui allait se passer. Sur l'ordre du chef d'état-major, le concierge est enfermé dans la cave déjà vidée, et l'on amène sa jeune femme, mère de deux petits enfants, à ce monstre. Après avoir assouvi sur elle, avec l'aide de ses acolytes, sa brutalité, il la leur livre pantelante, saignante, épuisée par l'abominable lutte. Les scélérats la retiennent au milieu d'eux, et pendant 48 heures continuent l'œuvre de leur chef, après quoi ils la lâchent, ou plutôt elle leur échappe. En proie à l'horreur, l'infortunée court d'une haleine vers la rivière où elle se précipite, pour en finir avec une vie désormais impossible. Des voisins l'ont suivie sans pouvoir l'arrêter. Ils réussissent à la retirer vivante. On lui parle, on la questionne; elle regarde d'un œil étrange, et répond par de grands éclats de rire. — Elle était, elle est, — nous disons heureusement pour elle ! — elle est restée folle.

Mais reprenons notre narration.

Le récit détaillé des journées du 21 au 28 mai, car il ne fallut pas moins d'une semaine à l'armée régulière pour venir à bout des dernières bandes d'insurgés, réfugiés dans leurs derniers repaires, exigerait à lui seul un long volume. Nous allons tâcher d'en offrir un résumé suffisamment complet quoique rapide, et pour cela nous nous aiderons des détails pris sur le vif par nous-même et par nos confrères de la *Patrie* et de la *France*.

Depuis trois jours, les insurgés occupaient en forces imposantes Malakoff et le Petit-Vanves; c'étaient, en dehors des fortifications, les seules positions qui leur restassent du côté du sud; il fallait les en déloger à tout prix. Dans la nuit du samedi 20 au dimanche 21 mai, le 114ᵉ régiment de ligne et un régiment de chasseurs d'Afrique pénétraient dans l'intérieur des deux villages, et, après une lutte acharnée, les poursuivant de maison en maison, ils les chassaient devant eux. Les insurgés prirent la fuite et rentrèrent à la débandade dans Paris, après avoir laissé des morts, des blessés et quatre cents prisonniers sur les lieux.

Dans la journée du dimanche, on voit, par la porte de Châtillon et celle d'Orléans, rentrer des groupes d'insurgés, criant dans les rues, selon leur habitude : *Nous sommes trahis!* et se retirant dans leurs foyers.

Parmi les fuyards de Malakoff et du Petit-Vanves, plusieurs ayant voulu se sauver par les souterrains des carrières situées dans le voisinage, s'y perdirent. On en compta des centaines qui y trouvèrent une mort affreuse.

A neuf heures du soir, les troupes régulières, commandées par le maréchal Mac-Mahon, campaient au pied des remparts.

Les batteries des bastions avaient déjà été abandonnées dans la journée, deux cents artilleurs ayant refusé leur service, sous prétexte qu'on ne leur donnait ni vivres, ni solde. Le commandant voulant les forcer de rester à leur poste et les menaçant de son révolver, un des révoltés lui brûla la cervelle.

Au milieu de ce désarroi, la Commune fait des efforts désespérés pour garder les portes de Montrouge et de Châtillon, abandonnées par ses milices. Elle avait six cents hommes de la légion étrangère pour arrêter tous les fuyards et défendre la porte de Châtillon. Arrivés dans la rue de Châtillon, ils mettent leurs fusils en faisceaux, entrent chez tous les marchands de vin où ils s'enivrent par droit de réquisition; ils entrent même dans les maisons particulières pour piller et voler. Indignés de ce procédé, tous les habitants du quartier ferment les portes, et les bandits à la solde de la Commune vont cuver sur les trottoirs de la rue le vin qu'ils ont exigé des débitants ou volé dans les caves.

La Commune aux abois ne se contente pas d'envoyer à la défense des remparts les bandits de la légion étrangère, elle veut forcer encore les hommes paisibles du quartier à combattre malgré eux. Pour cela, elle fait mettre à exécution le décret qui appelle sous les armes les hommes de dix-neuf à quarante ans.

Dimanche, à trois heures du matin, toutes les rues aboutissant à l'avenue d'Orléans sont cernées par les insurgés; quelques-uns font la chasse aux réfractaires dans les rues; plusieurs forcent les portes des maisons et vont arrêter à domicile tous les hommes qui ne justifient pas avoir plus de quarante ans. Six cents individus, dont le plus grand nombre sont des pères de famille, arrêtés dans ces conditions, sont amenés dans la grande cour du secteur et gardés à vue pendant toute la journée. A six heures du soir, on les conduit à la porte d'Orléans, où deux compagnies de bandits les attendaient pour leur donner des armes et des munitions et les forcer à aller se battre avec eux en dehors des remparts.

Révolte des six cents réfractaires; ils s'emparent des armes de leurs gardiens et il s'ensuit une horrible mêlée qui se termine par la fuite de ceux qu'on voulait contraindre à aller se battre malgré eux et par le désarmement des insurgés, dont plusieurs reçoivent des blessures graves. Ce procédé barbare d'enrôler les hommes avait indigné tous les habitants du quartier, au point qu'ils allaient faire un mauvais parti aux exécuteurs odieux des ordres de la Commune.

Deux incendies se déclarent dans le quartier de Montsouris : l'un à la caserne de la remonte, l'autre dans une immense scierie voisine. Dix-sept personnes périssent dans ce dernier incendie, attribué à la malveillance. Le second est occasionné par l'imprudence d'un poste d'insurgés qui l'occupait.

Ces deux sinistres mettent en émoi tout le quartier de Montrouge. Cet émoi est encore accru par la révolte du 46° bataillon, qui se refusait de marcher et qu'un autre bataillon voulait contraindre à venir avec lui à Passy, sur l'ordre exprès donné par la Commune. Les deux bataillons allaient en venir aux mains, sans l'intervention des femmes et des enfants qui s'interposèrent entre eux.

Cette journée du dimanche était le prélude, par tous les faits arbitraires qui s'accomplissaient dans le 14° arrondissement, de la chute prochaine de cet atroce despotisme qui siégeait à l'Hôtel-de-Ville.

On jugeait d'ailleurs par la multiplicité, l'exaspération et la contradiction des ordres et des proclamations de la Commune, qu'elle éprouvait le *delirium tremens* de l'heure suprême.

Delescluze écrit à Dombrowski :

J'apprends que les ordres donnés pour la construction des barricades sont contradictoires.

Veillez à ce que ce fait ne se reproduise plus.

Faites sauter ou incendier les maisons qui gênent votre système de défense, Les barricades ne doivent pas être attaquables par les maisons.

Les défenseurs de la Commune ne doivent manquer de rien ; donnez aux nécessiteux les effets que contiendront les maisons à démolir.

Delescluze envoie d'un autre côté ce plein pouvoir à un de ses janissaires :

Le citoyen Jacquet est autorisé à requérir tous les citoyens et tous les objets qui lui seront utiles pour la construction des barricades de la rue du Château-d'Eau et de la rue Albouy.

Le vin seul et l'eau-de-vie sont et demeurent exceptés.

Les citoyens et citoyennes qui refuseront leur concours seront immédiatement passés par les armes.

Cournet apprend par un espion que deux des derniers journaux qu'il a oublié de supprimer ont des nouvelles de la débâcle de Malakoff et du Petit-Vanves, il lance ce mandat :

Les citoyens Dereure et Vermorel sont chargés de faire arrêter immédiatement les rédacteurs, employés et compositeurs des journaux la *Politique* et la *Constitution*.

Delescluze et Billioray, devenu son bras droit, songent aux otages, et signent en ces termes l'arrêt de mort de l'archevêque et de ses compagnons de captivité :

Le citoyen Raoul Rigault est chargé, avec le citoyen Régère, *de l'exécution du décret de la Commune de Paris relatif aux otages.*

Leur digne associé Brunel ne le cède à aucun en scélératesse. Il a le département des incendies. La pièce suivante témoignerait, si les ruines de Paris ne l'attestaient elles-mêmes, de la manière dont il comprenait son mandat :

Copie d'un ordre trouvé sur le citoyen belge Van der Hoowen, chef de barricade au faubourg du Temple.

Le citoyen délégué commandant la caserne du Château-d'Eau est invité de remettre au porteur du présent les bombonnes d'huile minérale nécessaires au citoyen chef général des barricades du faubourg du Temple.

Le chef de légion : BRUNEL.

Voici plus fort encore :

Le citoyen Millière, à la tête de 150 fuséens, incendiera les maisons suspectes et les monuments publics de la rive gauche.

Le citoyen Dereure, avec 100 fuséens, est chargé du 1er et du 2^{a} arrondissement.

Le citoyen Billioray, avec 100 hommes, est chargé des 9e, 10e et 20e arrondissement.

Le citoyen Vésinier, avec 50 hommes, est chargé spécialement des boulevards de la Madeleine à la Bastille.

Ces citoyens devront s'entendre avec les chefs de barricade pour assurer l'exécution de ces ordres.

Paris, 3 prairial an 79.

DELESCLUZE, RÉGÈRE, RANVIER, JOHANNARD, VÉSINIER, BRUNEL, DOMBROWSKI.

Enfin, terminons par le *fac simile* d'un de ces ordres. C'est la sauvagerie prise sur le fait.

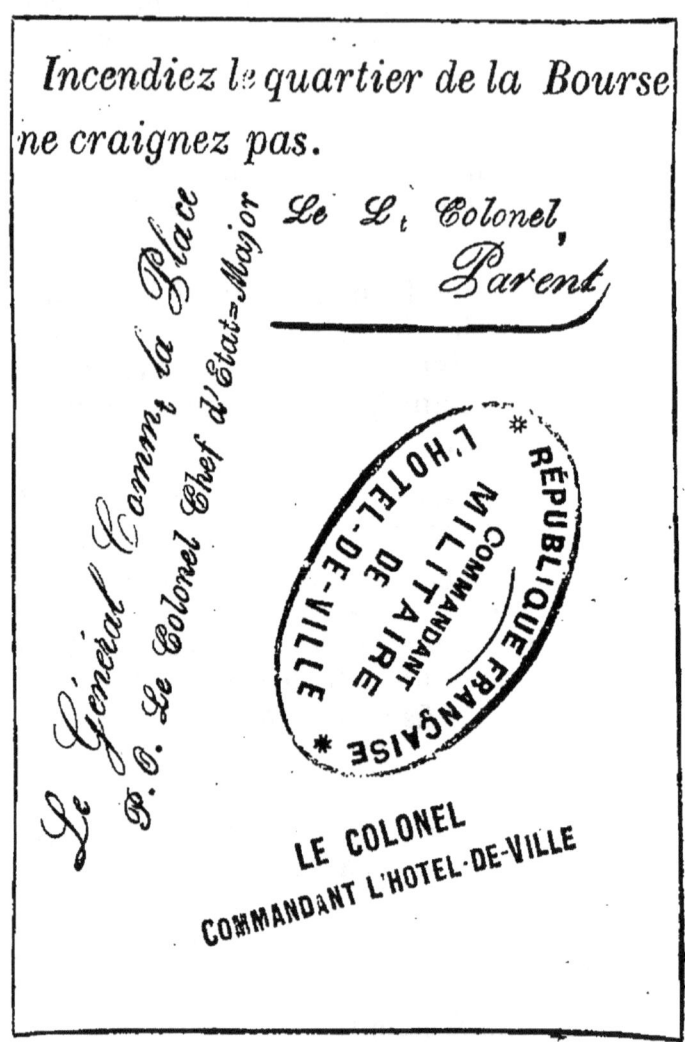

Tout marchait donc à souhait et avec ensemble, pour ne pas laisser pierre sur pierre, et pour que pas un être vivant n'échappât à la catastrophe la plus gigantesque qu'eût causée encore la scélératesse humaine.

Nous allons maintenant, pour mettre toute la clarté possible, conduire nos lecteurs jour par jour et alternativement sur chaque rive de la Seine.

SUR LA RIVE GAUCHE.

C'est le dimanche 21 mai, sur les trois heures et demie du soir, que l'armée régulière entre dans Paris par la porte de Saint-Cloud. La canonnade incessante et vigoureuse qui, depuis plusieurs jours, n'avait cessé de battre l'enceinte des remparts au sud-ouest de Paris, avait ouvert quelques brèches praticables; mais l'armée de Versailles ne songeait point encore à tenter un assaut, lorsque, dans l'après midi du dimanche, un citoyen dont le nom mérite d'être conservé, M. Ducatel, piqueur des ponts et chaussées, s'étant avancé jusqu'au sommet du talus qui domine la porte détruite de Saint-Cloud, agita un mouchoir blanc, et attira par la persistance de ses signaux l'attention des assiégeants.

On s'approcha du fossé, on s'aboucha, on apprit que la porte était abandonnée, que l'introduction des troupes était possible sans coup férir, et aussitôt les dispositions militaires furent prises; trois cents hommes pénétrèrent dans l'enceinte. M. Ducatel avait dit vrai: il n'y avait pas de fédérés dans la rue du Rempart; la barricade intérieure n'était point gardée; l'armée libératrice pouvait aller de l'avant. Dès quatre heures du soir, tout le quartier environnant était occupé; dans la soirée, les troupes régulières étaient établies au Champ de Mars, à l'École militaire, aux Invalides.

Il y avait eu peu ou point de résistance; l'entrée si attendue et si redoutée dans la ville était un fait accompli depuis douze heures, que, dans les dix douzièmes des quartiers de Paris, la population ne s'en doutait point encore.

Pendant toute la nuit du dimanche au lundi, les tambours battent le rappel et les clairons sonnent la charge dans tous les quartiers de la rive gauche. L'alerte est générale. Peu de fédérés se rendent à cet appel désespéré.

A cinq heures du matin, la nouvelle de l'entrée des troupes régulières est accueillie avec enthousiasme par l'immense population, qui les attendait comme un prisonnier attend son libérateur. Le nom de Mac-Mahon est acclamé. A neuf heures, en effet, une division de l'armée de Versailles fait son apparition, dans le sud de Paris, à Grenelle et à Vaugirard. Elle vient prendre ses positions sur la voie ferrée, aux environs de la gare de l'Ouest, point central de ses opérations, qui doivent rayonner dans tous les quartiers du sud.

Ici se place un épisode que nous ne saurions négliger. On a vu que, par l'impromptu de l'entrée des Versaillais, les citoyens appartenant au complot des brassards, et que les découvertes très-incomplètes de la Commune n'avaient fait qu'affermir dans leurs résolutions, ne peuvent être prévenus et fournir leur concours. Cependant, au bruit de l'entrée de l'armée, un certain nombre furent sur pied et descendirent dans la rue, avec d'autant plus de mérite, que n'ayant ni ordres, ni mots de ralliement, ils jouaient leur tête, presque à coup sûr. Les premiers qui se risquèrent étaient trois; ils sortirent d'une maison de la rue de Babylone, à sept heures du matin, et l'on comprend l'impatience de celui qui marchait à leur tête, c'était notre héroïque confrère Henri Vrignault, astreint depuis près de deux mois à une étroite captivité.

Ses deux compagnons et lui frappent à deux portes voisines, et les voilà cinq marchant résolûment contre l'émeute. Vrignault, sous-lieutenant porte-drapeau lorsqu'il y avait une garde nationale régulière; Maurin, sous-lieutenant; Guyard, sergent-major; Grandin et Heurtebise, celui-ci volontaire de dix-huit ans, à peine armés. Bientôt, ils recrutent le commandant Durouchoux, et les voilà de cinq à six, puis à dix, et finalement dans l'après-midi à trente, marchant devant eux sans crier gare; harcelant, renversant, pourchassant et tirant les insurgés qui paraissent à leur portée. Le premier exploit des cinq fut la prise d'assaut du commissariat de police de la rue de Varennes, où, en échangeant des coups de révolver, ils substituèrent le drapeau tricolore au drapeau rouge, et firent le secrétaire du commissaire prisonnier. Même opération à l'école communale de la rue du Bac. Les hommes qui viennent se joindre à eux ne tardent pas à avoir des armes et même de rechange. Tous les fédérés qui passent sont faits prisonniers, blessés ou mis en fuite et abandonnent les leurs.

Le commandant Durouchoux marche, au milieu de la voie, sur les barricades du carrefour de la rue du Bac et de la rue de Grenelle, en criant : en avant! M. Vrignault et M. Cassan, sergent-major, répètent son cri, entraînant avec eux leur petite et intrépide phalange. Les fédérés, ébahis de cette attaque tout à fait inattendue, perdent la tête, ripostent maladroitement, et se replient sur les barricades du bas de la rue du Bac, en voyant leur officier frappé à mort. La barricade de l'école protestante de la rue de Grenelle est enlevée avec le même entrain; mais les balles sifflaient déjà de toutes parts, les insurgés commençaient à se reconnaître. Au coin de la rue de la Visitation, un feu nourri accueille nos amis, les balles atteignent MM. Maurin et Vrignault, et le commandant Durouchoux en reçoit une qui lui occasionne une blessure mortelle.

Après l'avoir remis en des mains secourables, on continue la marche; des barricades sont dressées pour résister à un retour possible des fédérés, et garder la section de la rue de Grenelle à la rue de Sèvres, les rues de Varennes et de la Chaise, et maintenir le dégagement de la rue de Babylone. Cette stratégie facilita, de ce côté, la jonction de nos gardes nationaux avec la troupe, qui les rejoignit vers quatre heures, derrière ces barricades où ils avaient été attaqués à trois reprises.

Avant que les coups de feu éclatassent dans les rues, sur les trois heures du matin, Paris tout entier était, comme nous le disions, réveillé par une générale forcenée de tambours et de clairons, à laquelle se mêlait un tocsin insensé, parti de Notre-Dame et répété bientôt de clocher en clocher. Que se passait-il? Tous les habitants étaient sur pied, mais personne n'osait s'aventurer au dehors pour sonder l'inconnu.

On attendait l'aube avec anxiété; dès la première

lueur du jour, la bonne nouvelle n'avait point tardé à voler sur toutes les bouches : « *Ils* sont entrés, *ils* sont ici; » chacun se félicitait; la joie, — une vraie joie, — était peinte sur toutes les physionomies; une expression de profond soulagement s'étalait sur tous les visages.

La première partie de la matinée n'ayant été troublée par aucune détonation, on n'était pas cependant sans inquiétude. Les récits les plus invraisemblables circulaient parmi les gardes nationaux de la Commune.

Les uns racontaient que de l'opium avait été mélangé à la boisson des fédérés gardiens des remparts, mais que des bataillons non narcotisés avaient été envoyés au-devant des Versaillais, et les avaient refoulés en dehors de l'enceinte; les autres affirmaient que les troupes de Versailles venaient d'être cernées, qu'elles ne pouvaient plus ni entrer ni sortir, et qu'elles allaient être anéanties.

Ces nouvelles faisaient d'autant plus froid au cœur qu'on n'entendait absolument aucun bruit de bataille, qu'on se trouvait dans la plus cruelle ignorance de ce qui se passait dans les quartiers éloignés, et que la journée du dimanche s'était terminée au cri audacieux des prétendues victoires de Dombrowski.

Nous parlons de la matinée du 22. Vers une heure de l'après-midi, l'incertitude se dissipa au bruit de vifs engagements derrière le cimetière Montparnasse, à Montrouge, rue de Rennes, au faubourg Saint-Germain, à la Croix-Rouge et à Saint-Germain-des-Prés.

A trois heures, toute cette partie de Paris était littéralement sous une pluie de mitraille. La fusillade ne cessait pas un instant; ce n'était qu'un clapotement continu de chassepots, étouffé d'intervalles en intervalles par les roulements des mitrailleuses, et accompagné de coups de canon.

L'armée avait, en effet, commencé dès le matin une marche en avant, aussi méthodique que vigoureuse; de l'embarcadère de la rue de Rennes, où trois brigades s'étaient concentrées, elle s'était avancée sur le faubourg Saint-Germain et sur le faubourg Saint-Jacques,

13

prenant une à une chacune des barricades, et s'établissant solidement dans les rues et sur les places qu'elle venait d'occuper.

Partout, sur la rive gauche comme sur la rive droite, l'armée était accueillie avec enthousiasme. On jetait des fleurs, on accourait offrir du vin, des cigares; les hommes donnaient l'accolade, les femmes pleuraient et embrassaient les soldats.

A cinq heures du soir, la rue de Rennes, le boulevard Montparnasse, le boulevard des Invalides étaient balayés par les boulets versaillais, et les balles des chassepots pleuvaient tellement au Luxembourg, qu'on se vit obligé d'enlever précipitamment les malades des ambulances situées dans l'ancienne pépinière du jardin.

Quant au quartier du Panthéon, il était silencieux encore; le bruit de plus en plus rapproché de la bataille le retenait entre l'espérance et l'épouvante; mais, pendant toute la soirée et toute la nuit du 22 au 23, pas un coup de feu ne retentit de l'Observatoire à la Seine, le long des grandes artères du boulevard Saint-Michel et de la rue Saint-Jacques.

Dans la matinée du 23, le combat parut, pendant plusieurs heures, s'être éloigné; mais la nuit avait suffi pour permettre aux fédérés de donner au quartier du Luxembourg, ainsi qu'au quartier Saint-Jacques, l'aspect d'une véritable forteresse. Un silence morne, une épouvante glaciale régnaient partout. Au loin, bruit du canon; auprès, les appels réitérés des fédérés. Un trompette de quatorze ans parcourait les rues avoisinantes en sonnant la générale au clairon. A midi, le bruit de la bataille des rues avait semblé se rapprocher. On disait que les troupes régulières se battaient encore rue de Rennes, au cimetière Montparnasse, à Montrouge, au faubourg Saint-Jacques; et, en effet, on entendait toujours de lointaines détonations dans cette direction, suivies d'épais nuages de fumée blanche s'élevant au-dessus des pâtés de maisons situées entre le dôme du Val-de-Grâce et la tour de Saint-Germain-des-Prés. Les détonations paraissaient plus violentes et plus répétées sous les arbres qui ombragent le cimetière de l'Ouest.

A trois heures de l'après-midi, des bataillons de fédérés montent le boulevard Saint-Michel, mais sans ordre. Quelques instants après, on en voit revenant isolés. C'est une débandade. Elle s'accentue.

Des officiers fédérés très-galonnés passent dans la rue Royer-Collard, dans la rue Saint-Jacques, dans la rue Gay-Lussac, sur le boulevard Saint-Michel. Ils font procéder à une nouvelle disposition des barricades construites pendant la dernière nuit.

En un clin d'œil plusieurs escouades de barricadiers se mettent à l'œuvre. Des femmes les aident. Une de ces furies appelle, avec force imprécations, les citoyens et les citoyennes à l'enlèvement des pavés. Des fossés se creusent. La barricade de la rue Royer-Collard se compose de trois travaux défensifs : l'un, au débouché sur le boulevard Saint-Michel; l'autre, au débouché de la rue Gay-Lussac; le troisième, au milieu de la rue Royer-Collard; c'est une barricade à trois étages.

Ce travail fait, barricadiers et barricadières disparaissent; les rues retombent dans un sinistre silence qui laisse entendre dans le lointain le bruit de la fusillade. Plus d'incidents nouveaux pendant le reste de la journée. Au soir, obscurité complète, car le gaz est éteint partout. On s'attend à une nuit terrible; mais la nuit s'écoule extraordinairement tranquille. La matinée du mercredi 24 est belle. Le soleil est radieux. La fumée devient de plus en plus épaisse au nord et à l'ouest. Elle est sillonnée d'éclairs de flammes. C'est Paris qui brûle ! Ce mot se répand partout; un cri d'indignation, d'horreur, s'échappe de toutes les poitrines. La fusillade est lointaine toujours.

Plusieurs heures se passent dans d'affreuses angoisses. Mais voici le bruit qui se rapproche. Les rues se remplissent de fédérés. L'ordre est intimé brutalement de fermer les fenêtres. Un coup de canon part, puis un second, puis un troisième. Il n'y a plus à en douter, l'armée régulière avance; les bandes de la Commune reculent et se jettent derrière leurs barricades, dans les rues adjacentes aux grandes voies. Les libérateurs sont là. On entend leur trompette. On se bat rue Saint-Jacques, rue Gay-Lussac, boulevard Saint-Michel. Le Luxembourg est environné d'un cercle de feu. Une cantinière fédérée traverse au pas de course les rues; elle crie : « Ils sont à la poudrière... »

Elle désigne ainsi la poudrière du Luxembourg... Deux secondes après, une détonation épouvantable ébranle tout. Les vitres volent en éclats; les cloisons se brisent; des nuages de poussière obscurcissent littéralement le jour; tout le monde se précipite dans les cours, dans les caves; des débris d'étoffes, de meubles, sont projetés au loin et jonchent le sol. Où fuir? la retraite est impossible; le combat étreint déjà tous les îlots de maisons. De midi à quatre heures, ce ne sont que décharges de mousqueterie et de canon. Par le dessous des portes cochères, on voit les pas précipités des assaillants.

Quatre mortelles heures se passent ainsi. Puis un grand cri se fait entendre : « Allons, mes enfants ! Vive la France ! » C'est la charge qui est commandée. La trompette des chasseurs à pied la sonne. On entend le pas de course; puis une dernière fusillade suivie d'un sombre silence : c'est la baïonnette qui travaille. Le combat est fini sur ce point. On lève les yeux au ciel; on hasarde ensuite un regard dans la rue : elle est occupée par la troupe; les soldats encouragent les habitants du regard et de la voix. Mais la bataille est là encore; un moment interrompue, elle reprend plus vive que jamais; il faut que la troupe s'empare des barricades qui défendent l'accès du Panthéon.

Le Panthéon ! on sait qu'il y a une poudrière, qu'on y a entassé le pétrole et la dynamite; on a vu s'y rendre de nombreux bataillons de fédérés. L'épouvante est extrême... Le combat se prolonge jusqu'à sept heures. Nouveau cri de : *Vive la France!* nouveau son du clairon donnant le signal de la charge; nouvelle fusillade suprême; nouveau silence de mort. Le Panthéon est pris! Le Panthéon n'a pas sauté. A partir de ce moment, on s'abandonne à une vraie joie.

C'est une détente générale de toutes les âmes. On s'aventure au dehors. On visite sa rue. Il n'y a plus une vitre dans tout le quartier. La rue Saint-Jacques est surtout affreusement maltraitée. Des maisons ont été éventrées par des boulets; de tous côtés on voit transporter des blessés. On se cherche, on se revoit, on se félicite; mais une consigne sévère oblige les habitants à rentrer dans leurs demeures. La nuit couvre cette scène de victoire et de mort. Le combat recommence dans les bas-fonds qui descendent vers la Seine. Au loin, toujours des lueurs d'incendie.

La matinée du jeudi 25 est triste et gaie. Elle est triste, parce qu'on voit l'horizon empourpré par les flammes; elle est gaie, parce qu'on apprend de tous côtés la défaite de la Commune. Cette défaite est attestée par des débris humains qu'on va contempler le long des ruisseaux. Un d'entre eux attire la foule : c'est celui de Raoul Rigault, le procureur de la Commune. Il gît sur le dos, à l'entrée de la rue Royer-Collard, par la rue Gay-Lussac. Il est revêtu d'un pantalon noir en drap fin; il porte une tunique de garde national, ouverte et laissant voir un gilet noir.

Les deux jambes sont écartées, ainsi que les bras. La tête est affreuse à voir. Tout le côté gauche de la figure est écrasé, et ne forme qu'une plaie où l'œil gauche et la cervelle se confondent dans un mélange noirâtre. L'œil droit est hagard dans sa fixité. Les cheveux et la barbe sont collés par le sang. Le corps est resté vingt-quatre heures dans la fange de la rue.

La place du Panthéon était défendue, du côté du Luxembourg, par une barricade placée à l'entrée de la rue Soufflot, au delà de la rue Saint-Jacques, et par deux autres barricades placées, l'une du côté droit, à l'entrée de la rue Cujas; l'autre, du côté gauche, à l'entrée des rues des Fossés-Saint-Jacques et Paillet. C'est la prise de cette dernière barricade qui a décidé la victoire de l'armée de l'ordre.

Le mérite de ce coup d'éclat appartient aux chasseurs à pied qui, ayant fait une brèche dans une maison de la rue Royer-Collard, sont entrés par une petite cour et un jardin dans l'une des maisons de la rue Paillet, sont montés au quatrième étage, au nombre de quarante, et ont écrasé par un feu plongeant les défenseurs de la barricade. La troupe s'est élancée aussitôt, et c'est à ce mouvement soudain que l'on a dû le salut du Panthéon et de toute cette partie de la ville.

Le quartier des Gobelins a été pris le 25 au matin, après une résistance de quelques heures.

A partir de ce moment, la rive gauche tout entière était sauvée des bandits; mais, hélas! les flammes et la fumée continuaient de signaler leur œuvre; tous les palais et des pâtés entiers de maisons achevaient de brûler et de se consumer, depuis la Légion-d'Honneur jusqu'aux Gobelins.

SUR LA RIVE DROITE.

C'est principalement sur la rive droite de la Seine que la lutte s'engage avec le plus d'ardeur et de ténacité, et c'est sur l'extrémité de cette partie de la ville que le combat se termina dans l'après-midi du 28.

Le dimanche, 21 mai, les troupes de Versailles occupaient, dans le milieu de la nuit, les portes principales : Point-du-Jour, Passy, la porte Maillot, etc., et les chefs militaires de la Commune ignoraient encore que leur pouvoir allait bientôt expirer.

Le délégué civil à la guerre, Delescluze, averti vers quatre heures du matin, refusait encore à croire que le dénouement approchait. Ainsi s'explique l'assurance que montraient les journaux dévoués à la Commune, les seuls qui eussent conservé le droit de continuer leur publication. En les lisant à sept heures du matin, les habitants du centre n'auraient pu espérer que la délivrance allait s'accomplir. On criait encore à huit heures l'immonde *Père Duchêne* dans le faubourg Saint-Honoré.

L'auteur de ce livre a vu, au moment où le tocsin sonnait toujours, des officiers fédérés distribuant leurs hommes par petits pelotons de quatre à six aux angles de chacune des rues en vue desquelles les Versaillais pouvaient passer. Ces officiers, armés de révolvers qu'ils brandissaient avec rage, donnaient l'exemple de l'assassinat. A l'affût avec leurs bas subalternes, un genou sur le trottoir, l'œil au guet, ils tiraient à coup sûr sur les files des soldats, dès que ceux-ci apparaissaient, rentraient dans leurs encoignures, rechargeaient et tiraient de nouveau, et cela jusqu'à ce que la troupe, voyant d'où venaient ces balles traîtresses, se fût mise sur ses gardes.

Dès huit heures et demie, l'armée régulière avançait résolument et avec succès, descendant par la Manutention, à laquelle les insurgés n'eurent pas le temps de mettre le feu, et s'étendant dans toute la largeur des Champs-Elysées, jusqu'aux Ternes, au haut du faubourg St-Honoré et au boulevard Haussmann. A dix heures, la caserne de la Pépinière était prise, et les troupes remplissaient tout le côté droit du faubourg St-Honoré, et un état-major s'installait rue de Roquépine, dont l'entrée par le boulevard Malesherbes était furieusement atteinte, d'un côté par la barricade de la Madeleine, de l'autre par celle du chevet du nouvel Opéra. Cette position périlleuse ne fut enlevée que le mardi 23, au soir, après trente heures d'une canonnade et d'une mousqueterie terribles. Mais bien auparavant, l'armée était maîtresse de tous les Champs-Elysées et des Batignolles. De la caserne de la Pépinière, les soldats atteignaient la place de la Trinité. Peu après, du côté de la place de la Concorde et de la place Vendôme, la lutte s'engageait. Les rues Royale, de Luxembourg, de la Paix, s'étaient instantanément couvertes de barricades. Mais elles furent faiblement défendues, et si ce n'eût été le désir de n'engager les soldats que dans des conditions certaines de succès, elles auraient pu être enlevées avant la fin du jour.

Pendant ce temps, d'autres barricades se construisaient sur le boulevard Montmartre, à la hauteur de la rue Richelieu, à la rue Drouot, défendant la mairie du neuvième arrondissement; du côté de la rue Drouot, à l'autre extrémité de cette même rue; puis, à l'entrée de la rue de Châteaudun, près l'église Notre-Dame-de-Lorette; au faubourg Montmartre, à l'entrée de la rue la Fayette. Plus loin, dans cette dernière rue, une série de constructions protégeaient la voie et défendaient les quartiers populeux du faubourg Saint-Martin et Saint-Denis.

Les buttes Montmartre avaient une première ligne de défense à l'entrée de la rue des Martyrs et de la rue Notre-Dame-de-Lorette. Tout ce quartier était, du reste, couvert de défenses du même genre.

Dans les quartiers plus éloignés, à partir de la porte Saint-Denis, les défenseurs de la Commune multipliaient les travaux propres à les protéger et à combattre efficacement l'armée de Versailles.

Cependant, jusqu'à quatre heures, la défense paraissait s'organiser mollement, et l'on put espérer un instant que l'insurrection, sentant sa faiblesse, ne prolongerait pas la résistance. Plût à Dieu qu'il en eût été ainsi! Que de désastres eussent été épargnés à la grande cité! que de malheurs se fût épargnés à elle-même cette foule armée par la Commune et qui devait bientôt obéir si passivement à ses ordres les plus cruels!

Dans la nuit du lundi au mardi seulement, le combat s'engage vivement au centre même de la capitale, c'est-à-dire sur les barricades protégeant les fédérés du neuvième arrondissement. Les obus pleuvaient sur ces défenses organisées hâtivement et sur les rues avoisinant Montmartre, où l'on supposait que l'action offensive rencontrerait le plus de résistance.

Heureusement pour le neuvième arrondissement, ces prévisions ne se réalisèrent qu'en partie. Le 23, vers midi, alors qu'on se battait avec fureur rue Drouot et rue la Fayette, Montmartre mettait bas les armes.

La prise rapide des barricades du boulevard Clichy permettait aux soldats de Versailles de s'emparer de ce côté des buttes, tandis que d'autres, tournant par le boulevard Ornano, gravissaient sans opposition l'autre côté de Montmartre. Les artilleurs des fédérés, ivres dans leurs tranchées, ne se défendaient même pas, et les habitants s'empressaient de faire acte de soumission, en rapportant leurs armes.

On peut s'imaginer ce qu'eût été pour le centre commercial de Paris une lutte d'artillerie engagée de bas en haut de Montmartre; il eût été le plus éprouvé, et plus assurément que ne l'ont été les quartiers les plus maltraités.

La journée et la nuit du mardi furent consacrés à s'emparer des barricades construites du boulevard Montmartre à Notre-Dame-de-Lorette et à Saint-Vincent-de-Paul.

Ce n'est que dans la journée du mercredi que ce quartier put être enfin rendu à lui-même. A deux heures, toutes les barricades jusqu'à Saint-Vincent-de-Paul étaient enlevées, et les régiments de la ligne, appuyés par une artillerie suffisante, se dirigeaient vers la porte Saint-Denis, pour, de là, continuer leur route sur les autres parties de la ligne.

La prise des portes Saint-Denis et Saint-Martin dura jusqu'au jeudi, et les troupes purent s'avancer jusqu'à la place du Château-d'Eau par le centre, tandis que par les anciens boulevards extérieurs elles se dirigeaient sur le boulevard Richard-Lenoir, afin de cerner les forces insurrectionnelles et de rendre leurs attaques complétement impuissantes.

De même que sur la rive gauche, ce n'était qu'en laissant derrière eux des traces épouvantables, que les bandits de la Commune reculaient. Des amas incendiaires étaient préparés à côté de chacune de leurs principales barricades; quand ils voyaient le moment venu de les abandonner, ils signifiaient aux habitants d'avoir à leur prêter aide pour inonder les maisons et les cours de pétrole, et quiconque refusait était immédiatement tué d'un coup de révolver, fusillé ou précipité par ces cannibales dans le brasier. La rue Royale fut le théâtre d'une série de ces horribles drames.

Le ministère de la marine devait sauter. Le soin d'assurer cette catastrophe était confié à une compagnie d'une centaine de mégères armées par Delescluze. A cet effet, elles étaient restées les dernières et allaient allumer les mèches, lorsque arrivèrent comme une trombe les marins de l'armée, qui délogèrent et détruisirent une partie de ces furies. La fatalité voulut que le ministère des finances, les Tuileries et le Palais-Royal fussent moins favorisés.

Ce fut la journée du 24 qui vit l'assassinat de Monseigneur Darboy et d'un grand nombre des otages ecclésiastiques et civils. Nous ne saurions mieux faire que de céder la parole à un témoin oculaire, M. Ewrard, sergent-major du 106ᵉ bataillon, prisonnier lui-même de la Commune depuis deux mois, et sauvé par un concours de circonstances providentielles.

« Monseigneur Darboy occupait la cellule n° 21 de la 4ᵉ division, et je me trouvais à quelque distance de lui dans la cellule n° 26. La cellule occupée par le respectable prélat était autrefois le cabinet d'un surveillant. Ses compagnons de captivité étaient parvenus à lui procurer une table et une chaise. La cellule était elle-même plus vaste que les autres.

« Le mercredi 24 mai, à sept heures et demie du soir, le directeur de la prison, un certain Lefrançais, homonyme du membre de la Commune et ayant séjourné six années au bagne, monta dans la prison à la tête de cinquante fédérés, parmi lesquels se trouvait un pompier, et occupa la galerie dans laquelle étaient enfermés les prisonniers principaux. Ces fédérés se rangèrent dans la galerie qui conduit au chemin de ronde du Nord, et peu d'instants après un brigadier de surveillants alla ouvrir la cellule de l'archevêque et l'appela à voix basse. Le prélat répondit : *Présent !*

« Puis il passa à la cellule de M. le président Bonjean, puis ce fut le tour de M. l'abbé Allard, membre de la Société internationale de secours aux blessés; le P. Ducoudray, supérieur de l'école Sainte-Geneviève, et le P. Clerc, de la Compagnie de Jésus; enfin le dernier appelé fut M. l'abbé Deguerry, le curé de l'église de la Madeleine. A peine leur nom était-il prononcé, que chacun des prisonniers était amené dans la galerie et descendait l'escalier conduisant au chemin de ronde; sur les deux côtés, autant qu'il me fût permis de le juger, se tenaient les gardes fédérés, insultant les prisonniers et leur lançant des épithètes que je ne puis reproduire.

« Mes infortunés compagnons furent ainsi accompagnés par les huées de ces misérables jusqu'à la cour qui précède l'infirmerie. Là, il y avait un peloton d'exécution. Monseigneur Darboy s'avança, et s'adressant à ses assassins, il leur dit quelques paroles de pardon. Deux de ces hommes s'approchèrent du prélat ; et, devant leurs camarades, s'agenouillèrent et implorèrent son pardon. Les autres fédérés se précipitèrent vers eux et les repoussèrent en les insultant ; puis, se retournant vers les prisonniers, ils leur adressèrent de nouvelles injures. Le commandant du détachement en fut outré ; il fallait donc que ce fût bien exagéré. Il imposa silence à ses hommes, et après avoir lancé un épouvantable juron :

« — Vous êtes ici, dit-il, pour fusiller ces gens-là et non pas pour les eng......

« Les fédérés se turent, et, sur le commandement de leur lieutenant, ils chargèrent leurs armes.

« Le P. Allard fut placé contre le mur et fut le premier frappé ; puis Monseigneur Darboy tomba à son tour. Les six prisonniers furent ainsi fusillés et montrèrent tous le plus grand courage.

« Après cette tragique exécution, faite sans qu'il fût rédigé un procès-verbal, et en présence seulement de quelques bandits, les corps des malheureuses victimes furent placés tout habillés dans une voiture de la Compagnie de Lyon, réquisitionnée à cet effet, et conduits au Père-Lachaise, où ils furent déposés dans la dernière tranchée de la fosse commune, à côté les uns des autres, sans même qu'on prît soin de les couvrir de terre.

« Ces exécutions du 24 n'étaient que le prélude de celles qui eurent lieu le surlendemain.

« Vendredi soir, donc, la scène qui s'était passée dans la journée du mercredi se renouvela, et quinze prisonniers, parmi lesquels se trouvaient M. de Vraisse, autrefois employé à la préfecture de police ; le P. Radigue et le P. Ollivain, de la Compagnie de Jésus, tombèrent sous les balles de ces misérables assassins.

« Ce même jour est mort un jeune séminariste, à peine âgé de vingt ans, M. Seigneuray, fils du directeur du collége de Lons-le-Saulnier. Il me disait : « Mon « pauvre père ! mes pauvres parents ! Quel désespoir « pour eux ! Enfin, je paye pour la position de mon « père ; heureux si ma mort peut sauver un de mes « semblables et donner quelques remords à mes bour- « reaux ! »

« Hier samedi, le surveillant Langevin vint nous trouver vers trois heures de l'après-midi, et nous prévint de ne pas nous émouvoir du bruit qui se faisait à l'extérieur. Nous pressentions, en effet, de graves événements. Le surveillant nous recommanda le calme et la patience.

« A la même heure, le délégué à la sûreté générale, Ferré, membre de la commune, vint s'installer au greffe et fit venir les condamnés du pénitencier et les hommes qui étaient détenus dans la prison en attendant leur transfert au bagne. Il leur déclara « qu'ils « étaient libres. » Des armes et des munitions furent données à ces bandits, et de suite commença le massacre d'un grand nombre de prisonniers, au nombre desquels se trouvaient soixante-six gendarmes. Cinq gendarmes ont bien heureusement échappé au massacre ; ils se trouvaient à l'infirmerie. Vers sept heures, les gardiens de la prison et les détenus délivrés et armés étaient-ils ivres ou avaient-ils jugé à propos de s'échapper ? Toutefois est-il que le surveillant Langevin remonta, et, ouvrant en toute hâte les portes de nos cellules, il nous dit : « Sauvez-vous, vous le pou- « vez, mais faites vite ! »

« Nous nous élançâmes hors de la prison. Arrivés sur la place de la Roquette, nous nous divisâmes. M. Rabut, commissaire de police, est sorti en même temps que moi. J'ai cherché un asile dans le quartier, et ce matin je regagnais mon domicile... »

La liste des martyrs de mai 1871 serait affreusement longue, mais la sauvage impatience de leurs meurtriers l'a rendue impossible. Partout où ils passaient, ces infâmes n'avaient qu'un but, ne laisser après eux que des cadavres et des cendres. L'Hôtel-de-Ville, qu'ils auraient au moins dû respecter, si le moindre sens politique les eût animés, et s'ils eussent été autre chose que des brigands et des incendiaires, avait au contraire été l'objet de préparatifs spéciaux qui ne devaient pas en laisser subsister un pan de mur.

La journée du 25 ne fut pas moins sinistre. Vers deux heures de l'après-midi, une bande envahit les maisons qui se trouvent entre les théâtres de la Porte-Saint-Martin et de l'Ambigu. Ils pénétrèrent d'abord chez le restaurateur Deffieux, dont ils mirent la cave au pillage. Ils témoignèrent ensuite l'intention de se retrancher à chaque étage derrière les fenêtres pour tirer sur la troupe. Les locataires, principalement des femmes et des enfants, se jetèrent à leurs genoux, les suppliant d'abandonner ce projet.

Celui qui pouvait passer pour le chef de la bande fit semblant de se rendre aux supplications de ces malheureux, et leur promit d'établir des ambulances dans leurs maisons. Ensuite il s'éloigna avec ses hommes, en leur disant que des brancardiers allaient arriver.

Quelques instants après, il revint avec une escorte plus nombreuse encore, qu'il disposa dans les chambres de chaque maison. Alors commença un pillage en règle. Ces misérables se mirent à jeter les meubles par les fenêtres, disant qu'ils allaient construire une barricade.

Ce fut en vain qu'on leur rappela leur promesse, ils furent inflexibles. Les malheureux locataires désespérés se mirent à les apostropher rudement, et l'un d'eux, ne pouvant se contenir plus longtemps, souffleta l'un de ces bandits.

Ce fut le signal du massacre. Les insurgés se précipitèrent sur tous ceux qui les entouraient, les poursuivant dans toutes les chambres où ils cherchaient un refuge. Ils ne firent grâce à personne et égorgèrent sans pitié jusqu'aux femmes et aux enfants.

Ensuite ils portèrent la torche incendiaire à tous les

étages, pendant que d'autres mettaient le feu dans les théâtres.

Le bonheur voulut qu'ils furent obligés de s'enfuir en débandade vers le Château-d'Eau, au moment où ils allaient répandre le pétrole dans les dessous de l'Ambigu, après avoir incendié la Porte-Saint-Martin.

Le petit théâtre des Délassements ne leur échappa pas ; ils le connaissaient à fond ; l'une des actrices ayant été la maîtresse de Rigault, qui lui avait souvent rendu visite dans les coulisses. Par un raffinement digne d'eux, les incendiaires obligèrent le directeur propriétaire de la salle, en lui mettant le révolver sur le front, à allumer lui-même le feu.

Au Château-d'Eau, la Commune s'était formidablement retranchée. Les maisons qui entourent cette place portent les traces de l'énergie de l'attaque et de la défense. Toutes, sans compter les maisons incendiées, sont criblées de traces de balles et d'obus.

Pendant que l'armée opérait par les boulevards extérieurs et du centre, ses efforts étaient dirigés sur l'Hôtel-de-Ville, attaqué en même temps par la rive gauche ; mais, nous venons de le dire, nos braves soldats ne devaient s'arrêter que devant des ruines. Avant de quitter ce palais, qui rappelait de si anciens souvenirs historiques, ses derniers habitants y mettaient le feu.

Du jeudi au dimanche 28, la bataille se resserra sur sur la rive droite, entre les boulevards, depuis la place du Château-d'Eau jusqu'au Père-Lachaise.

Le dimanche au matin, le combat n'était pas encore terminé ; Belleville pris, ainsi que le Père-Lachaise, il continuait encore dans le faubourg du Temple et dans quelques rues de Ménilmontant. Mais, à quatre heures, tout était fini et bien fini. De longues lignes de prisonniers, placés entre des soldats de la cavalerie, étaient conduites par la rue la Fayette au Champ-de-Mars, pour être ensuite dirigés sur Versailles.

Le maréchal Mac-Mahon, qui venait de s'immortaliser en dirigeant cette opération, adressait à la population de Paris une proclamation admirable par sa simplicité même et faite pour servir de modèle à tous les chefs d'armée.

Habitants de Paris,

L'armée de la France est venue vous sauver.
Paris est délivré.
Nos soldats ont enlevé, à quatre heures, les dernières positions occupées par les insurgés.
Aujourd'hui la lutte est terminée ; l'ordre, le travail et la sécurité vont renaître.

Au quartier général, le 28 mai 1871.

Le maréchal de France commandant en chef,
DE MAC-MAHON, DUC DE MAGENTA.

TABLEAU

DES

PRINCIPAUX ACTES ET DOCUMENTS OFFICIELS

DE LA COMMUNE DE PARIS

---

29 MARS. — Le Comité essaye dès son début de remplacer le nom des mois et des dates par les noms et les dates du calendrier républicain. L'ordre envoyé pour convoquer le 29 les membres de la Commune, porte :

« Citoyen membre de la Commune, vous êtes invité à vous rendre aujourd'hui, mercredi 8 germinal, à une heure très-précise, à l'Hôtel-de-Ville, salle du conseil. »

Cette tentative d'abord abandonnée ne sera reprise qu'un mois après, pour durer alors jusqu'à l'extinction de la Commune. Quant à l'*Officièl*, il prend le 29 mars le titre de *Journal officiel de la Commune de Paris*, qu'il ne garde qu'un seul jour, et débute par cette proclamation :

COMMUNE DE PARIS.

Citoyens, votre commune est constituée.

Le vote du 26 mars a sanctionné la Révolution victorieuse.

Un pouvoir lâchement agresseur vous avait pris à la gorge : vous avez, dans votre légitime défense, repoussé de vos murs ce gouvernement qui voulait vous déshonorer en vous imposant un roi.

Aujourd'hui, les criminels, que vous n'avez même pas voulu poursuivre, abusent de votre magnanimité pour organiser aux portes même de la cité un foyer de conspiration monarchique. Ils invoquent la guerre civile : ils mettent en œuvre toutes les corruptions ; ils acceptent toutes les complicités ; ils ont osé mendier jusqu'à l'appui de l'étranger.

Nous en appelons, de ces menées exécrables au jugement de la France et du monde.

Citoyens, vous venez de vous donner des institutions qui défient toutes les tentatives.

Vous êtes maîtres de vos destinées. Forte de votre appui, la représentation que vous venez d'établir va réparer les désastres causés par le pouvoir déchu : l'industrie compromise, le travail suspendu, les transactions commerciales paralysées vont recevoir une impulsion vigoureuse.

Dès aujourd'hui, la décision attendue sur les loyers ;
Demain celle des échéances ;
Tous les services publics rétablis et simplifiés ;
La garde nationale, désormais seule force armée de la cité, réorganisée sans délai ;
Tels seront nos premiers actes.

Les élus du peuple ne lui demandent, pour assurer le triomphe de la République, que de les soutenir de leur confiance.

Hôtel-de-Ville, 29 mars 1871.

La Commune de Paris.

— La Commune de Paris décrète :
1° La conscription est abolie ;
2° Aucune force militaire, autre que la garde nationale, ne pourra être créée ou introduite dans Paris ;
3° Tous les citoyens valides font partie de la garde nationale.

— DÉCRET *sur les loyers*. — Art. 1ᵉʳ. Remise générale est faite aux locataires des termes d'octobre 1870, janvier et avril 1871.

Art. 2. Toutes les sommes payées par les locataires pendant ces neuf mois seront imputables sur les termes à venir.

Art. 3. Il est fait également remise des sommes dues pour les locations en garni.

Art. 4. Tous les baux sont résiliables, à la volonté des locataires, pendant une durée de six mois, à partir du présent décret.

Art. 5. Tous congés donnés seront, sur la demande des locataires, prorogés de trois mois.

Décret. — L'affichage des actes émanant du Gouvernement de Versailles est formellement interdit.

Décret *sur les employés*. — La Commune étant actuellement le seul pouvoir, décrète :

Art. 1ᵉʳ. Les employés des divers services publics tiendront désormais pour nuls et non avenus les ordres ou communications émanant du Gouvernement de Versailles ou de ses adhérents.

Art. 2. Tout fonctionnaire ou employé qui ne se conformerait pas à ce décret sera immédiatement révoqué.

Décret *sur le Mont-de-Piété :*
Article unique. La vente des objets déposés au Mont-de-Piété est suspendue.

30 mars. — Commune de Paris. — *Ordre du Comité central à l'officier qui commande le bataillon de garde Ouest-Ceinture.*

« Faire arrêter tous les trains se dirigeant sur Paris à Ouest-Ceinture.

« Mettre un homme énergique à ce poste jour et nuit. Cet homme devra avoir une poutre pour monter la garde. *A l'arrivée de chaque train, il devra faire dérailler le train s'il ne s'arrête pas.*

« Henri, chef de légion. »

On conviendra qu'il était impossible de mieux débuter, et que si les ennemis de la Commune eussent été chargés de ce soin, ils n'auraient pas imaginé mieux pour la faire prendre en horreur.

Proclamation. — Le Comité central a remis la proclamation suivante aux délégués que Toulouse lui avait envoyés :

« Le pacte national ne peut avoir que peu d'articles, mais encore faut-il qu'il soit l'expression unanime. Le voici tel que Paris vient de le poser :

« Affirmation, au-dessus de toute discussion, de la République démocratique et sociale; suppression de l'armée régulière et son remplacement par la garde nationale, seule force armée dans la cité et dans l'Etat, répondant de la police intérieure et du salut militaire de la patrie.

« Election de tous les chefs sans exception, suppression des priviléges, protection au mérite et guerre au favoritisme. »

Tel était en effet le programme. Mais est-ce l'élection qui nomma successivement aux grands commandements, pour ne pas parler des autres : Brunel, Cluseret, Bergeret, Dombrowski, Rossel, La Cécilia, Wroblewski, et *tutti quanti ?*

31 mars. — Ordre. — Il ne sera délivré de laissez-passer qu'à la préfecture de police, bureau des passe-ports.

1ᵉʳ avril. — La Commune vote, ainsi qu'il suit, sur la proposition d'enlever les barricades dans tous les points où elles gênent la circulation :
« La Commune, s'en rapportant à la commission exécutive pour faire enlever les barricades partout où elles ne sont pas nécessaires, passe à l'ordre du jour. »
La Commune décide qu'à l'avenir il n'y aura plus dans aucun édifice consacré aux services publics (Hôtel-de-Ville, ministères, etc.), ni tables, ni cuisines, ni offices ouverts.

2 avril.—Décret.—La Commune, considérant que, dans une République réellement démocratique, il ne peut y avoir ni sinécure ni exagération de traitement;
Décrète : Article unique. — Le maximum de traitement des employés aux divers services communaux est fixé à six mille francs par an.

— Le titre et la fonction de général en chef sont supprimés. Le citoyen Brunel est mis en disponibilité. Les citoyens Eudes, Bergeret et Duval sont nommés à diverses délégations ou emplois de guerre ou de la garde nationale.
Nota : Qui signe la nomination des citoyens Eudes, Bergeret et Duval ? Les citoyens Eudes, Bergeret et Duval. Ainsi, non-seulement ces messieurs de la Commune se nomment entre eux, mais encore ils se nomment eux-mêmes. Est-ce là ce qu'ils appellent simplifier les services ? Ce décret n'est pas plus tôt signé, que les généraux fleurissent par dizaines et étalent leurs titres au bas des ordres et des proclamations.

— Par ordre du délégué à la police, Raoult Rigault, défense a été faite à tous les aumôniers des prisons de dire la messe qu'on célèbre d'ordinaire pour les prisonniers.

— Toute personne qui possédera ou connaîtra des dépôts d'armes, munitions, poudres ou engins de guerre, est tenue d'en faire la déclaration dans le plus bref délai au ministère de la guerre.

Proclamation à la garde nationale.
Les conspirateurs royalistes ont attaqué.
Malgré la modération de notre attitude, ils ont attaqué!
Ne pouvant plus compter sur l'armée française, ils ont attaqué avec les zouaves pontificaux et la police impériale.

Non contents de couper les correspondances avec la province et de faire de vains efforts pour nous réduire par la famine, ces furieux ont voulu jusqu'au bout imiter les Prussiens et bombarder la capitale.

Ce matin, les chouans de Charette, les Vendéens de Cathelineau, les Bretons de Trochu, ont couvert d'obus et de mitraille le village inoffensif de Neuilly et engagé la guerre civile avec nos gardes nationaux.

Il y a eu des morts et des blessés.

Elus de la population de Paris, notre devoir est de défendre la grande Cité contre ces coupables agresseurs.

Avec votre aide, nous la défendrons.

La Commission exécutive.

2 avril. — Le citoyen Cluseret est nommé délégué à la guerre, conjointement avec le citoyen Eudes.

— La Commune de Paris,
Considérant que les hommes du Gouvernement de Versailles ont ordonné et commencé la guerre civile, attaqué Paris, tué et blessé des gardes nationaux, des soldats de ligne, des femmes et des enfants; que ce crime a été commis avec préméditation et guet-apens, contre tout droit et sans aucune provocation,

Décrète : — Art. 1er. MM. Thiers, Favre, Picard, Dufaure, Simon et Pothuau sont mis en accusation.

Art. 2. Leurs biens seront saisis et mis sous séquestre jusqu'à ce qu'ils aient comparu devant la justice du peuple.

Art. 3. Les délégués à la justice et à la sûreté générale sont chargés de l'exécution du présent décret.

Ce décret encouragé, comme nous l'avons prouvé, par Rochefort, devait être suivi d'une exécution effective en ce qui concerne M. Thiers, et d'une perquisition accompagnée de pillage chez les autres personnages désignés.

— La Commune de Paris adopte les familles des citoyens qui ont succombé ou succomberont en repoussant l'agression criminelle des royalistes conjurés contre Paris et la République française.

— Considérant que le premier des principes de la République française est la liberté ;

Considérant que la liberté de conscience est la première des libertés ;

Considérant que le budget des cultes est contraire au principe, puisqu'il impose les citoyens contre leur propre foi ;

Considérant, en fait, que le clergé a été le complice des crimes de la monarchie contre la liberté,

Décrète : — Art 1ᵉʳ. L'Église est séparée de l'État.

Art. 2. Le budget des cultes est supprimé.

Art. 3. Les biens dits de mainmorte, appartenant aux congrégations religieuses, meubles et immeubles, sont déclarés propriétés nationales.

Art. 4. Une enquête sera faite immédiatement sur ces biens, pour en constater la nature et les mettre à la disposition de la nation.

3 AVRIL. — NOTE *de l'Officiel*. — Le service de la presse est rétabli à la délégation de l'intérieur (place Beauvau).

Les directeurs et gérants des journaux sont invités à vouloir bien y envoyer régulièrement les numéros de dépôt.

Ce service de la presse fut constamment celui contre lequel les écrivains et les orateurs du nouveau pouvoir fulminèrent avec le plus de fureur sous les régimes précédents. Un de leurs premiers soins est de le rétablir et l'on va voir bientôt avec quelles aggravations.

4 AVRIL. — ARRÊTÉ *concernant la réorganisation des compagnies de marche*. — Font partie des bataillons de guerre tous les citoyens de 17 à 35 ans non mariés, les gardes mobiles licenciés, les volontaires de l'armée ou civils.

Cet arrêté n'ayant donné qu'un contingent dérisoire, il fallut en rendre, le 7 avril, un beaucoup plus rigoureux.

5 AVRIL. — DÉCLARATION ET DÉCRET. — Chaque jour, les bandits de Versailles égorgent ou fusillent nos prisonniers, et pas d'heure ne s'écoule sans nous apporter la nouvelle d'un de ces assassinats.

Les coupables, vous les connaissez : ce sont les gendarmes et les sergents de ville de l'Empire, ce sont les royalistes de Charette et de Cathelineau qui marchent contre Paris au cri de *Vive le Roi* et drapeau blanc en tête.

Le Gouvernement de Versailles se met en dehors des lois de la guerre et de l'humanité, force nous sera d'user de représailles.

Si, continuant à méconnaître les conditions habituelles de la guerre entre peuples civilisés, nos ennemis massacrent encore un seul de nos soldats, nous répondrons par l'exécution d'un nombre égal au double de prisonniers.

Toujours généreux et juste, même dans sa colère, le peuple abhorre le sang comme il abhorre la guerre civile ; mais il a le devoir de se protéger contre les attentats sauvages de ses ennemis, et quoi qu'il lui en coûte, il rendra œil pour œil et dent pour dent.

Cette déclaration, destinée à affirmer l'établissement de la *Terreur*, est suivie de ce décret, afin qu'aucun doute ne subsiste :

— Considérant que le Gouvernement de Versailles foule ouvertement aux pieds les droits de l'humanité comme ceux de la guerre ; qu'il s'est rendu coupable d'horreurs dont ne se sont même pas souillés les envahisseurs du sol français ;

Considérant que les représentants de la Commune de Paris ont le devoir impérieux de défendre l'honneur et la vie des deux millions d'habitants qui ont remis entre leurs mains le soin de leurs destinées ; qu'il importe de prendre sur l'heure toutes les mesures nécessitées par la situation ;

Considérant que des hommes politiques et des magistrats de la cité doivent concilier le salut commun avec le respect des libertés publiques,

Décrète : — Art. 1er. Toute personne prévenue de complicité avec le Gouvernement de Versailles sera immédiatement décrétée d'accusation et incarcérée.

Art. 2. Un jury d'accusation sera institué dans les vingt-quatre heures pour connaître des crimes qui lui seront déférés.

Art. 3. Le jury statuera dans les quarante-huit heures.

Art. 4. Tous accusés retenus par le verdict du jury d'accusation seront les otages du peuple de Paris.

Art. 5. Toute exécution d'un prisonnier de guerre ou d'un partisan du Gouvernement régulier de la Commune de Paris sera, sur le champ, suivie de l'exécution d'un nombre triple des otages retenus en vertu de l'article 4, et qui seront désignés par le sort.

6 AVRIL. — DÉCRET. — La réaction prend tous les masques ; aujourd'hui celui de la conciliation.

La conciliation avec les chouans et les mouchards qui égorgent nos généraux et frappent nos prisonniers désarmés !

La conciliation dans de telles circonstances c'est trahison.

Considérant qu'il est du devoir des élus de Paris de ne pas laisser frapper par derrière les combattants qui défendent la cité ;

Que nous savons de source certaine que des Vendéens et des gendarmes déguisés doivent figurer dans ces réunions dites conciliatrices,

Art. 1er. La réunion annoncée pour ce soir, à six heures, salle de la Bourse, est interdite.

Art. 2. Toute manifestation propre à troubler l'ordre et à exciter la guerre intestine pendant la bataille sera rigoureusement réprimée par la force.

Art. 3. L'exécution du présent arrêté est confiée au délégué à la guerre et au commandant de la place.

La commission exécutive,

Cournet, Félix Pyat, Delescluze, Tridon, Vaillant, Vermorel.

C'est de cette façon que ces messieurs appliquent leurs anciennes revendications en faveur de la liberté de réunion. Il est vrai qu'il s'agissait, au 6 mai, d'une assemblée ayant pour objet de chercher les moyens d'arriver à une conciliation, et qu'au même moment les clubs sanguinaires de Belleville et de Montmartre s'épanouissaient en pleine licence et réclamaient du sang.

— Arrêté dissolvant les sous-comités d'arrondissement dont les ordres compromettent l'unité de commandement militaire.

— DÉCRET. — Art. 1er. Tout garde national réfractaire sera désarmé. — Art. 2. Tout garde désarmé pour refus de service sera privé de sa solde. — Art. 3. En cas de refus de service pour le combat, le garde réfractaire sera privé de ses droits civiques, par décision du conseil de discipline.

NOTE. — Le citoyen Ladislas Dombrowski, commandant de la 12e légion, est nommé commandant de la place de Paris, en remplacement du citoyen Bergeret, appelé à d'autres fonctions.

— Loi sur les échéances. — Art. 1ᵉʳ. Le remboursement des dettes de toute nature souscrites jusqu'à ce jour et portant échéance, billets à ordre, mandats, lettres de change, factures réglées, dettes concordataires, etc., sera effectué dans un délai de trois années à partir du 15 juillet prochain, et sans que ces dettes portent intérêt.

Art. 2. Le total des sommes dues sera divisé en douze coupures égales, payables par trimestre, à partir de la même date.

Art. 3. Les porteurs des créances ci-dessus énoncées pourront, en conservant les titres primitifs, poursuivre le remboursement desdites créances par voie de mandats, traites ou lettres de change mentionnant la nature de la dette et de la garantie, conformément à l'article 2.

Art. 4. Les poursuites, en cas de non-acceptation ou de non-payement s'exerceront seulement sur la coupure qui y donnera lieu.

7 AVRIL. — ORDRE *de la Commission exécutive.* — Vu le vote de la Commune du 5 avril, relatif à une enquête sur les arrestations faites par le Comité central et par la Commission de sûreté, la Commission exécutive invite la Commission de justice à instruire immédiatement sur le nombre et la cause de ces arrestations, et à donner l'ordre de l'élargissement ou de la comparution devant un tribunal et un jury d'accusation. La Commission de justice doit d'urgence s'occuper d'une mesure qui intéresse si particulièrement l'un des grands principes de la République, la liberté.

C'est sans doute en exécution de cet ordre. que l'archevêque, cinq cents ecclésiastiques ou religieux, et une foule de citoyens de toutes professions, étaient encore en prison le 22 mai, sans avoir pu obtenir de comparaître devant un magistrat ou une autorité quelconque,

— Ministère de la guerre. — *A la garde nationale.*

Je remarque avec peine qu'oubliant notre origine modeste, la manie ridicule du galon, des broderies, des aiguillettes commence à se faire jour parmi nous.

Avant de sévir, je rappelle mes concitoyens à eux-mêmes : plus d'aiguillettes, plus de clinquant, plus de ces galons qui coûtent si peu à étager et si cher à notre responsabilité.

A l'avenir, tout officier qui ne justifiera pas du droit de

porter les insignes de son grade, ou qui ajoutera à l'uniforme réglementaire de la garde nationale des aiguillettes ou autres distinctions vaniteuses, sera passible des peines disciplinaires.

Le délégué à la guerre : CLUSERET.

— PROCLAMATION de Cluseret. — Considérant les patriotiques réclamations d'un grand nombre de gardes nationaux qui tiennent, quoique mariés, à l'honneur de défendre leur indépendance municipale, même au prix de leur vie, le décret du 5 avril est ainsi modifié :

De dix-sept à dix-neuf ans le service dans les compagnies de guerre sera volontaire, et de dix-neuf à quarante ans obligatoire pour les gardes nationaux mariés ou non.

J'engage les bons patriotes à faire eux-mêmes la police de leur arrondissement et à forcer les réfractaires à servir.

En réalité, le premier appel de la Commune n'avait trouvé aucun homme de bonne volonté. Il fallait recruter de force les citoyens auxquels il répugnait de se battre contre des Français et pour une cause qu'ils réprouvaient. Cette rouerie grossière n'obtint pas plus de succès, et l'on en vint aux perquisitions à domicile, à la presse dans les rues et à la fusillade des récalcitrants, ainsi que le prouvent les actes officiels subséquents.

10 AVRIL. — DÉCRET *en faveur des veuves des fédérés.* — Art. 1er. Une pension de 600 fr. sera accordée à la femme du garde national tué pour la défense des droits du peuple, après enquête qui établira ses droits et ses besoins.

Art. 2. Chacun des enfants, *reconnus ou non*, recevra, jusqu'à l'âge de dix-huit ans, une pension annuelle de 365 francs, payable par douzièmes.

Art. 3. Dans le cas où les enfants seraient déjà privés de leur mère, ils seront élevés aux frais de la Commune, qui leur fera donner l'éducation intégrale nécessaire pour être en mesure de se suffire dans la société.

Art. 4. Les ascendants, père, mère, frère et sœur de tout citoyen mort pour la défense des droits de Paris, et qui prouveront que le défunt était pour eux un soutien nécessaire, pourront être admis à recevoir une pension proportionnelle à leurs besoins, dans les limites de 100 à 800 francs par personne.

On voit, ainsi que le disent les autres documents cités ici, qu'il s'agissait des femmes comme des enfants *légitimes ou non*.

11 avril. — La Commune décrète qu'aucune proclamation ne serait plus affichée sans lui avoir, au préalable, été communiquée.

Elle s'est également occupée d'un projet de conseil disciplinaire pour la garde nationale, et a voté que toutes les questions de discipline seraient jugées par les bataillons.

— Institution des Conseils de guerre.

— Ordre. — *Consigne formelle.* — Ne laisser sortir de Paris que tout individu muni d'un laissez-passer de la Place ou de la Préfecture de police, s'il est garde national et en dehors du service. Quant aux autres personnes, il leur faut un laissez-passer de l'ex-Préfecture de police.

— Le prix des passeports est abaissé de 2 francs à 50 centimes.

12 avril. — Dorénavant, le procès-verbal de chaque séance de la Commune sera inséré au *Journal officiel.*

Sur la demande de cinq membres, le vote sera nominal et inséré à l'*Officiel*.

Décret — Considérant que la colonne impériale de la place Vendôme est un monument de barbarie, un symbole de force brute et de fausse gloire, une affirmation du militarisme, une négation du droit international, une insulte permanente des vainqueurs aux vaincus, un attentat perpétuel à l'un des trois grands principes de la République française, la fraternité,

Article unique. La colonne de la place Vendôme sera démolie.

— *Solde de la garde nationale.* 1° Des officiers de la garde nationale, appelés à un actif en service hors de l'enceinte fortifiée : Général en chef, 16 fr. 65 par jour, 500 fr. par mois. Général en second, 15 fr. par jour, 450 fr. par mois. Colonel, 12 fr. par jour, 360 fr. par mois. Commandant, 10 fr. par jour, 300 fr. par mois. Capitaine, chirurgien-major, adjudant-major, 7 fr. 50 par jour, 225 fr. par mois. Lieutenant, aide-major, 5 fr. 50 par jour, 165 fr. par mois. Sous-lieutenant, 5 fr. par jour, 150 fr. par mois.

2° Dans l'intérieur de Paris et tant que durera la situaion actuelle, 2 fr. 50 par jour pour les sous-lieutenants

lieutenants et capitaines, et 5 fr. par jour pour les commandants et adjudants-majors.

Ordre. — Tous les *isolés* seront mis à la disposition du directeur du génie pour les travaux de réparation de l'enceinte. Ils toucheront la solde de la garde nationale.

Les *isolés*, ne trouvez-vous pas l'expression charmante? Les *isolés*, c'est vous, c'est moi, c'est le premier venu, c'est tout ce qui ne fait pas partie d'un bon bataillon, d'un bataillon qui adhère à la Commune et qui consent à prendre part à la guerre civile. Les *isolés*, c'est le garde mobile dont le bataillon a été dissous, c'est le soldat de l'armée régulière qui a reçu son congé définitif. N'oublions pas de rappeler, à ce propos, que la conscription a été abolie par la Commune. On voit qu'elle est avantageusement remplacée.

Arrêté. — Le chargé de pouvoir du Comité central, muni de ses instructions, et de concert avec la municipalité du VI° arrondissement, arrête :

Tous les citoyens appelés par le décret du 7 avril 1871 et non encore inscrits devront se faire inscrire sur les registres ouverts à cet effet par les soins de la municipalité dans le délai de quarante-huit heures, à partir de l'affichage du présent arrêté.

Tous les citoyens valides au-dessus de la limite d'âge fixée par le décret ci-dessus, feront partie de la garde sédentaire et devront se faire inscrire s'ils ne le sont déjà.

Une commission est nommée à l'effet de relever sur les registres de l'état civil, sur les listes électorales, sur les livres de police et le rôle des contributions, la liste des citoyens compris dans les diverses catégories d'âge, afin de déférer à une cour martiale les déserteurs et les réfractaires, et de provoquer, en outre, la suppression de leurs droits civiques; car « il faut absolument que les lâches traînent, dans la cité, sous l'œil et le mépris de leurs concitoyens, la marque de leur ignominie. »

« *Pour le Comité central,*
« *Le chargé de pouvoir :* Lacord. »

La clameur soulevée par cet ordre fut telle, que la Commune fut obligée de l'annuler par un avis officiel quelques jours après. Cependant les administrateurs du 1ᵉʳ arrondissement, les citoyens Pillot, Tanguy et consorts, affichaient à profusion cet autre arrêté, cousin-germain de celui du citoyen Lacord :

« Vu nos précédents avis,
« Vu le décret du 7 courant,
« Prévenons les citoyens armés ou non, du Ier arrondissement, qui ne se sont pas fait inscrire, qu'ils sont passibles d'une *arrestation immédiate.* »

— Long règlement concernant les barricades, leur installation et leurs dispositions stratégiques, l'organisation de mines en avant de ces barricades et dans les égouts, etc., etc. Le tout sous la direction de Gaillard père.

13 AVRIL. — Tous imprimeurs de journaux politiques ou littéraires, de placards et affiches, sont invités à déposer à la délégation de la justice, place Vendôme, un exemplaire de leurs imprimés, pour être déposé aux archives de ladite délégation.

Arrêté. — Toutes poursuites pour échéances sont suspendues jusqu'au jour où paraîtra, au *Journal officiel,* le décret sur les échéances.

— Le citoyen Courbet, *président des peintres* (sic), est autorisé à rétablir, dans le plus bref délai, les musées de la ville de Paris dans leur état normal, d'ouvrir les galeries au public et d'y favoriser le travail qui s'y fait habituellement.

La Commune autorisera à cet effet les quarante-six délégués qui seront nommés en séance publique, à l'Ecole de médecine (grand amphithéâtre), à deux heures précises.

De plus, elle autorise le citoyen Courbet, ainsi que cette assemblée, à rétablir, *dans la même urgence,* l'exposition annuelle aux Champs-Elysées.

Cet arrêté, écrit en style de cabaret, est revêtu des signatures d'hommes de lettres tels que MM. Cournet, Delescluze, Félix Pyat, Tridon, Vermorel et Vaillant.

— On lit dans le *Journal officiel* du 8 avril :
« . . . . Le grade de général est supprimé. »
On lit dans le *Journal officiel* du 13 avril :

« SOLDE DE LA GARDE NATIONALE.

« . . . . Général en chef, 16 fr. 65 c. par jour, 500 fr. par mois.

« Général en second, 15 fr. par jour, 450 fr. par mois. »

S'il n'y a plus de généraux, comment leur assigne-t-on une solde

Et s'il y en a encore, que vaut le décret du 8 avril?

Note. — Le bureau des renseignements pour la presse est rétabli à l'intérieur, place Beauvau.

Toutes les communications possibles seront faites aux rédacteurs envoyés par les différents journaux de Paris.

La division de la presse et celle de l'imprimerie et de la librairie sont aujourd'hui et provisoirement réunies en une seule division, dite *division de la presse et de la librairie.*

Toujours le retour à l'organisation de la presse si violemment et si passionnément attaquée naguère par les mêmes hommes.

Avis de la commission exécutive, informant les délégués aux mairies qu'ils doivent l'indemnité accordée aux femmes des gardes nationaux *légitimes ou illégitimes, sans distinction.*

14 avril. — Considérant qu'il est important de connaître les agissements de la dictature du 4 septembre, et en particulier les actes qui ont amené la capitulation de Paris ;

Considérant, d'autre part, qu'à la suite de la révolution du 18 mars, une quantité de papiers, dépêches, etc., sont tombés entre les mains du peuple,

Une commission d'enquête est instituée, ayant pour but de chercher tous les éléments pour établir la part de responsabilité qui incombe à chacun de ceux qui ont participé aux actes du Gouvernement du 4 septembre.

Le citoyen Casimir Bouis est nommé président de cette commission d'enquête; il est chargé d'organiser cette commission, et invité à procéder au plus tôt à la publication des pièces les plus importantes.

Le peu de succès et le peu d'intérêt de cette publication la firent disparaître dès ses premiers numéros.

— Ordre sévère contre les chefs de bataillon qui opèrent des virements de fonds fantaisistes sur les sommes à reverser par les sergents-majors des compagnies au Trésor.

— Autre ordre tendant à mettre un terme aux réquisitions innombrables faites par les fédérés aux dépens du public.

Ordre. — Il est défendu à tout cavalier, estafette militaire ou civile, de circuler au galop dans les rues de Paris.

La garde nationale, la police civile et la population sont chargées de l'exécution du présent ordre et de l'arrestation des délinquants.

— Le citoyen Paul Pia est chargé de la surveillance et du contrôle des chemins de fer.

Les compagnies de chemins de fer seront tenues de communiquer au citoyen Pia, à sa première réquisition, tous les livres ou documents qu'il jugera à propos de consulter.

— Le service des passe-ports est organisé dans la mairie de chaque arrondissement. Toutes personnes qui désirent des laissez-passer ou passe-ports, et qui ne se trouvent pas sous le coup de la loi militaire communale, pourront donc les obtenir à leur mairie. Les citoyens maires mettront à cet effet un local à la disposition des fondés de pouvoirs du délégué civil de l'ex-préfecture.

Cet arrêté est la contradiction pure et simple de celui du 31 mars.

15 Avril. — Notes diverses. — La Commune a décidé que dorénavant il n'y aurait plus de corps de vétérans dans la garde nationale.

— La Commune apprend de source certaine que plusieurs bataillons, allant prendre position devant l'ennemi, arrivent à leur poste de combat avec leur cadre au complet, à l'exception des majors et aides-majors.

Dans les circonstances graves que nous traversons, en face des périls que courent Paris et la République, une pareille absence lui paraît inexplicable et doit être considérée comme une désertion. Des mesures sévères seront prises.

— A partir de demain, 16 avril, à midi, les portes de Paris ci-après indiquées seront ouvertes au public, de six heures du matin à six heures du soir. La circulation par les autres portes est et demeure interdite. Aucun laissez-passer ne sera donc réclamé, ni aux gares de chemins de fer, ni aux portes de Clichy, de la Chapelle, de Pantin, de Romainville, de Vincennes, de Charenton, d'Italie et d'Orléans, aux citoyens qui ne sont pas compris dans la limite d'âge de dix-neuf à quarante ans.

Cette mesure, concédée aux réclamations d'une population réduite à un second siége par ses nouveaux dominateurs, fut à peine observée trois jours. L'exigence des laissez-passer devint telle que la plupart du temps on les réclamait aux femmes, et que l'approvisionnement de Paris fut compromis.

17 AVRIL. — ÉTABLISSEMENT DE LA COUR MARTIALE. — En vertu d'une décision prise le 16 et ainsi motivée :

En présence des nécessités de la guerre et vu le besoin d'agir rapidement et vigoureusement;

En présence de l'impossibilité de traduire devant les conseils de guerre de légion, qui n'existent pas encore, les cas exceptionnels qui exigent une répression immédiate, le délégué à la guerre est autorisé à former provisoirement une *Cour martiale.*

Suit le décret concernant la procédure, les crimes, les délits et les peines.

Art. 23. Les peines qui peuvent être appliquées par la cour martiale sont :

La mort, les travaux forcés, la détention, la réclusion, la dégradation civique, la dégradation militaire, la destitution, l'emprisonnement, l'amende.

Art. 24. Tout individu condamné à la peine de mort par la cour martiale est fusillé.

Art. 25. La jurisprudence martiale est en outre appliquée à tous les faits intéressant le public.

16 AVRIL. — DÉCRET. — Considérant qu'une quantité d'ateliers ont été abandonnés par ceux qui les dirigeaient afin d'échapper aux obligations civiques, et sans tenir compte des intérêts des travailleurs;

Considérant que, par suite de ce lâche abandon, de nombreux travaux essentiels à la vie communale se trouvent interrompus, l'existence des travailleurs compromise,

Les chambres syndicales ouvrières sont convoquées à l'effet d'instituer une commission d'enquête ayant pour but :

1° De dresser une statistique des ateliers abandonnés, ainsi qu'un inventaire exact de l'état dans lequel ils se trouvent et des instruments de travail qu'ils renferment;

2° De présenter un rapport établissant les conditions pratiques de la prompte mise en exploitation de ces ateliers, non plus par les déserteurs qui les ont abandonnés, mais par l'association coopérative des travailleurs qui y étaient employés;

3° D'élaborer un projet de constitution de ces sociétés coopératives ouvrières;

4ᵉ De constituer un jury arbitral qui devra statuer, au retour desdits patrons, sur les conditions de la cession définitive des ateliers aux sociétés ouvrières, et sur la quotité de l'indemnité qu'auront à payer les sociétés aux patrons.

Cette commission d'enquête devra adresser son rapport à la commission communale du travail et de l'échange, qui sera tenue de présenter à la Commune, dans le plus bref délai, le projet de décret donnant satisfaction aux intérêts de la Commune et des travailleurs.

Inutile d'appeler l'attention sur cette tactique odieuse et machiavélique qui, après la désorganisation systématique des ateliers par la Commune, dépossédait leurs propriétaires et livrait les usines à des syndicats ouvriers.

20 AVRIL. — DÉCRET prescrivant l'instruction immédiate dans les cas d'arrestation opérée par tous magistrats, officiers de police ou gardes nationaux. Les papiers, valeurs mobilières, effets de nature quelconque appartenant aux personnes arrêtées et dont la saisie aura été effectuée, seront déposés à la Caisse des dépôts et consignations. Les pièces à conviction seront adressées au délégué à la police.

Jamais décret ne fut plus effrontément violé par ses propres auteurs que celui-là. Nous en appelons au témoignage des victimes dont l'argent, les titres, les bijoux, disparaissaient sans recours possible, et à celui des malheureux qui pourrissaient à la Conciergerie et à Mazas, ainsi qu'il a été dit plus haut.

— DÉCRET rendu sur le rapport de Protot, délégué à la justice, enjoignant que tous arrêts et jugements seront rendus, *au nom du Peuple*, sous la formule : *Commune de Paris*.

— Autres décrets instituant successivement des huissiers et des notaires, ceux qui existent refusant d'exercer au nom de la Commune. — Le décret concernant la création des huissiers dispense les candidats du certificat de capacité.

— LA COLONNE VENDÔME. — DÉCRET. — Les matériaux qui composent la colonne de la place Vendôme sont mis en vente.

Ils sont divisés en quatre lots : deux lots, matériaux de construction ; deux lots, métaux. Ils seront adjugés par lots séparés, par voie de soumissions cachetées adressées à la direction du génie, 84, rue Saint-Dominique-Saint-Germain.

—Arrêté de Cluseret, délégué à la guerre : tous les jours un échantillon de deux décilitres du vin consommé dans un des casernements ou campements de la garde nationale, sera fourni au ministère de la guerre (cabinet du délégué à la guerre).

Le sous-chef d'état-major le fera prendre tantôt dans un poste, tantôt dans un autre.

La question des liquides ne cessait de préoccuper la Commune. Il était essentiel que les fédérés n'en manquassent pas. Chacune des voitures où ils s'entassaient, omnibus, etc., étaient invariablement munie de barriques. Mais, si la Commune veillait à ce que les débitants ne falsifiassent pas leurs produits, elle se réservait pour elle-même cette faculté, car l'*Officiel* de Versailles assurait que des barriques de vin prises sur les fédérés furent trouvées à l'analyse altérées au moyen de tabac et d'autres drogues ayant la vertu d'exciter le cerveau.

23 avril. — Décret. — Les huissiers, notaires, commissaires-priseurs et greffiers de tribunaux quelconques, qui seront nommés à Paris, à partir de ce jour, recevront un traitement fixe. Ils pourront être dispensés de fournir un cautionnement.—Art. 2. Ils verseront tous les mois, entre les mains du délégué aux finances, les sommes par eux perçues pour les actes de leur compétence.

Arrêté. — Les notaires, huissiers, commissaires-priseurs et greffiers qui ne se soumettront pas, dans les vingt-quatre heures, aux nouvelles conditions qui leur sont imposées par la Commune de Paris, seront regardés comme démissionnaires et immédiatement remplacés.

26 avril. — Avis notifié à l'administration du chemin de fer de l'Est :

Jusqu'à nouvel ordre, les trains de marchandises sont supprimés au départ de Paris. Les trains de voyageurs seuls continueront à partir. Aucun train de matériel vide ou plein de marchandises, aucune machine haut le pied ne pourront être expédiés en dehors des trains de voyageurs, dont la composition sera réduite au nombre de véhicules nécessaires pour le nombre de voyageurs en partance.

Cet avis est en contradiction flagrante avec l'arrêté de la Commune autorisant la sortie des marchandises, à l'exception des farines, des munitions et des armes. Au surplus, la perturbation était telle dans le service des gares, livrées aux fantaisies des fédérés, que les Prussiens campés aux environs de Paris menacèrent plusieurs fois d'y répondre en interrompant les lignes dont ils tenaient la tête, et que Cluseret dût lancer un ordre qui fut, d'ailleurs, comme les autres, très-mal exécuté.

27 AVRIL. — Le citoyen Raoul Rigault est nommé procureur de la Commune.

ARRÊTÉ. — L'état-major des légions de la garde nationale sera désormais nommé par le délégué à la guerre. Cet état-major se composera des officiers suivants : un chef d'état-major, un major de place, deux capitaines d'état-major et quatre adjudants. L'arrêté est motivé sur la considération « que l'organisation des bataillons de la garde nationale nécessite de la part de l'état-major de la légion une aptitude spéciale. »

Que devient, en présence de cet arrêté, la fameuse autonomie de la garde nationale?

ARRÊTÉ affiché dans le XVᵉ arrondissement et non désavoué ni retiré par la Commune :
Vu le décret du 7 avril 1871, les citoyens directeurs et chefs d'ateliers du XVᵉ arrondissement sont prévenus, qu'à dater d'aujourd'hui 25, *ils ne doivent plus occuper dans leurs ateliers*, à moins d'une exemption en règle du ministre de la guerre, les hommes atteints par le décret ci-dessus, concernant les citoyens âgés de 19 à 40 ans.

Nous verrons bientôt les chefs d'usines, qu'on a ainsi obligés de fermer leurs maisons, accusés d'avoir désorganisé le travail, et les ouvriers autorisés à occuper lesdites maisons, et à s'y organiser pour leur compte en syndicats.

La Commune intervient en outre de toutes les façons dans les établissements privés pour y troubler le travail et la discipline. Ce même jour 27, la commission exécutive arrête :

Les amendes. — Art. 1ᵉʳ. Aucune administration privée ou publique ne pourra imposer des amendes ou des retenues aux employés, aux ouvriers, dont les appointements convenus d'avance doivent être intégralement soldés.

Art. 2. Toute infraction à cette disposition sera déférée aux tribunaux.

Art. 3. Toutes les amendes et retenues infligées depuis le 18 mars, sous prétexte de punition, devront être restituées aux ayants droit, dans un délai de quinze jours à partir de la promulgation du présent décret.

Ordre aux marchands de vin habitant Levallois, Clichy et Saint-Ouen, de fermer leurs établissements *à partir de deux heures* (?), sous peine de poursuites rigoureuses de l'administration militaire.

Le mot de cette exigence est resté un mystère, comme celui de la fermeture des cafés de Paris à onze heures du soir, avec un appareil formidable de patrouilles.

28 avril. — Décrets de la Commune portant que l'église Bréa sera prochainement démolie, que la place de l'Eglise s'appellera place de Juin. Enfin la Commune a pris en considération une proposition tendant à décider que le citoyen Nourri, détenu depuis vingt-deux ans à Cayenne, à la suite de l'assassinat du général Bréa, serait mis en liberté le plus tôt possible.

Arrêté décidant que les compagnies de chemins de fer du Nord, de l'Est, de l'Ouest, d'Orléans et de Lyon auront à verser, dans un délai de quarante-huit heures, la somme de 2 millions sur l'arriéré de leurs impôts, pour la période antérieure au 18 mars. D'autres articles fixent ce que les compagnies auront à payer pour la période qui s'étend du 18 mars au 20 avril, et les sommes devront être versées dans la huitaine. Enfin, à partir du 20 avril, le compte des impôts de toute nature, contributions foncières et autres, dues par les compagnies, sera régulièrement arrêté et payé tous les dix jours.

Arrêté du maire du IXᵉ arrondissement. — Les églises, temples et synagogues du IXᵉ arrondissement, qui pourraient être occupés par la garde nationale, devront être évacués par elle dans la journée de samedi 29 avril.

Nous ne rappellerons pas ici comment les faits répondirent aux paroles, et comment toutes les églises furent successivement dévalisées et transformées en clubs. Quant aux temples et synagogues, ils figurent ici pour la forme, n'ayant été l'objet d'aucune violation; comme si la Commune avait pris à tâche uniquement de préparer une réaction cléricale dans l'opinion publique indignée.

Ordre de la commission de la guerre :
Il faut en finir avec un abus coûteux pour la Commune. Certains officiers briguent, à l'envi, sabres et galons ; puis, repoussés par leurs hommes, se retirent avec l'équipement et les armes qui ne leur appartiennent plus.

Les chefs de légion, et, après eux, les chefs de bataillon, sont chargés de faire rentrer au magasin central ce qui est le bien propre des légions et des bataillons.

Il paraît d'après cet ordre que la manie du galon ruinait la Commune. Cela s'explique par un autre ordre du jour reprochant à nombre d'individus de se faire déférer des grades et de donner ensuite leur démission dès qu'ils en ont reçu les insignes qu'ils se gardent bien de restituer.

Mai. — Nous empruntons ce document curieux, sans date, et nullement destiné à la publicité, au *Journal officiel* de Versailles. Il s'agit des instructions secrètes données par la Commune parisienne aux agents chargés de faire de la propagande dans les départements.

Commune de Paris.—Commission des relations extérieures :
Instructions.

1° Ne faire connaître sa qualité et l'esprit de sa mission qu'à des amis politiques sûrs et pouvant être utiles.

2° Se mettre en relation avec les journaux ; dans le cas où il n'en paraîtrait pas dans certaines contrées, les remplacer par des écrits, des circulaires ou copies imprimées retraçant exactement le fond et la forme du mouvement communal.

3° Agir par et avec les ouvriers lorsqu'ils ont un commencement d'organisation.

4° Eclairer le commerce, l'engager par des raisons solides à continuer ses affaires avec Paris et s'appliquer à favoriser le ravitaillement.

5° Se mettre en rapport avec la bourgeoisie et avec l'élément républicain modéré pour, à l'instar de Lille, pousser les conseils municipaux à envoyer des adresses ou des délégués au citoyen Thiers pour le sommer de mettre fin à la guerre civile.

6° Empêcher le recrutement pour l'armée de Versailles; faire écrire aux soldats pour les détourner de la guerre contre Paris.

En résumé, s'appliquer à faire jeter des bâtons de tous côtés de la France dans les roues du char gouvernemental de Versailles.

1ᵉʳ MAI. — DÉCRET organisant un Comité de salut public composé de Antoine Arnaud, Léo Meillet, Ranvier, Félix Pyat, Antoine Gérardin. (Composition modifiée fréquemment.)

« Les pouvoirs les plus étendus sur toutes les délégations et commissions sont donnés à ce Comité, qui ne sera responsable qu'à la Commune. »

DÉCRET. — Les membres de la Commune ne pourront être traduits devant aucune autre juridiction que la sienne (celle de la Commune).

4 MAI. — DÉCRET. — Article unique. Le serment politique et le serment professionnel sont abolis.

6 MAI. — Détail curieux à noter, dernier agrément ajouté au journal déjà si pittoresque de la Commune : le *Journal officiel* porte la date du 6 mai, et les décrets ou arrêtés du Comité de salut public portent la date du 16 floréal, an 79.

— ORDRE de la Commune prohibant, à dater d'aujourd'hui, la sortie des chevaux de Paris.

Pas un sujet de la race hippique, jument, poulain, ou bête de fiacre, ne devra franchir les fortifications. Il n'est fait exception que pour les cavaliers estafettes, porteurs d'un ordre régulier; les officiers généraux, et encore les convois de vivres, munitions et matériaux.

On va voir, le 8 mai, les suites de cet ordre : la réquisition des chevaux au profit du service de la guerre.

8 MAI. — DÉCRET admettant comme une mesure d'utilité commune le concours du Comité central dans l'administration de la guerre :

Article unique. La commission de la guerre, de concert avec le délégué de la guerre, réglementera les rapports du Comité central de la garde nationale avec l'administration de la guerre.

15

— Arrêté prescrivant les cartes d'identité.

Art. 1ᵉʳ. Tout citoyen devra être muni d'une carte d'identité contenant ses noms, prénoms, profession, âge et domicile, ses numéros de légion, de bataillon et de compagnie, ainsi que son signalement.

Art. 2. Tout citoyen trouvé non porteur de sa carte sera arrêté et son arrestation maintenue jusqu'à ce qu'il ait rétabli régulièrement son identité.

Art. 3. Cette carte sera délivrée par les soins des commissaires de police sur pièces justificatives, en présence de deux témoins qui attesteront par leur signature bien connaître le demandeur. Elle sera ensuite visée par la municipalité compétente.

Art. 5. L'exhibition de la carte d'identité pourra être requise par tout garde national.

Arrêté. — Tous les chevaux de selle qui se trouvent dans Paris et dans l'intérieur des lignes de la Commune sont requis pour le service de la cavalerie.

Ils seront réunis par quartier dans des dépôts de remonte, où il seront pansés et nourris par les soins des municipalités. Les dépenses faites par les municipalités pour cet objet seront remboursées chaque semaine par l'administration de la guerre.

Le général Dombrowski est chargé d'opérer les réquisitions à l'extérieur, sur la rive droite, le général Wroblewski sur la rive gauche.

9 mai. — Résolutions. — La Commune de Paris à décidé :

1° De réclamer la démission des membres actuels du Comité de salut public et de pourvoir immédiatement à leur remplacement ;

2° De nommer un délégué civil à la guerre qui sera assisté de la commission militaire actuelle, laquelle se mettra immédiatement en permanence ;

3° De nommer une commission de trois membres, chargée de rédiger immédiatement une proclamation ;

4° De ne plus se réunir que trois fois par semaine en assemblée délibérante, sauf les réunions qui auront lieu dans le cas d'urgence, sur la proposition de cinq membres ou sur celle du Comité de salut public ;

5° De se mettre en permanence dans les mairies de ses arrondissements respectifs, pour pourvoir souverainement aux besoins de la situation ;

6° De créer une cour martiale, dont les membres seront nommés immédiatement par la commission militaire;

7° De mettre le Comité de salut public en permanence à l'Hôtel-de-Ville.

Les secrétaires membres de la Commune,
Amouroux, Vésinier.

10 mai. — Décret *relatif au Mont-de-Piété.* — Il ne s'agit pas encore de la liquidation finale de cette institution, récemment mise à l'ordre du jour. Le décret qui vient d'être promulgué décide seulement que « toute reconnaissance du Mont-de-Piété antérieure au 25 avril 1871, portant engagement d'effets d'habillement, de meubles, de linge, de livres, d'objets de literie et d'instruments de travail, ne mentionnant pas un prêt supérieur à la somme de vingt francs, pourra être dégagée *gratuitement* à partir du 12 mai courant. »

Décret prescrivant la démolition, sous huit jours, du monument expiatoire élevé, sur les anciens terrains de la Madeleine, à la mémoire du roi Louis XVI et de la reine Marie-Antoinette.

Arrêtés portant nomination du citoyen Delescluze aux fonctions de délégué civil à la guerre, et renvoi devant la cour martiale du citoyen Rossel, ex-délégué à la guerre.

Décret ordonnant la destruction de l'hôtel de M. Thiers.

Le Comité de salut public,

Vu l'affiche du sieur Thiers, se disant chef du pouvoir de la République française;

Considérant que cette affiche, imprimée à Versailles, a été apposée sur les murs de Paris par les ordres dudit sieur Thiers;

Que, dans ce document, il déclare que son armée ne bombarde pas Paris, tandis que chaque jour des femmes et des enfants sont victimes des projectiles fratricides de Versailles;

Qu'il y est fait un appel à la trahison pour pénétrer dans la place, sentant l'impossibilité absolue de vaincre par les armes l'héroïque population de Paris,

Arrête: Art. 1er. Les biens meubles des propriétés de Thiers seront saisis par les soins de l'administration des Domaines.

Art 2. La maison de Thiers, située place Georges, sera rasée.

Art. 3. Les citoyens Fontaine, délégué aux Domaines, et J. Andrieu, délégué aux Services publics, sont chargés, chacun en ce qui le concerne, de l'exécution *immédiate* du présent arrêté.

Paris, 21 floréal an 79.

Les membres du Comité de salut public :

ANT. ARNAUD, EUDES, F. GAMBON, F. RANVIER.

11 MAI. — ORDRE. — Tout officier venant de l'extérieur ou de l'intérieur, qui se présenterait au Ministère de la guerre ou à la Place, sans être porteur d'ordres de son supérieur hiérarchique, s'exposera à être mis en état d'arrestation.

13 MAI. — DÉCRET prescrivant l'organisation d'une chambre du tribunal civil de la Commune de Paris, statuant sur les affaires ordinaires. Abolition de la procédure *ordinaire*; toutes les affaires instruites comme en matière sommaire. A défaut d'avoués, les huissiers occuperont pour les parties qui pourront se défendre elles-mêmes.

15 MAI. — La démission du citoyen Gaillard père, chargé de la construction des barricades et commandant des barricades, est acceptée à ce double titre.

Le bataillon des barricadiers, placé sous ses ordres, est dissous; les hommes qui le composent sont mis à la disposition du directeur du génie militaire, qui avisera à la continuation des travaux commencés, dans la mesure qu'il jugera convenable.

Il résulte des explications piquantes fournies à ce sujet par Delescluze, que le père Gaillard n'en faisait qu'à sa tête, plantait ses barricades là où il lui prenait fantaisie, et ne tenait aucun compte des observations ni des ordres de son chef, le délégué à la guerre.

16 MAI. — Les actes de la Commune et l'*Officiel* recommencent à être datés d'après le calendrier républicain de 1793, ce qui met un désarroi complet dans les notions et les habitudes des lecteurs.

ARRÊTÉ *concernant l'hôtel de la place Saint-Georges.* — Sur la délibération approuvée du Comité de salut public, le citoyen Jules Fontaine, directeur général des Domaines,

En réponse aux larmes et aux menaces de Thiers, le

bombardeur, et aux lois édictées par l'Assemblée rurale, sa complice, arrête :

Art. 1er. Tout le linge provenant de la maison Thiers sera mis à la disposition des ambulances.

Art. 2. Les objets d'art et livres précieux seront envoyés aux bibliothèques et musées nationaux.

Art. 3. Le mobilier sera vendu aux enchères, après exposition publique au garde-meubles.

Art. 4. Le produit de cette vente restera uniquement affecté aux pensions et indemnités qui devront être fournies aux veuves et orphelins des victimes de la guerre infâme que nous fait l'ex-propriétaire de l'hôtel Georges.

Art. 5. Même destination sera donnée à l'argent que rapporteront les matériaux de démolition.

Art. 6. Sur le terrain de l'hôtel du parricide sera établi un square public.

Paris, le 25 floréal an 79.

ARRÊTÉ *du Comité de salut public.* — Art. 1er. Tous les trains, soit de voyageurs, soit de marchandises, de jour et de nuit, se dirigeant sur Paris, par une ligne quelconque, devront s'arrêter hors de l'enceinte, au point où est établi le dernier poste avancé de la garde nationale.

Art. 2. Aucun train ne pourra dépasser la limite précitée sans avoir été préalablement visité par l'un des commissaires de police délégués à cet effet.

Art. 3. Les travaux nécessaires seront immédiatement exécutés à la hauteur de l'enceinte, pour être en mesure *de détruire instantanément tout train qui essaierait de forcer la consigne.*

Plus fort que le fameux ordre du citoyen Henry !

ARRÊTÉ. — Les notaires, huissiers, et généralement tous les officiers publics de la Commune de Paris devront, sur l'ordre du délégué à la justice, dresser gratuitement tous les actes de leur compétence.

Cet arrêté ne témoigne pas précisément de la sollicitude de la Commune en faveur des plaideurs pauvres, mais il constate que pas un plaideur n'osait confier ses intérêts aux officiers ministériels, ni aux tribunaux improvisés par elle. Ce fut un des grands déboires du citoyen Protot, délégué à la justice.

17 MAI. — Installation au Palais de Justice, par le citoyen Protot, délégué à la justice, des juges nommés au tribunal

civil de la Commune de Paris. Ce tribunal siégera provisoirement deux fois par semaine (mercredi et samedi).

— ORDRE FORMEL. — 8ᵉ légion.

Tous les citoyens de 19 à 40 ans, faisant partie des 3ᵉ et 4ᵉ bataillon, qui n'auront pas rejoint *immédiatement* leur casernement à la caserne de la Pépinière, seront arrêtés et déférés à la cour martiale. (*La peine encourue est celle de mort.*)

Trois bataillons étrangers à l'arrondissement sont mis à la disposition de la légion pour faire exécuter cet ordre.

ARRÊTÉ déléguant des commissaires civils, représentants de la Commune auprès des généraux des trois armées de ladite Commune.

ARRÊTÉ des membres de la Commune représentant le XIVᵉ arrondissement et ordonnant l'arrestation et l'emprisonnement des femmes de mauvaise vie et des ivrognes rencontrés sur la voie publique :

Considérant, 1° que la prostitution sur la voie publique prend des proportions considérables, et qu'elle est une cause permanente de démoralisation en même temps qu'une atteinte aux mœurs et un appel incessant aux plus viles passions ;

2° Considérant, en outre, que l'ivrognerie est un vice dégradant en tout temps, mais plus ignoble encore dans la situation où nous sommes en ce moment, et qu'il est douloureux de voir certains gardes nationaux, indignes de ce nom, se mettre en état d'ivresse, ce qui est compromettant pour la noble cause que nous avons tous le devoir de défendre ;

Qu'il est temps, par conséquent, de prendre des mesures énergiques pour réprimer un tel état de choses, etc.

Avis du chef de la 3ᵉ légion, Espinoy, au citoyen délégué à la mairie dudit arrondissement.

Indemnité aux femmes, légitimes ou non, des gardes nationaux.

J'ai l'honneur de vous annoncer qu'en exécution d'un arrêté du délégué à la guerre, les sergents-majors doivent donner l'indemnité à toutes les femmes, *légitimes ou non*, des gardes nationaux qui remplissent leurs devoirs de citoyens.

Salut et fraternité.

18 mai. — Arrêté. — Dans les quarante-huit heures, un état sera dressé de tous les établissements d'enseignement tenus encore, malgré les ordres de la Commune, par des congréganistes.

Les noms des membres de la Commune délégués à la municipalité de l'arrondissement où les ordres de la Commune relatifs à l'établissement de l'enseignement exclusivement laïque n'auront pas été exécutés, seront publiés chaque jour dans l'*Officiel*.

Avis. — Bientôt l'enseignement religieux aura disparu des écoles de Paris.

Cependant, dans beaucoup d'écoles reste, sous forme de crucifix, madones et autres symboles, le souvenir de cet enseignement.

Les instituteurs et les institutrices devront faire disparaître ces objets, dont la présence offense la liberté de conscience.

Les objets de cet ordre qui seront en métal précieux seront inventoriés et envoyés à la monnaie.

Appel pour la formation d'un bataillon des éclaireurs fédérés.

La solde allouée aux volontaires est fixée à 2 fr. par jour et les vivres.

Les sous-officiers et les officiers auront la solde de la garde nationale.

Les femmes des volontaires recevront la même indemnité que dans la garde nationale.

Enrôlement, rue des Prêtres-Saint-Germain-l'Auxerrois, 10 (ancienne école des frères), de neuf heures du matin à cinq heures du soir.

Armement (chassepots), habillement, campement immédiats.

Circulaire. — *Ministère des finances*.

La solde de la garde nationale a donné lieu à de scandaleux abus.

Le délégué aux finances a constitué un service spécial de contrôle pour arrêter les détournements qui se commettent tous les jours.

Quant aux misérables qui ont osé profiter des difficultés de la situation actuelle pour tromper indignement la Commune, le service de contrôle est appelé à faire une enquête sévère sur ces délits qui, à l'heure présente, sont des crimes. Leur culpabilité établie, ils seront déférés à la cour martiale et jugés avec toute la rigueur des lois militaires.

Arrêté destituant le citoyen Combatz et son état-major :
Considérant que des plaintes nombreuses sont formulées contre le citoyen Combatz, colonel de la 6e légion, ainsi que contre son état-major, au nom de tous les bataillons existant dans le VIe arrondissement;

Que notamment, et grâce à leur inertie, il n'a pas été procédé au désarmement complet des bataillons dont la dissolution avait été prononcée pour incivisme et refus de service, etc.

Avis. Des ordres donnés par le Comité de salut public n'ont pas été exécutés parce que telles ou telles signatures n'y figuraient pas.

Le Comité de salut public prévient les officiers de tous rangs, à quelques corps qu'ils appartiennent, ainsi que tous les citoyens, que le refus d'exécuter un ordre émané de lui entraînera le renvoi immédiat du coupable devant la cour martiale, sous l'inculpation de haute trahison.

Avis. — *Délégation scientifique.*

Les possesseurs de phosphore et produits chimiques, qui n'ont pas répondu à l'appel du *Journal officiel*, s'exposent à une saisie immédiate de ces produits.

Le membre de la Commune,
chef de la délégation scientifique,
Parisel.

Avis. — La délégation scientifique acceptera tous les jours, de huit heures à onze heures du matin, les soumissions de sulfure de carbone qui lui seront faites.

C'est toujours la suite du complot tendant à brûler Paris.

20 mai. — Arrêté. Tous les actes officiels de la Commune de Paris seront insérés dans un journal ayant pour titre : *Bulletin des Lois*, qui paraîtra hebdomadairement.

Décret. — Tout cumul de traitement est interdit.
Tout fonctionnaire de la Commune, appelé en dehors de ses occupations normales à rendre un service d'ordre différent, n'a droit à aucune indemnité nouvelle.

Décret. — Art. 1ᵉʳ. Jusqu'à la fin de la guerre, tous les fonctionnaires ou fournisseurs accusés de concussion, déprédation, vol, seront traduits devant la cour martiale; la seule peine appliquée à ceux qui seront reconnus coupables sera la peine de mort.

Art. 2. Aussitôt que les bandes versaillaises auront été vaincues, une enquête sera faite sur tous ceux qui, de près ou de loin, auront eu le maniement des fonds publics.

21 mai. — Note. Les habitants de Paris sont invités à se rendre à leur domicile *sous quarante-huit heures*; passé ce délai, leurs titres de rente et grand-livre seront brûlés.

Pour le Comité central : Grélier.

Cette Note, que personne ne put expliquer sur le moment, devint très-claire, le lendemain 22, quand on vit que ces misérables avaient mis le feu au ministère des finances.

Voici enfin, pour clore cette nomenclature, le texte du dernier document émané de la Commune et du Comité central réunis pour pousser un appel suprême au moment où ils se sentaient sombrer. Ceci parut le 23 mai au matin, mais ne put être placardé que dans les quartiers encore occupés par ses misérables auteurs, et l'on sait comment l'armée y répondit.

N° 396

RÉPUBLIQUE FRANÇAISE.
Liberté, égalité, fraternité.

—

COMMUNE DE PARIS.
Fédération de la Garde nationale.
COMITÉ CENTRAL.

Soldats de l'armée de Versailles,
Nous sommes des pères de famille,
Nous combattons pour empêcher nos enfants d'être un jour, comme vous, sous le despotisme militaire.
Vous serez, un jour, pères de famille.
Si vous tirez sur le peuple aujourd'hui, vos fils vous

maudiront comme nous maudissons les soldats qui ont déchiré les entrailles du peuple en juin 1848 et en décembre 1851.

Il y a deux mois, au 18 mars, vos frères de l'armée de Paris, le cœur ulcéré contre les lâches qui ont vendu la France, ont fraternisé avec le peuple : imitez-les.

Soldats, nos enfants et nos frères, écoutez bien ceci, et que votre conscience décide :

Lorsque la consigne est infâme, la désobéissance est un devoir.

5 prairial an 79.

LE COMITÉ CENTRAL.

LE DERNIER *OFFICIEL* DE LA COMMUNE.

Cet étrange document, qui porte la date du 4 prairial an 79, contient les derniers décrets du *Comité central de la Commune de Paris et du comité de salut public*. C'est une page de l'histoire dont nous mettons les actes essentiels sous les yeux de nos lecteurs.

Ordre. — Faire détruire immédiatement toute maison par les fenêtres de laquelle on aura tiré sur la garde nationale, et passer par les armes tous ses habitants, s'ils ne livrent ou exécutent eux-mêmes les auteurs de ce crime.

4 prairial, an 79 (24 mai, 9 heures soir.)

La Commission de la guerre.

Que tous les bons citoyens se lèvent!
Aux barricades! L'ennemi est dans nos murs!
En avant pour la République, pour la Commune et pour la Liberté!

AUX ARMES!

Paris, le 3 prairial, an 79.

Le Comité de salut public,
Ant. Arnaud, Billioray, E. Eudes,
F. Gambon, Ranvier.

Le Comité de salut public autorise les chefs de barricades à requérir les ouvertures des portes des maisons là où ils le jugeront nécessaire ;

A réquisitionner pour leurs hommes tous les vivres et

objets utiles à la défense, dont ils feront récépissé et dont la Commune fera état à qui de droit.

Paris, le 3 prairial an 79.

Le membre du Comité de salut public

G. RANVIER.

Paris, 3 prairial, an 79.

L'ennemi s'est introduit dans nos murs plutôt par la trahison que par la force; le courage et l'énergie des Parisiens le repousseront.

A l'heure où toutes les grandes communes de la France entière se réveillent pour la revendication de leurs libertés, pour se fédérer entre elles et avec Paris, Paris la ville sainte, le foyer de la révolution et de la civilisation, n'a rien à redouter.

La lutte est rude, soit; mais n'oublions pas que c'est la dernière, que c'est le suprême effort de nos ennemis.

A ces hommes que rien n'a pu instruire, à ces hommes qui ne tiennent compte ni de la grande Révolution, ni de 1830; à ces hommes qui ont ont oublié les luttes de 1848, les hontes de décembre 1851 et de Sedan; — qui ne savent pas même se souvenir du 4 septembre, des journées du siége et du 18 mars, nous allons donner la grande leçon de prairial de l'an 79!

Ouvrons nos rangs à ceux que les Versaillais ont enrôlés de force et qui veulent s'unir à nous pour défendre la Commune, la République, la France.

Mais pas de pitié pour les traîtres, pour les complices de Bonaparte, de Favre et de Thiers.

Tout le monde aux barricades! Tous doivent travailler, de gré ou de force même, à les construire; tous ceux qui peuvent manier un fusil, pointer un canon ou une mitrailleuse, doivent les défendre.

Que les femmes elles-mêmes s'unissent à leurs frères, à leurs pères et à leurs époux!

Celles qui n'auront pas d'armes soigneront les blessés et monteront des pavés dans leurs chambres pour écraser l'envahisseur.

Que le tocsin sonne! mettez en branle toutes les cloches et faites tonner tous les canons, tant qu'il restera un seul ennemi dans nos murs!

C'est la guerre terrible, car l'ennemi est sans pitié!

Thiers veut ecraser Paris, fusiller ou transporter tous nos

gardes nationaux; aucun d'eux ne trouvera grâce devan^t ce proscripteur souillé par toute une vie de crimes et d'at tentats à la souveraineté du peuple. Tous les moyens seront bons pour lui et ses complices.

La victoire complète est la seule chance de salut que nous laisse cet ennemi implacable. Par notre accord et notre dévouement, assurons la victoire.

Aujourd'hui que Paris fasse son devoir, demain la France entière l'imitera.

CONCLUSION.

Les événements qui se sont produits à Paris, de mars à mai 1871, ont leur logique et leurs enseignements. Depuis plus de quarante ans, les rêveurs, les utopistes, les meneurs de mauvaise foi, les ambitieux sans vergogne soulèvent les classes laborieuses en agitant de spécieuses théories sociales, en montrant un idéal heureusement impossible à atteindre, car il serait la négation du progrès et nous ramènerait directement à la barbarie.

Chaque révolution a vu naître à sa suite ses soi-disant revendications sociales : 1793 a vu Babœuf ; 1848, l'insurrection de juin ; la République du 4 septembre devait avoir fatalement son contre-coup socialiste : il s'appelle le 18 mars.

Cet événement funeste n'a surpris personne : tous les bons esprits s'y attendaient et s'il eût tardé à se produire, le pays eût été constamment en proie au malaise et n'eût peut-être pas été préparé à le réprimer, lorsqu'il aurait éclaté.

D'un autre côté, quelque paradoxal que cela puisse paraître, il n'est pas mauvais peut-être que la France, que Paris aient pu voir à l'œuvre les hommes qui prétendaient avoir le secret de régénérer le monde.

Quelque pénible qu'ait été cette épreuve, elle portera ses fruits, nous en sommes sûr.

« Puisqu'après tant de malheurs dans sa guerre contre l'ennemi étranger, la France s'est trouvée réduite encore à se reconquérir elle-même, à reconquérir Paris sur la plus criminelle des factions, elle a du moins aujourd'hui cette dernière et rassurante victoire. Elle a brisé la tyrannie des malfaiteurs subalternes, elle a dompté le monstre. C'est la victoire du droit, de la civilisation et du patriotisme; mais cette victoire, la plus sombre de toutes les victoires des guerres civiles, de quels combats, de quelles anxiétés déchirantes, de quels sacrifices n'a-t-il pas fallu la payer ? Jamais, non jamais depuis que des êtres humains vivent en société, une catastrophe semblable n'aura retenti dans le monde; jamais le délire d'Erostrates de ruisseau, enrégimentés par le crime, n'aura été poussé à ce degré de sinistre sauvagerie. Ils ont commencé par l'assassinat au 18 mars, ils ont régné par la terreur et la dilapidation; pendant deux mois, ils ont fait de Paris le rendez-vous de toutes les perversités machiavéliques, de toutes les infamies, de tous les aventuriers de l'Europe accourus à la curée : ils se croyaient presque immortels dans leur domination de hasard ! Quand ils se sont sentis menacés, ils ont fini par l'incendie de la grande ville. Ce que l'imagination la plus violente, la plus insensée n'aurait pu ou n'aurait voulu prévoir, ils l'ont réalisé comme une œuvre digne d'eux en s'enfuyant devant nos soldats. Voilà leur histoire, voilà l'histoire de ces quelques jours de combat et de deuil qui, selon le mot de M. Thiers, rendent Paris à son vrai souverain, la France, mais qui le lui rendent sanglant, mutilé, souillé, éperdu et à demi anéanti par les flammes.

. . . .

« Qu'est-ce encore lorsqu'une tentative semblable s'accomplit au moment où la nation et la cité victimes sont sous le coup d'une implacable occupation étrangère, sous le regard insultant du vainqueur de la veille? Alors, ce n'est plus seulement une révolution intérieure plus ou moins criminelle, c'est une complicité avec l'étranger. Chaque coup qu'on porte au pays le livre un peu plus à l'ennemi, et, en réalité, c'est ce qu'a fait cette Commune de Paris en venant paralyser soudainement la France au moment où elle avait tant besoin de toutes ses forces pour porter sans fléchir le fardeau de ses infortunes et de ses charges. N'y eût-il rien autre chose pour les couvrir d'opprobre, ces gens-là auraient donné leur mesure en profitant d'une de ces heures sombres, qu'on ne voit qu'une fois dans plusieurs siècles, pour pousser leur pays à la perdition totale par les déchirements, par l'impuissance et l'avilissement devant l'ennemi (1). »

(1) Th. de Mazade. Revue des Deux-Mondes.

FIN.

135 — Paris. — Imprimerie GUSSET et Cⁱᵉ, 26, rue Racine.

CATALOGUE

DE LA LIBRAIRIE

DÉCEMBRE-ALONNIER

20, RUE SUGER, 20

PRÈS LA PLACE SAINT-ANDRÉ-DES-ARTS

PARIS

LES ROMANS ÉLÉGANTS.

Collection de beaux volumes in-18 jésus avec illustrations
Prix : 3 francs.

Les Vieux Libertins, par Louis DE VALLIÈRES.
Illustrations inédites avec vignettes hors texte par Yan' Dargent.
Ce livre, qui en est aujourd'hui à sa 3ᵉ édition, est une étude remarquable des ravages que peut causer l'amour chez les hommes dont l'âge devrait avoir apaisé les passions.
L'auteur conduit son lecteur tour à tour dans les salons dorés et dans les chaumières, dans les théâtres et les maisons de jeu, dans les restaurants à la mode et les boudoirs célèbres de Paris, et nous fait connaître les mœurs étranges de cette population oisive, qui cherche des distractions dans les orgies et la débauche.
Au point de vue de l'exécution matérielle, ce livre est très-soigné : Papier et impression de luxe, rehaussés par une illustration artistique due au crayon de Yan' Dargent.

La Comédienne amoureuse, par Octave FÉRÉ.
Illustrations inédites par H. Rousseau et Gourdon.
Ce roman n'est autre chose que la vie amoureuse de Mlle Desœillets qui vivait au XVIIᵉ siècle, de cette actrice à laquelle Racine dut une grande partie du succès de ses tragédies de Britannicus et d'Andromaque. Des méchants, de mauvais critiques jaloux de sa gloire ont dit qu'elle était dépourvue de beauté ; n'en croyez rien et contemplez plutôt son portrait que Rousseau a découvert, il est illuminé par une grâce, une sensibilité qui lui rallieraient encore tous les cœurs, même ceux des farouches critiques du XVIIᵉ siècle.

Juillet 1870. — Ce Catalogue annule les précédents.

Les Faiblesses d'une jolie Fille, par Louis DE VALLIÈRES. Illustrations inédites par H. Rousseau et Gourdon.

Les ouvrages de M. Louis de Vallières ont le talent d'émouvoir et surtout d'amuser ; c'est un véritable peintre de mœurs. Nul doute que les *Faiblesses d'une jolie Fille* n'obtiennent autant de succès que les *Vieux Libertins*.

Avis aux amateurs de beaux livres. Il a été tiré de la *Comédienne amoureuse*, et *des Faiblesses d'une jolie Fille* 30 exemplaires numérotés sur papier de hollande avec gravures sur chine. Prix de chaque exemplaire... 10 fr.

OUVRAGES SUR LA RÉVOLUTION FRANÇAISE.

Dictionnaire de la Révolution française, par DÉCEMBRE-ALONNIER ; illustrations d'après des dessins originaux et des gravures du temps, par Trichon. — Le Dictionnaire de la Révolution française forme 202 livraisons grand in-4°, ornées de magnifiques gravures par nos principaux artistes, à 15 centimes. Le fascicule de 5 livraisons brochées, 75 centimes. L'ouvrage complet forme 40 fascicules ou 2 volumes in-4° à 2 colonnes de 1616 pages. Prix...................... 30 fr.

Seule véritable histoire de la Révolution, puisée aux documents authentiques.

Ce Dictionnaire de la Révolution comprend :
1° La Biographie complète de tous les hommes qui ont joué un rôle dans la Révolution, soit comme députés, soldats, clubistes, etc. Un grand nombre de ces biographies sont inédites.
2° Les grandes journées de la Révolution.
3° L'histoire des départements et villes de France pendant l'époque révolutionnaire cahiers des bailliages.
4° Le rôle des puissances étrangères vis-à-vis de la France pendant la Révolution : Angleterre, Espagne, Autriche, Russie, Belgique, Hollande, Prusse, etc.
5° Batailles, combats, sièges, traits d'héroïsme, etc.
6° Histoire du clergé, des clubs, du journalisme ;
7° Liste des députés par bailliages, sénéchaussées et départements.
8° Vote de tous les députés dans le procès du roi.
9° Histoire des États généraux depuis leur origine jusqu'en 1789, avec une introduction comprenant l'historique de la monarchie en France, etc.
10° Cet ouvrage est terminé par une table chronologique des plus curieuses, formant 50 pages à 3 colonnes et comprenant par ordre de dates les faits mémorables, lois, décrets, victoires remportées par les Français, depuis le 1er janvier 1789 jusqu'au 18 brumaire an VIII (9 novembre 1799) ; à la la fin de chacun des sommaires se trouve un renvoi qui indique l'article du Dictionnaire de la Révolution qui traite du fait annoncé.

Œuvres de J.-P. Marat (l'Ami du peuple), recueillies et annotées, par A. VERMOREL.

Marat, c'est le journaliste du peuple, comme Danton en est le tribun. La lecture du journal de Marat est indispensable pour tous ceux qui veulent bien connaître et apprécier la grande époque révolutionnaire. On se figure généralement Marat comme un être atroce et répulsif. Il gagne certainement à être connu. A côté des violences, on trouve à chaque page dans son journal des vues vraiment politiques et une véritable élévation d'esprit. Ce qui ressort surtout, c'est un dévouement sincère à la cause du peuple. C'est précisément ce zèle qui l'aveugle et parfois l'égare jusqu'à la frénésie. Dans ce livre, on n'a dissimulé aucun des passages qui ont valu à son auteur son odieuse réputation ; mais l'annotateur s'est fait un devoir de le faire connaître tout entier, en mettant en lumière les autres parties de son œuvre, dont les historiens ont généralement trop peu tenu compte.

Histoire de la Révolution dans le département de l'Aisne, par Alfred DESMAZURES, ouvrage couronné par la Société académique de Saint-Quentin, in-8°.. 4 fr.

La Révolution de 89 a été faite au profit de l'humanité tout entière. Son but a été d'établir des institutions politiques justes, les seules propres à donner une plus grande source de bonheur à l'humanité... La lutte, ayant Paris pour théâtre, quoique dramatique, pouvait avoir des attraits : dans les campagnes elle était d'autant plus pénible qu'elle était plus obscure. Que de dévouements méritent d'être connus ! Un grand nombre des faits principaux de la Révolution ont eu leur cause première en province. On pourra se faire une idée de ce qui se passait en lisant l'Histoire de la Révolution dans le département de l'Aisne.

POLITIQUE. — ÉCONOMIE SOCIALE ET POLITIQUE.

Histoire de la Misère ou le Prolétariat à travers les âges, par Jules LERMINA... 3 fr. 50

Les questions sociales, à notre époque, renaissent plus palpitantes que jamais : M. Jules Lermina s'est donc attaché à étudier la situation du pauvre, du non-possesseur, dans tous les temps, afin de pouvoir indiquer le remède au mal qui dévore le monde, et qu'on appelle la misère.

Le Confessionnal, par Émile FAURE et Thomas PUECH. 2e édition. 3fr.50

Ce livre est une protestation énergique contre le confessionnal : il démontre que le prêtre le plus honnête peut résister à grand'peine aux conséquences de la confession, et prouve quelle arme terrible peut devenir le confessionnal aux mains d'un prêtre indigne.

Les Ruines ou Méditation sur les Révolutions des Empires, suivies de la **Loi naturelle,** par VOLNEY, précédées d'une Notice sur la vie et les Œuvres de Volney, par Jules CLARETIE....... 3 fr. 50

Cet ouvrage, qui devrait être dans toutes les mains, explique les lois immuables qui président à la formation et à la dissolution des empires : il montre que le fanatisme religieux est l'obstacle permanent du progrès.

Origine des Cultes, par DUPUIS. — Cette édition est en tout conforme à celle publiée par l'auteur en 1796 (épuisé).

Cet ouvrage, complément des *Ruines* de Volney, par des études consciencieuses, démontre que la domination a été le seul but de tous les fondateurs de religion.

Épître d'un trappeur du Texas aux savants de France. Un vol. in-18 jésus.. 3 fr. 50

Ouvrage de critique contre le cléricalisme au nom de la science, de l'expérience et du bon sens. Le trappeur s'en prend aux savants de ce que loin d'éclairer les gens moins instruits, ils laissent enseigner des points déclarés erronés par la géologie, l'astronomie, la critique, l'égyptologie etc... Dans son humble sphère, il démontre les contradictions, les erreurs, les naïvetés des livres qu'on nous met, enfants, entre les mains. Homme élevé loin des villes, au milieu d'une riche nature, il établit que tous nos mythes, tous nos rites découlent du naturalisme. Sous un point de vue autre que celui qu'avait choisi Dupuis; sous un aperçu tout nouveau, il prouve que c'est le soleil et ses merveilles que l'on fête sous l'emblème d'un homme. Pour éviter le reproche d'avoir fait un sermon ou un article de journal, pour que l'autorité y vît une consciencieuse discussion pour pouvoir répéter sans être ennuyeux ou plagiaire une foule de détails indispensables à rappeler, l'auteur écrit en vers. Mais ces vers nourris, coulants, sérieux avec une pointe d'*humour*, se lisent sans fatigue. C'est plutôt un style élevé et serré que poétique. L'ouvrage a de la verve; il y a là une idée. Le clérical devra la connaître pour essayer de la réfuter; l'homme de bon sens devra la lire pour juger de la force de sa cause.

HISTOIRE.

Les Hommes de 1848, par A. VERMOREL. 3ᵉ édition, un volume in-18.. 3 fr. 50

Trois éditions de ce livre ont été enlevées en quelques mois; près de 600 noms politiques y sont cités. Jamais livre plus curieux n'avait encore été écrit sur les hommes qui occupèrent le pouvoir ou se trouvèrent mêlés aux événements politiques de février à décembre 1848.

Parmi les principaux noms, nous citerons Odilon-Barrot, de Lamartine, Louis Blanc, Ledru-Rollin, Garnier-Pagès, Carnot, Armand Marrast, Jules Favre, Marie, le général Cavaignac, Sénard, Grévy, Dufaure, Cabet, Arago, Berryer, Bethmont, Caussidière, Crémieux, Flocon, Victor Hugo, Duvergier de Hauranne, Ducoux, Émile de Girardin, de La Guéronnière, Louis-Napoléon Bonaparte, D. Ollivier, Recurt, Delescluze, Proudhon, Pyat, F. Raspail, Jules Simon, Emile Thomas, Persigny, Péreire, Chaix-d'Est-Ange, Havin, Blanqui, Q. Bauchart, etc. C'est en un mot l'Histoire de la chute du gouvernement de Louis-Philippe, de la Révolution du 24 février et du gouvernement de la République, jusqu'à l'élection présidentielle du 10 décembre.

Les Hommes de 1851, Histoire de la Présidence et du rétablissement de l'Empire, par A. VERMOREL. 3ᵉ édition. 1 vol. in-18.. 3 fr. 50

Sommaire des principaux chapitres: Les Hommes de la rue de Poitiers. — L'Expédition de Rome. — L'Expédition de Rome à l'intérieur. — La loi sur l'Enseignement. — La loi de Déportation. — Les lois contre la Presse. — La loi du 31 mai. — La révision de la Constitution. — Les Hommes de l'Élysée. — Le Prince Louis-Napoléon Bonaparte. — La Conspiration impériale. — Les préparatifs de la lutte. — Le coup d'État. — La Constitution de 1852. — Appendice.

Ces deux Ouvrages, les *Hommes de 1848* et les *Hommes de 1851*, forment l'Histoire la plus complète des événements de 1848 à 1852, présentés surtout au point de vue des hommes qui ont joué un rôle. Ces hommes sont encore vivants pour la plupart; ils occupent la scène politique, et il est utile de les juger au point de vue du passé.

Le Coup d'État du 2 décembre 1851; Historique des événements qui ont précédé le coup d'État. — Physionomie de Paris. — Arrestations et barricades. — Faits qui ont suivi la chute de la République. — Pièces et documents officiels. — Par les auteurs du *Dictionnaire de la Révolution française*. 7e édition. 1 vol. in-18 jésus de 224 pages.... 1 fr. 50
Le même in-18 raisin .... » 50

Histoire des Conseils de guerre de 1852, ou Précis des événements survenus dans les départements à la suite du coup d'Etat de décembre 1851. Ouvrage plus complet que tous ceux qui ont paru jusqu'à ce jour en France, écrit d'après les documents officiels, les journaux de l'époque, et classés par ordre alphabétique, par les auteurs du *Dictionnaire de la Révolution française*. 1 vol. in-18 jésus de 428 pages   3 fr. 50

Éphémérides historiques du nord de la France, par Alfred DESMAZURES, membre correspondant de la Société académique de Saint-Quentin.
Brochure in-4º de 48 pages à 2 colonnes.................... 75 c.

Le nord de la France, comme berceau de la nation, a été constamment le théâtre d'événements remarquables. Cette partie de la nation a des dates mémorables, dates consignées dans ce premier cahier d'éphémérides et qui seront toutes transcrites dans les cahiers suivants

Les Prussiens en France, Histoire complète de la Monarchie prussienne depuis sa fondation; le récit des événements qui se sont produits en Prusse et dans toute l'Allemagne, pendant la période républicaine et impériale; histoire des batailles, siéges, combats, etc; traités de paix; histoire de la Campagne de France, terminée par l'histoire de la Campagne de 1870. Ouvrage beaucoup plus étendu que tout ce qui a été publié en ce genre et écrit d'après les journaux et mémoires du temps et documents historiques, par les auteurs du *Dictionnaire de la Révolution française*.

Cet ouvrage est illustré de 106 dessins par Lix, Beyle, Gerlier, Lançon, Tobb, etc., gravés sur bois par Trichon.

Les Prussiens en France forment 106 livraisons magnifiquement illustrées sur beau papier, au prix de 10 centimes, ou 21 séries à 50 centimes.
L'ouvrage complet..................................... 10 fr. 60

Histoire des Prisons de France, par Jules CAUVAIN, GOURDON DE GENOUILLAC, Th. LABOURIEU, A. PRADINES, H. GALLET, RABAN, Louis de VALLIÈRES, etc.

Un volume in-4º de 370 pages à 2 colonnes, illustré de plus de 100 gravures, dessinées par les meilleurs artistes. — Prix............ 4 fr. 50

Les Dragonnades sous Louis XIV, Histoire des Camisards, par Eugène BONNEMÈRE. 2e édition, 1 vol. in-18............ 3 fr. 50

En France, comme dans toute l'Europe, le protestantisme était l'affirmation du progrès contre l'obscurantisme des idées religieuses du temps : l'épisode de la guerre des Camisards, où Louis XIV, le despote par excellence, pour écraser la liberté de penser, fit massacrer les populations des Cévennes, est l'un des plus intéressants de cette époque.

Mazzini, Histoire des Conspirations Mazzininiennes, par Ermeneglio Simoni, 1 gros vol. in-18.................. 3 fr. 50

Tout le monde connaît le nom de Mazzini, sa vie tient de la légende. C'est cette vie, si intimement liée au sort de l'Italie, que l'auteur, qui a vécu de longues années dans son intimité, nous fait connaître; il nous fait assister à toutes les luttes de l'Italie, pour recouvrer son autonomie. De là se déroule sous les yeux du lecteur l'histoire de toutes les conspirations entreprises de 1825 jusqu'à nos jours pour l'affranchissement de l'Italie.

Pensées de Publius Syrus et Distiques de Caton, traduits en distiques français, par Souesme, 2ᵉ édition, grand in-8°, édition de luxe.. 3 fr. 50

Cette traduction a le mérite, non-seulement d'être fidèle, mais encore de joindre la reproduction fidèle des idées à l'éclat du style, de captiver la mémoire et de s'y graver d'une façon ineffaçable.

La traduction de M. Souesme est concise, comme le style qu'il s'agit de reproduire; c'est un miroir, une sorte de photographie, et il semble que l'esprit du traducteur ondoie avec celui de l'auteur qu'il interprète de manière à rendre l'idée principale aussi saisissante que l'expression originale qui peint cette idée ou ajoute à sa force.

Dictionnaire populaire illustré d'Histoire, de Géographie, de Biographie, de Technologie, de Mythologie, d'Antiquités, d'Art militaire, de Droit usuel, des Beaux-Arts, de Littérature, par Décembre-Alonnier; 600 illustrations inédites par Bertall, Castelli, Lix, Thorigny, Philippoteaux, Yan'Dargent, etc., gravées par Trichon. Trois beaux volumes de 2,400 pages à 3 colonnes (épuisé).

HISTOIRE NATURELLE.

Dictionnaire d'Histoire naturelle, comprenant la Botanique, la Zoologie, la Minéralogie, la Géologie, par Décembre-Alonnier : illustrations de Yan'Dargent, de Bérard, Alexandre de Bar, Delannoy, Lançon, Lehnert, Riou, Maubert. 1 beau volume de 800 pages à 3 colonnes. 10 fr.
Avec belle demi-reliure riche............................. 14 fr

On peut également se procurer ce dictionnaire par livraisons à 10 cent ou par séries à 50 cent.

OUVRAGES POLITIQUES. — ÉPOQUE ACTUELLE

Les Vampires, par A. Vermorel. Ce pamphlet, un des plus curieux publiés pendant la période électorale de 1869, est encore des plus utiles à consulter, et montre la prescience de l'auteur au point de vue des candidats à la députation........................... 1 fr. 50

Le Carnaval des Rois; Essai pour servir à l'Histoire du second Empire, par Thomas Puech............................. 1 fr. 50

Mêlé au mouvement politique et social qui s'est accompli jusqu'à ce jour sous le second Empire, l'auteur a recueilli une série de faits, de documents qui sont des plus curieux à consulter. C'est l'histoire de la politique impériale depuis 1852 jusqu'à ce jour. C'est un livre plein d'enseignements, écrit avec fermeté; l'auteur, ainsi qu'il le dit dans son introduction, « s'est efforcé de garder dans son travail cette réserve qui « est le propre de la sincérité. Il a voulu être ferme, mais il n'a pas « voulu qu'on pût l'accuser de se faire une arme de l'Empire, l'invective « n'étant pas de l'histoire. »

Le Peuple et la Place publique; Historique du droit de réunion, par Émile FAURE et FONTAINE (de Rambouillet).............. 1 fr. 50

Sommaire des principaux chapitres: L'Agora. — Le Forum. — Le Champ de Mai. — Les Communes. — Les États Généraux. — La grande Révolution. — Les Jacobins. — Les Cordeliers. — La Commune de Paris. — La Chambre de 1827. — La Congrégation.— La Société Aide-toi, le ciel t'aidera. — La Révolution de Juillet. — Les Saint-Simoniens. — Affaires de Lyon. — La loi de 1834. — Les Banquets réformistes. — 1848. — La loi de 1868 et les réunions publiques. — Les Orateurs.

L'Indépendance de la Magistrature et les procès politiques; Incident Séguier.
Une brochure de luxe, grand in-4º........................... 2 fr.

La démission de M. le procureur impérial Séguier est certainement l'un des faits les plus caractéristiques de notre histoire contemporaine. Cette brochure comprend, outre l'historique de l'incident, les paragraphes suivants: I. La loi sur la presse et la magistrature.—II. Devoirs et droits du Ministère public. — III. La démission de M. Séguier. — IV. Un Appendice très-complet; la démission de M. le procureur impérial T. Séguier devant le Corps législatif. — V. Un tableau des décisions rendues par les tribunaux et Cours dans les poursuites exercées contre les journaux, depuis le 11 mars 1868, jusqu'au 1er mars 1869.

L'Individualisme : Droit individuel, droit autoritaire, par Charles FITZ-GÉRALD, in-8º de 96 pages.................. 1 fr. 20

Ce livre convient non-seulement à ceux pour qui les études politiques et économiques ont un attrait spécial, mais à tous ceux qui veulent être initiés aux éléments de la science sociale ; les plus hautes questions y sont résolues, et ce ne sont point des solutions arbitraires, des conceptions hasardées, encore moins des attaques passionnées: c'est un exposé précis de la science moderne, car la politique s'est enfin dégagée de la diplomatie aussi bien que des entraves de la bureaucratie pour constituer une science.

MÉDECINE.

La Folie ambitieuse et son traitement, par le docteur F. LAGARDELLE, médecin en chef de l'asile d'aliénés de Niort. 1 vol. in-8º. 3 fr.

L'observation et les recherches les plus savantes concourent dans ce travail à l'édification d'une théorie, et le sujet est si bien développé qu'après la lecture de l'ouvrage, les conclusions paraissent commandées par les principes mêmes de la physiologie. L'auteur a admirablement élucidé les différentes lésions organiques qui sont amenées par la folie ambitieuse, Or, on sait qu'un bon diagnostic indique déjà le remède.

La Mémoire et la Folie, par le docteur LAGARDELLE, médecin en chef de l'asile d'aliénés de Niort. Grand in-8º, 32 pages............. 1 fr.

Cet opuscule est un chef-d'œuvre d'observations profondes. C'est encore une des faces de l'aliénation que l'auteur étudie, et là comme dans ses autres ouvrages, il analyse et expérimente pour s'élever aux plus hautes considérations. On aime à trouver cette pensée que laisse échapper l'auteur sans amertume et sans y puiser un autre sentiment que celui d'un dévouement inaltérable : « Les aliénés sont privés de la mémoire du cœur. »

Des Accidents convulsifs dans la paralysie générale progressive, par le docteur F. LAGARDELLE, ouvrage ayant obtenu le prix Aubanel. In-8°, 104 pages...................................... 3 fr.

On sait combien cette affection particulière touche de près à la folie, et l'auteur, médecin en chef de l'asile d'aliénés de Niort, était fort bien placé pour étudier. La dissection lui a révélé tous les accidents qui concordent avec la paralysie générale, et il entre dans les détails de ses expériences, avec une sûreté de jugement qui illumine en quelque sorte la question.

MÉDECINE VÉTÉRINAIRE.

Traité de médecine vétérinaire pratique et hygiène, mis à la portée des cultivateurs pour qu'ils puissent soigner eux-mêmes leurs bestiaux en cas de maladie, par LUTON, maréchal-expert. 1 vol. in-18 jésus... 3 fr. 50

L'auteur de ce livre est un praticien consommé, qui a entrepris avec un grand succès de vulgariser la médecine vétérinaire.

Dans ce traité, les caractères des différentes maladies sont nettement définis et la médication déterminée, non d'après les recettes des empiriques, mais conformément aux meilleures traditions. L'auteur, en écrivant ce livre, a rendu aux fermiers et aux cultivateurs un service aussi grand que Raspail l'a fait par la publication de sa méthode hygiénique et la vulgarisation de moyens curatifs à la portée de tous.

PHILOSOPHIE.

Histoire de l'Inquisition, par Arthur ARNOULD. 1 vol. in-18. 3 fr. 50

Tous les ouvrages qui ont été faits sur cette terrible institution ont un caractère romanesque qui déplaît aux hommes sérieux. M. Arthur Arnould a puisé ses documents aux sources les plus sûres et les plus authentiques, et a fait l'histoire la plus palpitante de ces massacres juridiques ordonnés par les prêtres d'une religion d'amour : il montre l'Espagne grande et prospère descendant au dernier rang des nations, grâce à l'Inquisition.

Histoire des Corporations religieuses, par A. DE ROLLAND. Un volume in-18.. 3 fr. 50

Les Communautés religieuses sont-elles utiles? Telle est la question que se pose l'auteur. Et pour y répondre, il prend faits et chiffres en main : il montre la dépopulation suivant l'augmentation des couvents ; des capitaux et des propriétés immenses se groupant autour d'une impersonnalité et enlevés au torrent de la circulation ; sans compter les abus nombreux qui viennent se rév' chaque jour devant les tribunaux.

Le Suicide ou la Mort volontaire, par Edmond Douay. Un volume in-18.. 3 fr. 50

Dans ce livre, l'auteur a mis à contribution tout ce qui a été écrit par les anciens et les modernes sur le suicide.

ROMANS. — BROCHURES IN-4° A 2 COLONNES.

Les Couteaux d'Or, par Paul Féval, illustrations par Gustave Doré. 50 c.

Les Bourgeois de Molinchard, par Champfleury; très-belle brochure grand in-4°, illustrée de 17 dessins par Lix, gravés par Trichon. 75 c.

Les Oies de Noël, par Champfleury; très-belle brochure grand in-4°, illustrée de 7 dessins par Lix, gravés sur bois par Trichon..... 50 c.

La Maison de Banque Rapinard et Compagnie, par Dreimanner.
Une brochure de 216 pages grand in-4°, à 2 colonnes, ornée de 27 dessins par Lix, gravés par Trichon............................. 1 fr.

Le Club des Pourris, par le même.
Une brochure grand in-4° de 176 pages à 2 colonnes, illustrée de 27 dessins par Lix... 1 fr. 15

Un Ambitieux.
Une brochure grand in-4° à 2 colonnes, de 140 pages, illustrée de 18 dessins par Beyle. Prix................................. 1 fr. 10

Une Fille de Théâtre.
Une brochure in-4° à 2 colonnes de 272 pages, ornée de 34 dessins par Beyle. Prix... 3 fr. 65

La Succession Boudard, par Louis de Vallières.
Une brochure de 96 pages, illustrée de 11 dessins par Beyle.... 1 fr. 25

Les Damnés de Paris, par Constant Guéroult.
Une brochure de 264 pages, illustrée de 30 dessins par Fischer. 1 fr. 80

Les Ardents de Picardie, par Jules Cauvain et Adrien Robert.
Une brochure de 96 pages, illustrée de dessins par F. Lix, gravés par Trichon. Prix..2 fr. 15

Les trois Chevau-légers, par Jules Cauvain.
Une brochure de 72 pages, illustrée de 10 dessins par Castelli. Prix.. 60 c.

Les Nuits du Palais-Royal, par sir Paul Robert, continuées par L. de Vallières. — 100 livraisons magnifiquement illustrées, sur beau papier, 5 centimes (800 pages de texte).
Illustrations de Gilbert; gravures de Trichon. — L'ouvrage complet, Prix... 5 fr. 50

Les Couteaux d'or, par Paul Féval, dessins de Gustave Doré.

Une belle brochure de 64 pages à 2 colonnes.................. 50

OUVRAGES HISTORIQUES ET ROMANS.

Les Mémoires des Sanson, par H. Sanson, ancien exécuteur des hautes œuvres de la cour de Paris. 110 livraisons magnifiquement illustrées par Mès, gravures de Lesestre père, à 5 centimes. La série de 10 livraisons brochées, 50 cent. L'ouvrage complet................. 6 fr.

Les Victimes de Richelieu ou Les trois filles d'honneur, par Félix de Servan.

Une belle brochure de 204 pages in-4° à 2 colonnes ; illustrée de 26 dessins par Gaildrau, gravés par Lesestre père..................... 1 fr. 40

Les Intrigues de Marie de Médicis ou Le Château de Pierrefonds, par Félix de Servan.

Une belle brochure de 228 pages in-4° à 2 colonnes, illustrée de 27 dessins par Philippoteaux, gravés par Lesestre père............... 1 fr. 40

Louis XI à Amiens, par Félix de Servan.

Une belle brochure in-4° à 2 colonnes, illustrée de dessins par H. Rousseau... 1 fr.

Le Meurtrier du Roi, par Octave Féré.

Une brochure de 120 pages, illustrée de dessins par Claverie. Prix... 1 fr. 20

Les Chroniques galantes, Madame Du Barry, par Octave Féré.

Une brochure de 200 pages, illustrée de 25 dessins, par H. Rousseau et Gourdon. — Prix.. 1 fr. 35

LES DRAMES CRIMINELS

Collection de procès célèbres.

L'Affaire Marcellange, par Constant Guéroult ; une brochure de 152 pages, illustrée de 19 dessins par Beyle................... 1 fr.

Les Patriotes de 1816. Conspiration de Didier, à Grenoble ; la Ponterie-Escot.— Procès du Polonais.—Le Crime de la forêt de Fontainebleau.—Une brochure de 80 pages, illustrée de 12 dessins par Maradan et Sadoux.. 1 fr. 10

Un Amour criminel. La Femme sans nom. — Le Drame de l'hôtel Saint-Phar.— Une brochure de 72 pages, illustrée de 9 dessins par Maradan, gravés sur bois par Lesestre père.................. 1 fr.

Un Assassinat mystérieux. Une belle brochure de 80 pages. Prix. « 65

Cette histoire, qui se passa en Allemagne après l'écrasement de l'insurrection allemande, a tout l'attrait du roman le plus mouvementé, tout en étant d'une grande vérité historique. BERTALL, l'artiste par excellence, a dessiné pour cet ouvrage 11 dessins qui en reproduisent les principales scènes.

Le Secret de la Chanteuse. Une belle brochure de 122 pages, illustrée de 19 dessins par Mès. Prix................................ 1 fr. 60

Nous avons réuni au *Secret de la Chanteuse*, fait criminel qui s'est passé à la fin du siècle dernier, l'histoire émouvante et dramatique des *Deux Nurembergeois*, le *Ministre wurtembergeois Susz*, et *Une Rencontre extraordinaire*.

L'Affaire Maubreuil. Complot ayant pour but d'assassiner Napoléon Ier et d'enlever le roi de Rome. Pillage des bagages de la reine de Westphalie, suivi du *Procès Schumacher*, tentative d'assassinat d'un frère sur sa sœur. 2e édition.................................... 75 c.

Cette affaire, qui s'est passée au moment de l'entrée des alliés à Paris 1814), est un point des plus curieux de l'invasion ; jusqu'à ce jour la lumière n'avait pu être faite sur cet étrange événement, l'auteur du complot ayant le plus grand intérêt à empêcher la vérité de se faire jour. Deux éditions vendues en quelques jours en disent plus qu'une longue dissertation.

La Vengeance du Mendiant. Une belle brochure de 40 pages, par sir Paul ROBERT, illustrée de six dessins par Mès.............. 60 c.

Ce sombre drame, auquel se trouve mêlé un des plus grands noms de la cour des Bourbons, est écrit avec cette vigueur de style qui n'appartient qu'à l'auteur des *Nuits du Palais-Royal*.

Les Anabaptistes, épisode des guerres religieuses en Allemagne; une brochure de 40 pages illustrées de 5 dessins par Maradan........ 30 c.

VOYAGES.

Les Voyages lointains d'un Bourgeois désœuvré: Le Havre. — Les trois châteaux de Barbe-Bleue. — Les bords du Rhin. — En Écosse. — Lettres de Provence, par M. A. CARRO.
1 vol. in-18 Jésus.. 4 fr.

M. A. Carro ne se contente pas d'instruire, il éveille la curiosité ; sans avoir entrepris un voyage aussi lointain que son titre paraît l'annoncer, il a vu les rives prochaines, le Havre, les bords du Rhin, la Provence, l'Écosse, en homme persuadé qu'il y avait encore des découvertes à faire dans un champ que nous avons tous foulé ; il a aussi parcouru l'Italie de Paris à Venise, de Venise à Naples et de Naples à Paris. Ce livre sera accueilli comme un guide précieux par tous ceux qui seront désireux de connaître l'aspect moderne de ces contrées.

LINGUISTIQUE.

Nouvelle étude du genre de tous les noms français, en 32 exercices, comprenant un grand nombre de règles nouvelles sur ces difficultés du langage, par P. Villette, in-18.................. 1 fr.

Sous une forme excessivement simple, l'auteur résout admirablement la difficulté de distinguer, surtout pour les étrangers, le genre d'un substantif.

Avec ce livre, nous affirmons qu'en moins d'un mois un étranger peut arriver à parler correctement. — Les Français y trouveront la solution des difficultés qui se présentent journellement dans la conversation.

POÉSIE.

Œuvres de Piron, précédées d'une notice d'après des documents nouveaux, par Edouard Fournier. 1 vol in-18 jésus................. 2 fr.

Les esprits sérieux qui étudient l'homme lui-même pour mieux apprécier le génie qui a inspiré ses œuvres sauront gré à M. Fournier d'avoir réhabilité Piron, opposant au jeune homme de vingt ans, coupable de quelques vers impurs, cruellement expiés, le poëte dont l'âme avait grandi au milieu des privations, et dont les mœurs s'étaient purifiées. — La notice de M. Édouard Fournier donne ce que le titre promet : ce sont des faits peu connus pour la plupart, quoique puisés aux meilleures sources et authentiques. Un appendice sur l'esprit de Piron termine cette édition qui ne laisse rien à désirer sous le rapport de la correction typographique.

EN VENTE A LA MÊME LIBRAIRIE.

Volumes in-18 jésus à 5 fr. 50 c.

LES RUINES ou MÉDITATION SUR LES RÉVOLUTIONS DES EMPIRES, suivies de la LOI NATURELLE, par Volney, précédées d'une Notice sur la vie et les Œuvres de Volney par Jules Claretie.

HISTOIRE DE LA MISÈRE ou LE PROLÉTARIAT A TRAVERS LES AGES, par Jules Lermina.

LES DRAGONNADES SOUS LOUIS XIV, HISTOIRE DES CAMISARDS, par Eugène Bonnemère, 2e édition.

LE CONFESSIONNAL, par Émile Faure et Thomas Puech. 2e édition.

ORIGINE DES CULTES, par Dupuis. — Cette édition est en tout conforme à celle publiée par l'auteur en 1798 (épuisée).

HISTOIRE DE L'INQUISITION, par Arthur Arnould.

HISTOIRE DES COMMUNAUTÉS RELIGIEUSES, par A. de Rolland.

LES HOMMES DE 1848, par A. Vermorel. 4e édition.

LES HOMMES DE 1851, par A. Vermorel. 5e édition.

ŒUVRES DE J. P. MARAT, l'Ami du peuple, recueillies et annotées par A. Vermorel.

LE SUICIDE ou LA MORT VOLONTAIRE, par Edmond Douay.

LE CARNAVAL DES ROIS, par Th. Puech. . . . . 1 fr. 50 c.
LE PEUPLE ET LA PLACE PUBLIQUE, par E. Faure et Fontaine (de Rambouillet). . . . . 1 fr. 50 c.
LE COUP D'ÉTAT DU 2 DÉCEMBRE, par les auteurs du *Dictionnaire de la Révolution française*. 7e édition. . . . . . . 0 fr. 50 c.
HISTOIRE DES CONSEILS DE GUERRE DE 1852, par les mêmes, 2e édition. . . . . 1 fr. 25 c.

Romans de luxe. — IN-18 A 5 FR.

LES VIEUX LIBERTINS, par Louis De Vallières. — Illustrations de Yan'Dargent.

LA COMÉDIENNE AMOUREUSE, par Octave Ferré. — Illustrations de Rousseau.

LES FAIBLESSES D'UNE JOLIE FILLE, par Louis De Vallières. — Illustrations de Rousseau.

135. — Paris. — Imprimerie Gosset et Cie, 26, rue Racine.

www.ingramcontent.com/pod-product-compliance
Lightning Source LLC
Chambersburg PA
CBHW070744170426
43200CB00007B/641